페미니즘 사용법

페미니즘 사용법

캐럴 해이 지음 | 강수영 옮김

인간사랑

| 차 례 |

Think Like a Feminist
The Philosophy Behind
the Revolution

역자 서문

술에 취해서 몸을 가누지 못하는 여자가 있다. 남자들이 여자 쪽으로 눈짓을 한다.

그 중 한 남자가 여자에게 다가가 호의를 베푼다. 그 남자는 여자를 부축해서 술집을 나간다.

이후 이야기가 어떻게 전개될지는 각자의 상상에 맡기겠지만, 이 장면에서 우리는 몇 가지 익숙한 정형화된 이미지를 만난다. 우선 '술 취한 여자'이다. 술 취한 여자는 술 취한 남자와는 관습적으로 다르게 취급된다. 무엇보다 성폭행에 노출되어 있다. 술 취한 남자의 지갑을 털지언정 성폭행을 하려고 들진 않기 마련이다. 또 술 취한 여자가 '당했'을 때 대체로 여자의 행실이 입방아에 오른다.

두 번째는 '친절한 남자'의 이미지이다. 술 취한 여자를 챙겨주는 남자는 성폭행범과는 다르다는 인식이다. 물론 우리가 절대 발설하려 않지만 위 이야기 속 남성의 꿍꿍이를 짐작하기란 어렵지 않다. 남자의 친절에는 언제나 의도가 있기 마련이다.

누군가 반박할지 모른다. 술 취한 여자를 챙겨주는 남자가 모두 잠재적 성폭행범은 아니라고 말이다. 맞는 말이다. '친절한 남자'의 이미지 이면에는 매우 다양한 현실 남성들이 존재한다. 어떤 남자의 호의를 받느냐에 따라 이야기 속 여자는 운이 좋거나 나쁠 수 있다.

뻔해 보이는 이 이야기의 전개는 남자의 의도와 양심에 따라 전혀 다르게 흘러갈 수도 있다.

반면 '술 취한 여자' 이면의 현실 여자는 사라진다. 술에 취해서 사리분별이 어렵고 따라서 쉽게 '취할 수' 있는, 대상으로서의 여자만 남는다. 여기서 이 여자가 누구인지, 그녀의 의도나 양심 따위는 고려되지 않는다. '친절한 남자'의 구체적 형상과 그들의 됨됨이를 고려하라는 요구와 달리 '술 취한 여자'의 사연은 관심 밖이다. 따라서 이 이야기의 기승전결은 전적으로 '친절한 남자'에 달려있는 셈이다.

영화 〈프라미싱 영 우먼〉2020은 이 뻔한 이야기를 남성의 등골을 오싹하게 만들 공포이야기로 바꾸어 버린다. 술 취한 여자 캐씨는 남자의 손에 이끌려 그의 아파트로 간다. 그녀의 취한 몸을 침대에 눕힌 남자들은 예외 없이 캐씨와 섹스를 하려든다. 남자가 캐씨를 맘대로 할 수 있다고 믿는 순간 캐씨는 돌변한다. 인사불성이라 믿었던 여자가 정신이 말짱한 상태로 자신을 똑바로 바라보면서 "내가 집에 갈 거라고 했지" 라거나 "너 뭐하는 짓이야"라고 할 때 남자들은 괴물이나 살인마를 보고 소스라치게 놀란, 공포영화 속 희생자의 표정을 짓는다. 짐짓 남녀 사이 일상적인 유혹이나 전희처럼 보이던 장면이 힘 안들이고 여자와 하룻밤 재미를 보려던 '친절한 남자'들의 음흉한 의도에 따라 진행되었음이 폭로된다.

이 영화에서 이야기의 기승전결은 모두 '술 취한 여자' 캐씨가 짜나간다. 캐씨가 그들의 본심을 폭로하자마자 남자들은 예외 없이 캐씨를 '미친년' 취급한다. 이 책의 저자 캐롤 해이는 성폭행범이나 마초들과는 다르다고 자처하는 '괜찮은 남성'들이 여성들이 처한 곤란한 상황을 이용해서 자신이 얻고 싶은 것을 취하려고 들다가 여의치 않을 때는 상대 여성을 비정한 '년'으로 몰아가는 상황을 수잔 브라운밀러의 개념인 '남성보호갈취'를 들어 설명한다76쪽 참조.

주인공 캐씨는 이 썩 괜찮은 남성들의 비난을 괘념치 않고 소위 나쁜 여자 짓을 서슴없이 해댄다. 거짓말과 협박, 함정과 계략을 동원하고 창녀처럼 구는 일도 서슴지 않는다. 중산층가정에서 자랐고 의대생이었던**영화의 제목처럼 '전도유망한 젊은 여성'이었다** 캐씨가 왜 이렇게 변했는지는 영화의 전반부를 이끄는 미스터리이다. 일단 그 진실이 밝혀지게 되면 영화의 후반부는 그렇다면 어떻게 캐씨가 진실을 바로잡을 것인가에 집중된다. 결국 자신에게 닥칠 치명적 결말까지도 캐씨의 각본에 따라 진행되었는데, 그 결말을 둘러싼 비평적 논란은 저자 캐롤 해이가 이 책에서 던진 질문과 맞물려 있다.

책을 번역하는 내내 이 영화를 떠올리고 곱씹었다. 아무도 '진실'을 인정하거나 가해자의 유죄인정과 참회가 고려조차 되지도 않은 상황에 맞닥뜨린 캐씨가 트라우마와 죄의식에 시달리면서도 사회 통념과 법의 선을 위반하며 복수를 꾀하는 과정은 블랙코미디라는 영화의 장르적 표면 아래 묵직한 현실의 그림자를 드리운다. 주인공 캐씨의 상황은 이 책에서 제시된 억압의 새장에 갇힌 것과 같다. 무수히 많은 미세한 억압의 줄들이 캐씨를 꽁꽁 묶어두었다. 캐씨가 사건에 연루된 당사자들을 한 사람씩 만나서 진실을 들추어낼 때 그들은 매번 위선적 태도, 외면과 부인, 짜증과 성마른 반응을 보인다. 캐씨는 이 위선과 부인의 외양을 찢고 자신의 새장을 만든 줄을 극단적이고 비극적인 방식으로 끊어내는데, 이에 대해 작가이자 감독인 에메럴드 페넬은 캐씨와 같은 상황에 처한 여성에게 어떤 다른 선택이 가능할지 상상할 수 없다고 했다.

『페미니즘 사용법』의 저자인 페미니즘 철학자 캐롤 해이는 물론 캐씨의 선택을 옹호할 것 같지 않다. 이 책의 원제는 '페미니스트처럼 사유하기'이지만 원제 대신 '사용법'으로 제목을 고른 것은 해이의 실용주의적 접근법 때문이다. 이 책에는 해이가 사람들과의 회합 때마다 페미니즘에 관련된 오해나 편견이 화제가 되면 마치 두더지 잡기게임을 하듯 하나하나 대응해오면서 터득한 요령들이 담겨있다.

책의 전반부는 상황을 요령껏 대응하기 위해 필수적으로 이해해야 할 페미니즘 역사와, 페미니즘에서 핵심적 개념인 '억압'의 이론적 내용을 다룬다. 중후반부는 미투운동이 촉발시킨 일상생활에서의 젠더와 섹슈얼리티에 관한 전 지구적인 관심을 배경으로 젠더 이론을 살피면서 은밀한 사적공간에서의 대응과 해결방식도 제시한다. 마지막 장은 일상공간에서 처하게 되는 성차별적 상황에서 요령부득할 때 써먹을 만한 방법을 담고 있다.

해이의 글은 위트와 유머가 넘친다. 그녀가 지적하듯 페미니스트들의 대중적 이미지는 아주 나쁘다. 페미니즘의 홍보문제는 어제 오늘의 문제가 아니다. 1997년에 출간된 페미니즘 이론 선집『누가 페미니즘을 두려워하나?』의 서문에서 필자들은 미국을 중심으로 한 서구의 반페미니즘 분위기를 지적했다. 당시에는 수세기 걸쳐 발전해온 여성운동이 마치 사회를 망친 주범이라는 프레임에 갇힌 상황이었다. 시간이 흘렀지만 반페미니즘 담론은 21세기에도 여전히 위세를 떨치고 있다. 하지만 해이는 기가 죽거나 비관하는 대신 정확한 지식과 역사의식으로 무장한 채 당당하고 유쾌하게 새장의 줄을 헤쳐 나가길 권한다. 당신이 할 수 있는 변화를 만들어가며 "최상의 전투를 벌"292쪽이라면서.

당연히 쉽지 않을 것이다. 그렇기 때문에 해이는 페미니스트처럼 '사유하기'를 권한다. 그리고 상황마다 묘안을 찾아보라고 한다. 무엇보다 중요한 것은 억압의 주체, 즉 적은 '남성'이 아니라, 사회구조이며, 이 억압적 체계를 지탱하는 데 우리 모두 공모하고 있다는 인식이다. 여성 내부에 또아리 튼 반페미적 성향 뿐 아니라 일체의 차별주의와 편견을 타자에게 자행하면서 억압체계를 그대로 복사하는 듯한 페미니즘 일각의 모순적 태도를 인정하라고 한다. 미국의 자유주의페미니즘 운동가 베티 프리단에서부터 최근의 '터프'에 이르기까지 페미니스트들도 타인을 향한 차별과 혐오주의에서 자유롭지 않다.

뿐만 아니라 개별 여성도 예외 없이 체제의 공모자이다. 영화의 주인공 캐씨처럼 새장을 부숴버리지 않는 한 공모는 불가피하다. 아니, 체제 속 누구나 타협을 하면서 '버텨내'며 살아가고 있다는 사실을 기억하라. 개별 남성들도 마찬가지다. 문제의 핵심은 새장을 당장 부수는 것이 아니라, 새장을 만든 미세한 줄 하나라도 끊어낼 수 있느냐이다. 줄을 끊기 위해 누군가와 연대할 수 있을 가능성이 있는가. 또 누군가의 줄을 끊어주기 위해서 나의 특권이 담긴 '투명 배낭'을 내려놓을 수 있는가. 자신이 일상적으로 내리는 선택이나 생활방식이 원형감옥의 감시자의 시선을 내면화한 것임을 기꺼이 인정할 준비가 되어있는가. 차별과 억압의 '지하실'에서 벗어나려고 타인의 얼굴을 짓밟으려 하지 않을지도 자문해보자.

다시 영화를 생각한다. 캐씨는 홀로 자신의 트라우마와 위선적이고 모순된 현실을 감당했다. 이 영화를 본 뒤 백인중산층여성중심주의를 비난하면서 소모적 논쟁에 휩쓸리진 말자. 그보다는 영화의 배타적이고 폐쇄적인 백인중심주의가 어쩌면 캐씨의 비극을 초래한 근본 원인은 아닐지 생각해보자. 이 책 한 권이 세상을 바꿀 수는 없지만, 저자의 소망대로 각자 해방을 위해 고군분투하는 과정에서 철저히 혼자라고 느끼지는 않게 해줄 수 있을지 모르겠다.

자 이제 '페미니즘'이라는 토끼굴로 몸을 던져보자. 페미니스트의 시선으로 본 세상이라는 '원더랜드'로의 입성을 환영한다.

뭔가 달라졌다

몇 년 전만 해도[1] 결국 미국 대통령이 되는 데 성공했던 백인 남성의 과거 "라커룸 토크"[2]를 얼렁뚱땅 넘어가려는 사람들과 그럭저럭 함께 살아갈 수 있을 것 같았다. "여성의 행진"[3]이 전해준 진보적 카타르시스가 어디로 향할지는 묘연했고, 푸시 햇[4]과 안전핀[5]은 수개월 만에 필수 구매 아이템의 지위를 잃었다. 정치가들은 음흉한 펜스 삼촌[6]의 허락 없이 여성들이 섹스 할 권리를 묵살했다. 초인적인 인내심으로 버텨가며 일하는 여성들은 2119년이 되면 성차별적 임금 격차가 좁혀지리라 기대하고 있었다.

그런데 돌연 남성들이 저지른 죄가 더 이상 묵과될 수 없는 상황이 벌어졌다. 수많은 여성들이 자신이 겪은 고통을 세상에 내놓기 시작한 것이다. 여성들은 더 이상 참아내기 어려운 지경에 몰려 있었다. 미투 운동이 방 안의 코끼리[7]를 가리키자 벽장 속의 뼈[8]가 밖으로 나오고 더러운 빨래가 창밖에서 휘날렸다. 할리우드 여배우들이 함께 힘을 모아 "다 끝났어!"라고 외쳤고, 수십 년간 이런 종류의 문제를 다루어온 노동자 인권투쟁 활동가, 또는 조직들과 연대했다. 유명 인사들이 저지른 일이 백일하에 드러나 여론법정에 세워지지 않고 지나는 날이 단 하루도 없었다. 이 여론법정에서 배심원들은 종종 증거가 불충분한 상태에서 사건들을 판단해야 했고, 사태를 파악하는 데 일말의 도움이라도 될 만한 도덕적 또는 법적 이론을 이해하는 일조차 힘겨운 상황이었다. 몇 세기 동안 달팽이처럼 느릿느릿 움직이던 진보의 걸음이 이제는 너무도 빨라져서 어느 누구도 사태를 이해할 수 없었다.

이 책은 성희롱과 성폭행에 관한 여성의 득실을 원근법 관점에서 접근하려고 한다. 나는 제반 문제들을 좀 더 광범하고 폭넓은 역사적, 사회정치적 맥락에 두고 페미니스트들이 수백 년 동안 벌여온 투쟁이라는 관점에서 분석할 계획이다.

나는 강단 철학자이다. 따라서 내가 쓰는 책은 대체로 많아야 아홉 명 정도의 독자가 읽고, 게다가 그들 대부분은 나와 지적, 정치적 지향점을 공유하고 있어서 비판이라고 해봐야 기껏해야 소소한 디테일을 가지고 이러쿵저러쿵할 뿐이다. 간혹 학문적 논쟁이 격해져도 대체로 서로에게 예의를 갖춘다. 의견이 달라도 논쟁할 때 사적인 감정을 섞지 않는다. 하지만 지난 몇 년간 대중독자를 상대로 내 의견을 표명해오면서,[9] 토론에 참여하는 사람들이 언제나 예의를 갖추지는 않는다는 사실을 깨달았다. 가령 몇 년 전 우리 사회가 권위 있는 전문직 여성을 어떻게 대해야 할지 전혀 모른다는 취지의 사설을 썼을 때였다.[10] 나는 그 원인이 최근까지도 우리 사회에 여성 지도자를 대할 기회가 거의 없었기 때문이라고 설명했다. 이 글은 이렇다 할 논쟁점 없이 일반 독자를 위해 사회 정치 철학 분야에서 근 일세기 동안 연구되어온 내용을 액면 그대로 전달했다. 적어도 나는 그렇게 생각했다. 특히 여교수들이 성모聖母나 성노리개 이미지와 전혀 무관하게 학생들과 '라포'[11]를 이루기 어려운 상황을 지적했다. 성모와 성노리개는 교육 현장에서 전혀 도움이 되지 않는 이미지라는 사실은 자명해서 말해봐야 입만 아플 뿐이다.

지그문트 프로이트가 여성이 성녀 또는 창녀로 간주된다고 했을 때 그는 혐오메일을 받지 않았다. 프로이트의 발언은 객관적 사실로 받아들여졌다. 하지만 내 발언은 그렇지 못했다. 혐오메일이 끝없이 쏟아졌다. 그들에게 나는 철부지 신경증환자였다. "저 여자한테 수업 듣는 여자애들이 불쌍하군." "여학생들이 딱해요. 그 남편도요." 내 사설의 여파로 쏟아진 부정적 반응 대부분은 내가 풍차에 덤벼드는, 불만 가득한 나르시시스트라는 주장이었다. 여성의 행동과 역할에 부과된 사회적 제약에는 아무 문제가 없으며, 여성을 억압하지 않는다고 했다. 어떤 독자는 "정신 차리고 어른답게 받아들여!"라고 했다. "학생이 부적절하게 행동하면 따귀라도 한 대 올려붙여! 교수답게 처신하라고!"

이와 비슷한 훈계조의 발언들이 미투 운동 주창자들에게도 쏟아졌다. "확실히 이 나라에는 택시 하나도 직접 부르지 못하는 젊은 여자들이 넘쳐나는 것 같아요"라고 케이틀린 플래니건[12]은 조롱했다.[13] 데이브 차펠[14]은 친구 루이스 C. 캐이[15]가 전화 통화 중 자위행위를 했다고 폭로한 여성을 향해 "나약해빠졌다"며 비난했다. "미친년, 전화 끊는 법도 몰라?" 케이티 로이프[16]는 이렇게 썼다. "앙심이나 사적 보복, 오피스 정치, 그리고 뻔한 좌절감 등이 현재 벌어지는 이 페미니즘적 계기에 편승하는 경우가 있는 것 같다. 우리에게 순수하게 긍정적인 사회 변화가 누군가에겐 유혈이 낭자한 스포츠가 된다. 이런 유의 페미니스트가 쓰는 트윗은, 설령 문법은 정확할지 몰라도, 확실히 트럼프의 것과 닮아있다."[17] 다양한 정치적 스펙트럼을 띤 호사가들이 이와 유사한 정서를 드러냈다. 이들은 미투 운동이 히스테리로 귀착되리라고 예측했고, 남성적 매력이 넘치는 남성은 확증편향의 희생자가 된다고 했다. 또 우리 사회가 진주를 움켜쥐고 태어난, 정치적 올바름을 따르며 '눈송이처럼 바스러지기 쉬운'[18] 도덕적 순결주의자 세대를 길러왔다고도 했다. 이 눈송이 세대가 여성의 피해자 위치를 페티시[19]로 만들어서, 성에 함축된 매혹적이면서도 난잡하며 모호한 측면을 모두 덜어내 버리고 종국에는 섹스를 소멸시킬 것이라고 주장하기도 한다.

일부 여성이 현재의 문화적 상황을 계기로 죄 없는 남성들에게 과도할 정도로 비난을 퍼붓는다는 비판은 정당한가? 두말할 나위 없이 정당하다. 하지만 염려스럽다는 듯이 굴면서 절차적 정당성을 요구하는 트롤링[20]과 미투 운동의 시류에 올라탔던 사람들이 이제 떠났다는 식의 두루뭉술한 암시는 전혀 부당하며 도움이 되지 않는다. 잠재적 동맹자들을 주변적이고 극단적이라고 매도하면서 자신만이 식견을 갖추고 대화에 참여하는 듯 구는 것은 딱하게도 좌파의 작전노트에서 유례없이 발견되는 전형적인 전술이다**좌파는 자신을 잡아먹는 일에 소름이 끼칠 정도로 능숙하다**. 우리는 미투 운동에 해시태그를 달았던 여성 모두가 완벽한 사람은 아니었다는 사실을 인정한다. 그들 중 누군가는 과도한 반응을 보였고, 또 누군가는 의도치 않은 실수를 범했으며, 누군가는 미투 운동을 이용해서 선량한 남성의 삶을 파괴하려는 이기적이고 비도덕적인 의도를 품은 삼류배우였다. 하지만 이 몇 개의 썩은 사과 때문에 대다수 사람들의 의도와 신뢰를 깡그리 무시하려는 공격을 용인해선 안된다.

미투 운동은 몇 가지 중요한 문제를 제기했다. 페미니즘의 이론과 운동의 역사 속에 미투 운동은 어디에 위치하는가? 도대체 왜 미투 운동이 필요한 걸까? 나는 이 책 『페미니즘 사용법』을 현재의 국면에서 한 발 나아가 미투 운동을 비롯한 사회운동이 기대고 있는 토대를 알고 싶어하는 독자를 위해 썼다.

잘 알다시피, 지금 이곳의 우리에게는 페미니즘 사상이 있고, 페미니즘은 매우 긴 역사를 갖고 있다. 『페미니즘 사용법』은 페미니즘이 개인의 사적인 책임의 차원에서만 제반 사정을 분석하는 이론적 경향을 돌파해나가는 방식을 제시하려고 한다. 어떻게 성차별주의가 새장의 창살처럼 작동하는지, 그리고 짐짓 사소하고 무관해 보이는 문제들이 실제로는 어떻게 서로 긴밀히 연결되어있고 상호보

완적인 관계를 맺고 있는지 보여줄 것이다. 이 책은 서투른 연애놀이와 성폭력은 도덕적으로 매우 다르지만, 동시에 이 두 가지 행위가 완전히 무관하지만은 않다는, 언뜻 모순적인 역설에 대한 설명을 제공할 것이다.

'페미니스트=남성혐오자'라는 정형화된 이미지를 거부하는 한편, 이 책이 제시하는 핵심 논지는 현재 이 난장판을 초래한 책임에서 여성이 면제될 수 없다는 것이다. 나는 여성이 시류에 편승하는 데는 그럴 만한 이유가 있으며, 그렇게 하지 않기는 또 얼마나 어려운지 설명할 것이다. 여성이 무엇을 원해야 하고 어떻게 행동해야 하는지 결정해 놓은 사회의 기대치를 개인이 내면화하지 않기란 불가능하다. 하지만 인류에게 해로운 체제에 아무런 의문 없이 참여하고 있다면 그 개인은 이 부당한 체제의 존속에 동조하는 것이다. 나는 개인 여성이 자신을 포함한 모든 여성에게 부당한 체제를 지속시키고 공고히 하는 데 일조한다는 사실을 인정하고, 변명의 여지없이 책임져야 한다고 주장한다. 한편, 여성은 자기 자신은 물론, 다른 여성들에게 여유를 가져야 한다. 우리가 저항하는 이 체제가 얼마나 거대하고 막강한지 이해할 필요가 있다. 이 체제 속 개인은 그저 하루하루 버텨내며 살아가기 때문이다.

『페미니즘 사용법』은 남성 전체가 여성의 적일 수 없는 이유를 설명한다. 여성의 적은 성차별적인 규범과 습관, 목적의식과 제도가 긴밀히 연결된 체제이다. 이 체제는 의식 이면에서 작동하기 때문에 여성들도 당연히 체제에 공모하고 있다. 나는 과거 페미니스트들이 저지른 실수들에 대해 솔직히 말하려고 한다. 그들은 여성의 연대를 그렇게도 자주 외쳤음에도 불구하고 궁극적으로 인종차별, 계급차별, 장애인차별, 동성애공포증과 더불어 트랜스공포증[21]의 유혹에 굴복했다. 페미니스트운동의 사상과 역사에 집중하는 한편 나는 어떻게 지금의 난장판을 정리할 수 있을지, 어디서부터 시작해야 할지 실제적인 방법과 조언을 나누고 싶다. 동시에 유머감각 하나 없이 싸가지도 없는 페미니스트 '년'이라는 정형화된 이미지를 거꾸로 뒤집을 버릴 것을 약속한다. 이 책을 읽는 독자는 페미니즘 이론의 주요 개념과 내용이 접근하기 쉽고, 부담스럽지 않으며, 재미있고 다소 경박스럽지만 교훈적인 것임을 알게 될 것이다.

그렇지만 나는 얼마간 논쟁적이고 싶다. 무슨 주제든 단정적으로 제시한다면 손해보기 마련이다. 게다가 페미니즘처럼 다양하며 논쟁을 유발하는 주제인 경우는 말할 필요도 없다. 나는 페미니즘의 다양한 갈래를 가능하면 많이 제공하려고 한다. 상호파괴적인 싸움에 말려들지 않도록 조심하면서도 내가 선호하는 경향에 대해서 짐짓 중립인 체하거나, 마치 모든 것이 똑같이 유효한 듯 굴지는 않을 것이다. 나는 반트랜스젠더 급진주의 페미니즘[터프TERFs]은 페미니스트라는 이름으로 불릴 자격이 없다고 생각한다. 다른 여성들에게 관심이 없는 여성은 페미니스트로 자처해선 안 된다. 트랜스젠더 여성도 여성이다. 수잔 B. 앤소니[22]가 "여성이 아니라 흑인을 위해 일하거나 흑인의 선거권을 요구한다면 내 오른팔을 자를 것이다"라고 선언하거나, 베티 프리던[23]이 페미니스트운동을 LGBTQ[24]와

분리시키기 위해서 "라벤더 위협" 운운했던 것은 여성운동의 흑역사다. 이런 경향은 여전히 달라지지 않고 있다.

『페미니즘 사용법』에는 페미니즘에 관해 강의하고 저술해온 지난 20여 년 동안 나의 경험이 녹아있다. 이 책은 페미니즘의 역사에서 여성때로는 남성이 발전시켰던 중요한 개념들을 소개하고 있다. 이들은 기존 질서를 의심 없이 받아들이길 거부하면서 여성이 시종일관 부당한 대접을 받아온 이유를 이해하는 게 중요하다고 생각했고, 또 어떻게 해야 현실을 바꿀 수 있는지 제시해 준 사상가들이다. 나는 오랜 기간 강의실에서, 사회관계망에서, 추수감사절 저녁식사 자리에서 페미니즘에 대한 세간의 오해를 상대로 두더지잡기 게임을 해왔다. 그 결과 의심의 눈초리를 보내는 이들이 세워놓은 가로막을 내리고 페미니즘이 진짜 무엇인지에 대해 사람들의 귀를 트이게 할 묘안으로 가득한 주머니가 내게 생겼다. 이 책에는 어렵게 얻은 나만의 페미니즘 레퍼토리가 담겨있다. 여성억압에 맞서 싸우는 것은 해시태그를 달고 푸시 햇을 쓰고 "몸을 앞으로 내미는"[25] 자세를 취하는 것 그 이상이다. 우리는 페미니스트운동의 역사를 알아야 하고, 페미니스트운동의 성공과 실패에 귀 기울여야 한다. 나는 현재 우리에게 알려진 수많은 종류의 페미니즘 사상을 이 책에서 제시할 것이다. 우리는 지금 젠더, 성sex, 그리고 섹슈얼리티에 관해 새로운 사유들이 형성되고 있는 시대에 살고 있다.

1 이 책은 2020년에 출간되었다(역주).

2 남자들끼리 나누는 상스러운 대화, 특히 성관계 경험을 자랑하거나 음담패설을 소재로 삼는 대화를 가리킨다. 이 대목에서 언급된 것은 2016년 미국 대선을 앞두고 도널드 트럼프의 과거 라커룸토크가 공개된 스캔들이다(역주).

3 2017년 1월 21일 도널드 트럼프의 대통령 취임식이 열리던 워싱턴 D.C.에서 수만 명이 모여 성 평등과 시민권 등을 포함하는 인권을 요구하는 행진에 참여했다(역주).

4 양 모서리가 고양이 귀처럼 생긴 모자인데, 〈여성의 행진〉 당시 참가자들이 분홍색 모자를 썼다. 트럼프가 2005년에 자신이 여성의 '푸시'(여성 성기를 일컫는 속어)를 만져도 여자들이 가만히 있었다고 한 발언에 대한 저항의 일환이었다(역주).

5 인종차별과 인종혐오의 피해자들을 위한 연대의식을 표현하기 위해 옷에 안전핀을 꼽는다. 브렉시트 당시 불거진 인종문제와 함께 트럼프가 대통령으로 취임한 이래 확산된 패션스타일이다(역주).

6 트럼프 정부의 부통령 마이크 펜스를 일컫는 표현(역주).

7 방 안에 있는 사람들 모두 알고 있지만 누구도 언급하지 않는 경우 '방 안의 코끼리'라고 표현한다(역주).

8 뒤이은 '더러운 빨래'와 더불어 '벽장 속의 뼈'라는 표현은 공적으로 내놓기 어렵거나 내놓으려 하지 않는 수치스러운 일이나 범죄 등을 일컫는다(역주).

9 저자 캐럴 해이는 《뉴욕타임즈》를 비롯한 주요 일간지와 잡지의 칼럼니스트였다(역주).

10 2016년 1월 25일 《뉴욕타임즈》 사설 「여자친구, 어머니, 교수?」라는 제목의 글이다(역주).

11 rapport: 사람 사이의 상호이해와 공감을 통해 형성되는 신뢰관계와 유대감(역주).

12 작가이자 사회비평가(역주).

13 Caitlyn Flanagan, "The Humiliation of Aziz Ansari," *The Atlantic*, 2018년 1월. 2019년 11월 11일 검색.https://www.theatlantic.com/entertainment/archive/2018/01/the-humiliation-of-aziz-ansari/550541/.

14 스탠드업 코미디언, 작가 및 프로듀서(역주).

15 스탠드업 코미디언(역주).

16 작가이자 저널리스트. 로이프는 『하퍼스』 매거진에 기고한 글에서 소위 "트위터 페미니스트"로 불리는 미투 해시태그운동에 앞장선 급진 페미니스트를 트럼프 지지자들에 비견했다(역주).

17 Katie Roiphe, "The New Whisper Network." *Harpers*, 2018년 3월. 2019년 11월 11일 검색. https://harpers.org/archive/2018/03/the-other-whisper-network-2/?single=1.

18 눈의 결정체를 의미하는 '눈송이'는 정서적으로 예민하고 쉽게 과민반응을 보이면서 힘든 상황을 버텨내지 못하는 젊은 세대를 나이 든 세대의 시선에서 비아냥대는 표현으로, 정치적 맥락에서는 억압의 부당함을 토로하며 정치적 올바름을 주장하는 사람이나 그런 집단을 비판할 때 종종 사용된다(역주).

19 '페티시'란 특정 부분이나 한 측면을 지나치게 강조하거나 강박적으로 매달리는 일종의 도착증을 일컫는 심리학적 용어로 정치이론에서는 '물신화'의 의미로 사용된다(역주).

20 인터넷에서 누군가를 비난하거나 상대방의 화를 돋우려고 의도적으로 비방하거나 도발하는 글을 올리는 것(역주).

21 트랜스젠더 혹은 트랜스 성애에 대한 혐오와 편견, 공포와 불신의 태도 일체를 의미한다. 트랜스젠더란 통상적인 젠더의 역할, 표현, 태도 등에서 벗어나는 행동이나 표현이다. 가령 남성이 여성 복장을 한다든가 여성처럼 행동하는 경우와 그 반대로 여성이 남성처럼 보이고 행동하는 경우이다(역주).

22 19세기 미국의 여성참정권 선구자로서 미국여성참정권협회장을 역임했다. 1920년 미국에서 여성이 처음으로 투표권을 얻게 된 성과를 이끌었다(역주).

23 20세기 중후반 미국의 페미니즘을 앞장서서 이끈 페미니스트로 전미여성기구(NOW)를 설립했다. 대표적 저서 『여성의 신비』는 2세대 페미니즘의 자유주의적 경향을 대표한다(역주).

24 동성애와 양성애 트랜스젠더 등 성 정체성에 관한 제반 이슈의 통칭(역주).

25 여성이 꿈을 이루도록 도와주는 글로벌 단체의 이름이기도 한 '린 인(LeanIn)'은 2013년부터 재계의 모토가 되었는데, 여성의 사업 성공을 도와주는 제반 전략을 의미한다. 페이스북 임원인 셰릴 샌드버그의 책에서 시작되어 여성이 재계에서 승진하고 성공하기 위한 태도와 자신감을 강조한다. 특히 자신의 목소리가 들리도록 테이블에 앉은 상태에서 몸을 앞으로 내미는 자세를 가리킨다(역주).

1장

F로 시작하는 말[1]

Think Like a Feminist

The Philosophy Behind the Revolution

페미니즘에는 심각한 홍보문제가 있다. 사람들이 "내가 페미니스트는 아니지만…"이라고 말을 시작하면서 아무리 봐도 페미니즘이 분명한 이야기를 할 때마다 1달러씩 저금한다면, 아마도 손쉽게 임금격차를 줄일 수 있을지 모른다. 내가 만난 사람들 중 반 이상이 페미니스트들은 끔찍한 남성혐오 하르피이아[2]이며 남자와 한 번도 자보지 못한 여자들이라고 생각한다. 나머지 반에 해당하는 사람들은 페미니즘이 아무런 근거 없이 여자라면 뭐든 해도 된다고 주장한다고 믿는다. X성염색체 두 개만 있으면 '방아쇠를 당길 수 있다'[3]는 것이다. 이 두 견해 중 어느 쪽도 페미니즘을 정확히 이해하고 있지 않다. 그러니 우리 시대 페미니즘이 갖는 광범한 함의와 경향성을 살펴보는 일이 필요하다. 페미니즘을 본격적으로 논의하기에 앞서 성차별주의의 기원과 그에 대한 대응으로서 페미니즘운동의 역사를 간략히 알아보자.

먼저, 페미니즘이란 무엇인가. 애석하게도 정확하고 꼭 맞는 정의를 찾기란 쉽지 않다. 솔직히 말해서 10명의 페미니스트에게 페미니즘을 정의해보라고 묻는다면, 아마도 답이 11개쯤 나올 것이다. 그럼에도 불구하고 페미니즘에 관해 우리가 동의할 수 있는 몇 가지 내용이 있다. 첫째 페미니스트는 여성이 남성과 비교해서 불이익을 당해왔고 여전히 불이익을 당하고 있다는 데 동의한다. 삶의 질을 측정하는 모든 가능한 기준 - 건강, 경제력, 정치참여 및 대표성, 안전과 자유, 행복의 주관적 보고서 등 - 을 따져볼 때 여성의 사정은 남성에 비해 형편없다. 둘째, 페미니스트는 여성이 처한 불리한 상황은 바뀔 수 있고 또 그래야 한다는 데 동의한다. 셋째, 여성이 당하는 불이익은 긴밀히 연관된 채 사회의 제반 양상에 구조적으로 뿌리내리고 있으며, 여성을 차별하는 특권의식과 여성의 권리를 박탈하는 체제의 결과라는 데 합의한다. 간단히 말하면, 이게 전부다. 다시 말해 여성이 처한 현실에 대해 지구상의 대부분 역사가와 사회과학자들이 제공한 근거를 토대로 학문적으로 체계화된 사실들을 인식하는 일과 더불어, 현 상황이 분명 삶의 최적의 조건일 수 없다는 인식, 나아가 이 현실을 바꾸기 위해 뭐라도 해봐야 한다는 절박함, 그리고 이 차별의 문제를 개별적으로는 해결할 수 없다는 깨달음을 공유한다. 앞으로 살펴보겠지만, 이 간단한 사실, 이 단순한 도덕적 신념과 단일한 해석의 시각을 유지하고 동의한다는 점을 제외하고 나면, 페미니스트들은 제각각이다.

여성운동은 내부논쟁과 모순으로 가득 차 있고, 복잡하게 얽혀 있다. 여성운동이 대표하는 여성들은 천차만별이다. 보수주의 현학자들이 떠들어대는 것과는 달리 페미니즘의 통일된 의제 따윈 존재하지 않는다. 단일한 행동지침을 세우기 위한 근거조차 충분하지 않다. 그래도 뭔가 있다면, 다양하고, 따라서 때로는 서로 경쟁하는 페미니즘의 무수한 의제들뿐이다.

성차별주의의 기원

페미니즘의 역사적이고 이론적 토대를 진지하게 검토하기에 앞서, 정확히 어떻게 우리가 지금 여기 이런 상황에 처하게 되었는지 물어야 한다. 왜 우리는 페미니즘이 필요한가? 언제 어디서부터 어떻게 세상에서 좋은 것은 모두 남성들이 차지하게 되었을까? 가부장제적 성차별주의의 기원은 기록된 역사보다 훨씬 이전까지 거슬러 올라간다. 따라서 어떤 의미에서 우리는 인류학적인 연구영역에 발을 들여놓은 셈이다. 존 스튜어트 밀은 제법 그럴듯한 이야기를 들려준다. 밀은 19세기 영국의 철학자이자 사회이론가이다**페미니즘 이론에 제법 도움이 되었던 몇 안 되는 남성 이론가 중 한 사람이다**. "인간이 사회를 구성하던 초창기에 모든 여성은 **남성의 체력조건에 비해 상대적으로 열등하다는 이유로** 남성에게 종속되어 있었다"고 밀은 1869년에 개탄했다.[4] 우리는 여기서 '힘이 옳다'는 논리를 보게 된다. 밀의 가정은 계속 이어진다. 남성이 여성을 무력으로 복종시켜서 생긴 지배와 종속의 관계가 법을 통해 보장되었다. 이 법을 비롯한 제반 사회적 제도들이 남성 지배를 유지해준다. 현재 우리가 사는 세상에서는 더 이상 물리적 힘이 사회적 권력과 어떤 실질적 관련이 없다고 해도 사정은 마찬가지다.

급진주의 페미니즘운동가이자 1970년『성의 변증법』이라는 책을 쓴 슐라미스 파이어스톤[5]은 성차별의 기원을 다른 곳에서 찾는다. 그녀는 양성 간의 불평등을 체력 탓으로 돌리기보다는 재생산에서의 양성 간 생물학적 역할 차이에 주목한다.[6] 여성이 출산을 한다는 사실에 더해 최근까지도 여성이 출산 여부를 결정할 수 있는 피임법이 없었으므로,[7] 역사적으로 남성과 달리 여성은 출산이라는 생물학적 조건에 매여 있었다. 이런 상황은 최근까지 분유가 발명되지 않았던 사정 탓에[8] 여성의 몸이 아이의 유일한 영양공급원이었기 때문에 자연스럽게 여성이 육아를 담당하게 되면서 더욱 악화되었다. 밀과 마찬가지로 파이어스톤도 여성 불평등을 생물학의 탓으로 돌리긴 하지만 육아와 출산에 관련된 성역할의 차이로 인해 체계적으로 여성에게 책임을 가중시키는 노동 분업을 낳게 되었다고 지적했다.

진화심리학도 양성불평등에 관한 생물학적인 설명을 제공한다. 진화심리학의 표준적인 설명에 따르면 남성은 공격적이고 성적으로 문란하며 가능하면 많은 여성을 임신시켜서 유전자를 보존하고 증식시키려고 한다. 반면 여성은 수동적이고 정숙하며 자신과 자녀를 보호하기 위해 남성의 신체적 능력이 필요하기 때문에 남성을 옆에 두고 유전자를 존속시킨다. 저명한 진화심리학자 데이비드 버스[9]의 말을 빌면, "역사상 현시점에서 남성과 여성이 파트너를 선택하는 방식이 다르다는 사실은 더 이상 의심할 여지가 없다. 남성이 젊음과 육체적 매력을 압도적으로 선호하는 반면, 여성은 지위와 성숙도, 경제적 자원을 선호한다."[10] 남성들은 생식기능이 활발하고 왕성한 여성과 관계를 가져서 무조건 많은 자녀를 낳고 종족을 번식하려는 충동을 갖고 있다. 또 자신의 부성을 보장하기 위해서 한 명 또는 여러 명의 여성들을 통제함으로써 다른 남성의 아이를 양육하는 데 쓸데없이 자신의 에너지를 낭비하려고 하지 않는다. 여성의 경우 출산할 자녀의 수가 한정되어있기 때문에 관계를 가질 남성을 선택하는 데 까다롭기 마련이다. 따라서 자신을 부양해줄 남성을 옆에 붙들어두기 위한 조종능력을 발휘하게 된다. 진화심리학자들은 이렇게 남녀의 성적 재생산 전략에서 나타나는 차이 때문에 심리, 행동, 신체적으로 양성이 크게 다르다고 믿는다. 1990년대 초 대중심리학자이자 자기계발서 작가인 존 그레이[11]의 유명한 책 제목에서 잘 표현되어있듯이, 남자는 화성에서 왔고, 여자는 금성에서 온 셈이다. 남성은 근본적으로 호전적이고 영토 점유욕을 나타내며, 폭력적 성향을 갖고 있다. 또 논리적이며 정서적으로 침착하고, 사회적으로 지배적 성향이 강한 모험가들이다. 반면 여성은 공감능력이 좋고 대화 지향적이고, 감정적인 반면 신중하고, 체계적인 양육자이다. 이와 같은 환원주의적인 성격의 목록은 낡고 뻔해서 정형화된 젠더성향을 구축하게 된다. 성차의 기원이 생물학적일 뿐 아니라 사회적이라는 사실은 진화심리학자들에게는 재고의 여지가 없는 듯이 보인다. 이들은 양성 간 차이라는 가정이 도덕적으로 중립적이지 못하다는 사실에 대해서도 개의하지 않는다. 남녀의 성별 특성을 규정해놓고는 남성은 여성을 지배하려 들고 여성은 남성 지배에 저항하지 않는다고 제시하는 것이다. 진화심리학자들은 사회질서를 구축한 가정들에 대해서는 모르쇠 하면서 양성 간 차이를 과장시키고 유사성은 축소, 처리해버렸다. 역사적 변화에 따라 현대사회에서 아이들이 남녀구분 없이 양성 중 한쪽에 의해 양육되고 있다는 사실을 인정하지 않고 이데올로기적으로 경도된 정형화된 특성을 짐짓 공평무사한 듯 과학적 사실이라는 옷을 입혀서 확산시킨다.

남성 지배의 기원이 무엇인지를 추론하면서 원시시대의 사냥과 채집생활까지 거슬러 올라가 상상해보면 으스스한 재미를 느끼게 된다. 가끔 진화심리학자들의 이론을 들여다보는 것도 흥미롭다 **물론 아주 가끔일 뿐이다. 진화심리학은 구태의연한 현존질서를 정당화하기 위해 황당할 정도로 능란하게 오로지 상상에만 의존하기 때문이다.** 하지만 결국에는 이런 유의 탐색이 최선은 아니다. 성차별주의의 기원이 무엇인지는 궁극적으로 중요하지 않다. 우리가 진정 관심 두어야 할 것은 성차별주의가 바뀔 수 있는 가능성, 나아가 바뀌야 한다는 당위이다. 이 두 가지 문제에 대한, 나를 포함해서 여러 세대를 걸쳐 헌신적으로 싸워오면서 답을 찾으려고 노력한 페미니스트들은 목소리를 높여 긍정을 외친다. 그렇다. 우리는 성차별주의를 바꿀 수 있고 바뀌야 한다.

페미니즘의 짧은 역사

익히 알려진 서구 페미니즘의 이론과 운동의 역사에 따르면 페미니즘운동은 진보의 물결을 따라왔다. 19세기 페미니즘의 '첫 물결' 당시 수많은 여성들은 정치적 법적 권리를 보장받게 되었다. 20세기에 '제2물결'을 거치면서 여성들이 삶의 질을 보장받으려면 형식적 권리로는 부족하다는 인식이 자리 잡게 되었다. 현재 페미니즘의 '제3물결'을 맞이하게 된 우리는 여성들의 관심사 혹은 관련 문제들이 백인 여성에만, 특히 부유한 백인 여성의 문제로만 제한적으로 이해되어왔다는 사실을 깨닫게 되었다. 이 책에서 나는 페미니즘의 역사를 다루려고 한다. 하지만 이 역사와 관련해서 몇 가지 경고해둘 것이 있다. 우선 '물결' 메타포는 운동의 다양한 갈래와 내부적 논쟁들을 감춘다. 페미니즘의 물결이 칠 때마다 내부적 갈등이 존재했다. 또 이 메타포는 페미니즘의 진보가 단선적 방향으로 전진해간다는 잘못된 인상을 준다. 마치 한 물결의 성공이 다음 물결로 곧바로, 안정적으로 이어지는 것처럼 보이는데, 결과적으로 반동이나 퇴보, 비일관성과 부분적 승리 등을 무시하게 된다. 무엇보다 이 세 단계 물결을 거치면서 벌여온 투쟁들은 지금도 여전히 전 세계 곳곳에서 벌어지고 있음을 잊지 말자.

첫 물결

18세기 사회비평가 메리 울스턴크레프트[12]에서 이야기는 시작된다. 다른 사람들처럼 나도 울스턴크레프트가 페미니즘을 "발명"

했다고 생각한다.[13] 울스턴크레프트가 「여성권리 옹호」를 썼을 당시 1797년 여성억압은 명백한 현실이었다. 여성들에겐 투표권이 없었다. 이혼하기도 쉽지 않았으며, 재산소유권도 없었다. 공직을 가질 수도 사업을 할 수도 없었다. 직업을 갖기 어려웠고 가족의 재산을 물려받지 못했다.[14] 피임에 대한 정보를 얻을 수 없었고 공공장소에서 의사표현을 할 수 없었다. 울스턴크레프트가 여성의 권리 선언문을 썼을 당시 지식인들은 그녀를 조롱했다. 그들은 여성들이 권리를 얻는다면, 아마 돼지나 개에게도 권리를 줘야 할 거라고 비아냥거렸다. 고맙게도 그녀의 뒤를 이은 초창기 페미니스트들은 굴하지 않고 악의적인 비난들을 버텨냈다. 그들은 이후 2세기 동안 투표권을 비롯해서 기본적인 정치권을 확보해왔으며, 법적인 보호도 얻어내었다. 존 스튜어트 밀과 해리엇 테일러 밀[15] 등 철학자들이 여성이 공공영역에 참여할 권리를 옹호하는 논문을 썼다. 마거릿 생어와 엠마 골드만[16] 등 활동가들은 피임에 관한 정보를 유포하는 대담한 시도를 했고, 그 때문에 수감되었다. 제인 애덤스와 같은 사회개혁가들은 빈곤퇴치법에 관한 대중의 이해도를 높여주었다. 엘리자베스 캐디 스탠톤과 엘리스 폴, 루시 번즈[17] 등과 같은 여성참정권주의자들은 여성의 참정권을 얻어내기 위해서 혼신을 다했다. 미국에서 여성참정권은 1920년이 되어서야 가능했다.[18] 프란시스 퍼킨스[19]와 메리 멕레오드 베순[20]과 같은 노동개혁가들은 여성과 아이들에게 자행되는 인종차별과 그들이 처한 위험한 노동조건을 개선하기 위해 로비를 벌였다.

아이러니하게도, 수많은 역사가들은 '페미니즘'이라는 말을 실제 만든 사람이 남성이었다고 생각한다. 19세기 초에 샤를 푸리에[21]라는 프랑스의 철학자이자 유토피아 사회주의자가 페미니즘이라는 용어를 만들었다고 알려져 있다.[22] 카를 마르크스[23] 이전에는 어느 누구도 자신이 푸리에의 사상에 빚을 졌다고 밝히지 않았다. 푸리에는 모든 사람들이 만족할 만큼의 노동과 적당한 음식, 옷, 주거와 여가를 "사회적으로 최소한" 누릴 자격이 있으며, 노동은 집단적이고 또 즐겁게 할 수 있고 자신이 원하는 만큼, 그리고 습득한 기술에 따라 선택할 수도 있다고 주장했다.[24] 하지만 푸리에가 역사책에 자리 잡게 된 것은 남성뿐 아니라 여성에게도 자신의 통찰력을 확대시키는 데 주저하지 않았기 때문이었다. 푸리에는 주장했다. "사회적 진보는…해방을 향한 여성의 진보와 함께 도래한다. 따라서 사회질서의 퇴보는 여성해방의 쇠락에 따른 결과이다…. 요약하면, 여성의 특권을 확대하는 것이 모든 사회적 진보의 일반적 원칙이다."[25] 공상적 유토피아에 토대를 둔 그의 사회적 전망에 담긴 수많은 페미니즘적 제안들은 지금 읽어도 쇼킹할 만큼 진보적이다. 푸리에는 개인의 젠더에 따라 직업을 구별해서는 안 된다고 믿었다. 그는 1세에서 3세 사이의 어린아이들은 의복을 똑같이 입히고 같은 방식으로 길러서 그들 각자의 재능이 관습적인 강제를 넘어서 발현될 기회를 주어야 한다고 제안했다. 그는 여성이 노예 같은 생활을 강요받고 억압당하는 결혼제도를 비판했다. 결혼의 노예관계는 여성의 경제적, 성적 충만감을 박탈시킨다. 전형적으로 여성들은 대부분의 고용

형태에서 기회를 얻지 못하기 때문에 "매춘은 고육지책"이라고 개탄했다.[26]

푸리에는 사회적 대격변의 시기에 저술했다. 당시에는 여성의 평등권을 주창하는 믿음이 고조되었다. 자칭 "페미니스트"였던 위베르틴 오클러[27]는 자신을 포함해서 1882년 당시 프랑스 참정권자들을 페미니스트로 불렀다. '페미니즘'이란 용어는 1890년대까지 여성의 평등을 위한 활동을 일컬었다. 이 용어의 기원은 프랑스어이며, 1894년에 영어권으로 진입한다.[28]

일반적으로 계몽주의의 특징인 해방과 평등이라는 자유주의적 정치 이념에 영향을 받은 페미니즘 첫 세대는 여성이 남성과 똑같이 합리적 능력을 갖추었기 때문에 동등한 권리를 누릴 자격이 있다고 주장했다. 당시 페미니즘운동의 중심 목표는 여성을 위한 동등한 정치적 권리와 경제적 기회였다. 첫 물결 페미니즘이 이룩한 주요한 성과는 여성의 참정권투표권을 포함해서, 재산권, 재생산의 자유 등이었고, 재생산의 권리에는 피임 정보를 얻을 권리도 포함되어 있었다. 또 교육 및 전문직 훈련을 받을 권리도 포함되었다.

제2물결

이처럼 여성의 권리를 진작시킨 진보적 변화에도 불구하고 페미니즘의 첫 물결이 거둔 승리는 고작 일부에 그쳤다. 정치적이고 법적인 차원에서 이룬 성취가 주변집단의 여성에까지 충분히 확장되지 못했고, 불평등은 제대로 다루어지지 못했다. 또 여성의 삶을 제한하는 문화적 요소들에는 거의 관심을 두지 않았다. 리벳공 로지[29]가 부추겨서 참전했던 중산층 여성들은 애국심에서 비롯된 의무감으로 공장에 나가 자신의 손을 더럽혀가며 일했는데, 제2차 세계대전이 끝나자마자, 전쟁터에서 돌아온 남성들에게 일자리를 내주고 가정으로 돌아가는 것이 여성의 의무라는 말을 들어야 했다. 그들이 했던 일은 남성에게 더 어울린다는 것이 이유였다.[30] 제2물결 페미니스트들은 오직 형식적인 평등을 보장하는 것만으로는 현실 속 성차별주의의 수많은 논제들을 다룰 수 없다는 사실을 깨닫게 되었다. 프랑스 실존주의 철학자 시몬 드 보부아르가 1949년에 『제2의 성』을 출간했을 때 페미니스트들 사이에서 어떻게 사회화과정이 지속적으로 여성을 억압시키는가에 대한 논의가 시작되었다. 이 논쟁은 여전히 진행 중이다. 페미니즘 이론가들은 보부아르의 뒤를 좇아 성차별적 억압이 첫 물결 페미니즘이 도전했던 형식적인 경제적, 정치적, 사회적 제도들만이 아니라 비공식적인 규범과 습관, 일상적 상호작용, 사회 제도, 가령 결혼, 모성과 이성애적 관계에까지 퍼져있는 방식을 탐색하게 되었다. 게다가 새로 얻은 재생산의 자유 -1960년에 도입된 피임약과 1973년 낙태 합법화로 얻어낸 자유 - 덕분에 역사상 최초로 원치 않은 임신의 유령으로부터 벗어난 여성들은 자신의 삶을 스스로 통제할 수 있게 되었다.

베티 프리던의 1963년 베스트셀러 『여성의 신비』는 여성의 사적인 삶에서 소소한 일상의 세부사항, 가령 "이름 없는 문제" - 수많은 중산층 가정주부들이 느끼는 불만족 - 조차 도덕적이고 정치적 분석에 적합한 주제가 될 수 있다고 주장했다. 프리던은 "이 문제는 미국 여성들의 마음속에 수십 년 동안 묻힌 채 발언되지 않았다"고 썼다. "20세기 중반 미국 여성들은 과거에는 경험해보지 못한 불만족과 갈망에 시달린다. 교외의 가정주부들은 홀로 고군분투한다. 침대를 정리하고, 식료품 쇼핑을 하면서…. 그녀는 두려워서 스스로에게조차 이 침묵의 질문 - '이게 다 인가?' - 을 던지지 못한다."[31] 교외의 가정주부들이 오후의 커피타임과 저녁 회합을 조직해서 "의식화" 되기 시작했다.

제2물결 페미니즘 덕분에 여성들은 공적 영역에 전보다 더 참여하게 되었고, 재생산의 자유가 확대되어 개량된 피임법을 얻었으며 안전하게 합법적인 낙태수술을 받을 수 있게 되었다. 양육과 이혼 관련법이 개정되었고, 가정폭력과 성폭력 관련법도 개선되었다. 여성의 평등에 관한 일반 대중의 생각도 개선되었다. 하지만 역시나 일부 여성만이 수혜자였다.

곧 페미니즘운동 내에 분열이 일어났다. 많은 의식화집단은 여성의 자아실현에 집중했는데, 여기에 필요한 시간과 에너지를 충분히 누리고 있는 특권층 여성들의 처지를 개선하는 데 관심을 갖는 측과, 그보다 더 기본적인 사회적 권리와 인식을 얻어내기 위해 여전히 투쟁하고 있는 여성들의 복지에 더 집중하는 측 사이에 분열이 생겼다. 일부 급진주의 페미니스트들은 "페미니즘은 이론이고 레즈비어니즘여성동성애은 실천이다"[32]라고 주장하는 레즈비언 분리주의를 옹호한다. 이들은 이성애 관계와 결혼을 포함해서 남성과의 협력과 접촉 일체를 가부장제와의 공모라고 믿는다. 프리던을 포함하는 페미니스트들은 레즈비언 행동주의가 혼란을 야기한다고 비판하면서 "라벤더 위협"이라는 낙인을 찍어 레즈비언 운동을 주류 페미니즘의 대의적 명분에서 제외시키려고 했다. 수많은 유색인종 여성들은 백인 페미니스트들보다 블랙팬서당[33]과 같은 시민권운동집단과 더 쉽게 연대했다. 물론 이들은 시민권운동집단 내에서 자신들이 종속적이거나 보조적인 역할을 맡는 데 불과하다는 현실에 직면하게 된다.[34] 흑인 페미니스트 작가와 활동가들은 현저히 다른 삶을 영위하는 여성들 간에 손쉽게 자매애를 이상화하는 제2물결 페미니즘을 비판하면서, 페미니스트라면 계급과 인종, 섹슈얼리티에 따라 여성 개개인이 각자 다르게 겪는 도전들을 직시해야 한다고 촉구한다.

제3물결

페미니즘의 제3물결은 작가이자 활동가인 레베카 워커에 의해서 공식적으로 시작되었다. 워커는 1992년에 『미즈』지에 글을 기고했다. 당시 시끄러웠던 클레어런스 토마스의 임명청문회[35] 직후였다. 워커는 아니타 힐을 옹호하는 흑인 페미니스트들을, 청문회 과정의 인종차별주의를 비판했던 흑인 활동가들과 그에 무지했던 백인 페미니스트들 양측 모두에 대척시켰다. 워커는 "페미니스트가 된다는 것은 평등과 여성 세력화라는 이념을 삶의 곳곳에 통합시키는 것이다. 체계적 파괴를 겪는 와중에 개인적 명료함을 모색하고, 간혹 우리가 분열될 때 여성들과의 자매애에 참여하는 것이며, 권력

구조에 맞서는 과정을 통해 그 구조를 이해하려는 것이다…. 나는 포스트페미니즘 페미니스트[36]가 아니다. 나는 제3물결 페미니스트이다."[37] 제3물결 페미니즘은 페미니즘의 역사가 인종차별주의와 계급차별주의 역사이며, 현존질서가 상징적 여성 몇몇을 계층구조의 사다리를 타고 오르게 해줌으로써 체제에의 저항을 완화시키고 권력구조가 혼란에 빠지지 않도록 조정하는 동안 그 외 대다수 여성들은 여전히 체제에 종속된 상태에 머물러 있다는 인식을 갖고 있다. 나아가 역사적으로 페미니즘운동의 운전대를 잡고 있던, 비교적 특권적 백인 여성들보다 훨씬 더 열악한 상황에 처해있는 수많은 여성들의 존재를 의식하고 있다. 제3물결 페미니즘의 이런 자각은 페미니즘이 경로를 수정하도록 지속적으로 이끄는 힘이다.

이미 수 세기에 걸쳐 페미니스트들은 이 불편한 현실을 잘 알고 있었다. 가령 1851년 도망 노예였던 소저너 트루스[38]의 유명한 연설「나는 여자가 아니란 말인가?」를 보자.

> 저기 있는 남자가 말합니다. 여자들이 마차를 탈 때 에스코트해주어야 하고 도랑을 건널 때 안아서 건네줘야 하고 어디를 가든 아주 좋은 자리를 내주어야 한다고. 하지만 아무도 나를 마차에 태워주거나 흙탕물을 건너는 데 도와주지 않았습니다. 나는 어디에서도 좋은 자리를 얻지 못했어요. 그럼 나는 여자가 아니란 말입니까?... 나도 남자들만큼 일할 수 있고 그럴 기회가 된다면 남자만큼 먹을 수도 있어요. 그리고 남자들처럼 채찍질도 잘 견뎌냅니다. 그럼 나는 여자가 아니란 말인가

요? 나는 13명의 아이를 낳았고, 내 아이가 모두 노예로 팔려가는 모습을 봐야 했어요. 어머니가 돌아가셨을 때 슬픔에 겨워 외쳐 대었습니다. 오직 예수님만이 내 울음소리를 들어주셨습니다. 그렇다고 내가 여자가 아니란 말인가요?[39]

유색인종 페미니스트들은 수 세기 동안 허공에 대고 외쳐왔다. 그들이 마땅히 받아야 할 처우를 받게 되기까지 페미니즘의 제3물결을 기다려야 했다. 제3물결 페미니스트들은 우리가 계속해서 시스,[40] 백인, 이성애 중산층 출신의 정상적 신체조건을 갖춘 여성의 경험을 페미니즘의 대의명분으로 삼는다면, 결코 트루스가 던진 질문에 제대로 대답할 수 없으리라고 지속적으로 상기시켜준다.

이런 맥락에서 탈식민주의 페미니즘 철학자, 가령 찬드라 모한티, 우마 나라얀, 앨리슨 재거[41]등은 수많은 서구 페미니스트들이 제3세계 여성들을 마치 하나의 동종 집단인 듯이 다루면서 동일한 억압적 폐해를 겪고 있다고 간주하는 시각이 문제라고 비판한다.[42] 나라얀은 제3세계 여성들의 주체성이 "가부장제에 의해서 와해"되어왔다고 보는 관점을 지적한다.[43] 우리는 감당할 수 있을 정도의 사회적 제재 속에서 가능하면 최선을 다하려고 고군분투하고 있을 뿐이다. 팬티스타킹과 하이힐을 신지 않으면 업계에서 앞서 나갈 수 없다는 사실에 좌절하고 투덜대면서도 뿌리염색을 하고, 영원한 젊음이라는 환상을 유지하기 위해서 값비싼 영양크림에 월급 전부를 써버리거나 스팽스[44]와 푸시업 브라[45]를 입는 고통을 참아낸다. 하지만 빈곤국에서 온 갈색피부의 여성이 히잡[46]을 쓴 모습을 보면 "멍청이"거나 억압적 가치관에 갇힌 "수감자"라고 단언한다. 탈식민 페미니즘이 이룩한 성과의 대부분은 문학이론가 가야트리 스피박[47]의 「하위주체는 말할 수 있는가?」라는 획기적인 에세이의 영향을 받았다. 스피박은 식민주의를 "갈색 남성에게서 갈색 여성을 구하는 백인 남성"의 임무라고 규정했다.[48] 이런 맥락에서 서구 페미니즘은 "갈색 남성에게서 갈색 여성을 구하는 백인 여성"처럼 보이기 시작했다.

탈식민주의 페미니스트들은 수백 년 동안 인종차별주의와 식민주의의 역사를 거치면서 서구 여성들이 우월감 콤플렉스를 얻게 되어, 제3세계 여성들도 서구 여성처럼 나라얀이 "가부장제와의 흥정"이라고 부른 것을 해왔다는 사실을 이해할 수 없게 되었다고 주장한다. 해변에서 부르키니[49]를 입은 여성을 보면 뙤약볕에서 그 여성이 더위에 얼마나 고생할지 혀를 끌끌 차면서도, 정작 자신은 해변에서 입을 수영복을 고를 때 남성의 시선을 염두에 둔다는 사실은 깨닫지 못한다. 부르키니를 입은 여성의 처지와 자신의 처지가 별반 다르지 않다는 현실에는 눈을 감고 있는 것이다. 어떤 여성성의 퍼포먼스가 용인되고, 몸은 얼마큼 드러내며, 남성의 욕정을 어떻게 피하거나 자극시킬지, 또는 어떻게 다른 경로로 바꿀 수 있는지 등은 이 지구상 거의 모든 여성들이 협상해야만 하는 지뢰밭이다. 여기서 중요한 것은 제3세계 여성들을 성차별주의의 희생자로 보지 말라는 것이 아니라, 자신은 정작 유리로 만든 집에 사는 처지에 남에게 돌을 던지지는 말아야 한다는 것이다. 타자의 문화적 실천을 비판하고 싶다면 그들과 마찬가지로 우리 자신의 문화적 실천을 점검해야 한다.

현재 미투 운동은 제2물결 페미니즘의 의식화운동을 반복하고 있다. 미투 운동을 통해서 여성들은 자신의 경험을 문화적 실천과 사회적 관습에 연루된, 점증하는 문제들의 목록에 올릴 기회를 얻었다. 낡은 관행과 관습들이 여전히 지구 전체의 반 정도 되는 인구의 삶을 지배하고 있다. 하지만 미투 운동은 1960년대에서 1980년대까지 진행된 제2물결 페미니즘보다는 한 발 더 나아가야 한다. 이 과정에서 우리는 다행히도 몇 가지 교훈을 얻게 되었다. 적어도 운동의 초기에 '미투'는 해시태그가 아니었다. '미투'라는 표현은 백인 여배우 알리사 밀라노[50]가 아니라, 흑인 여성 타라나 버크[51]가 만들었다. 버크는 1990년대에 비영리단체를 운영해서 성폭력 희생자들을 도왔다. 성차별주의와 그에 대한 저항이 반드시 부유한 백인 여배우나 그들의 트위터 추종자들과 관련된 것만은 아니라는 사실을 잊어서는 안 된다. 제3물결 페미니즘의 메시지는 이렇다. 성차별과 인종차별, 계급차별**경제적 지위가 낮은 사람들에 대한 차별**, 장애차별**여러 장애를 지닌 사람들에 대한 차별**, 동성애공포증, 트랜스공포증 등의 여하한 억압체제들은 항상 서로 연관되어 있다. 우리가 이 연관성을 무시한다면 기껏 타인을 희생한 대가로 일부 여성들의 이해관계에만 봉사하게 될 것이다.

이제 다음 장에서 이 세 물결의 페미니즘에서 비롯된 사상들을 검토할 것이다. 페미니즘이 무엇인가에 대해 집중하기 전에 먼저 우리는 페미니즘이 아닌 것을 구별해내야 한다. 적어도 오늘날 대중적 상상력에 투입된 희화화된 페미니스트의 이미지가 있다. 성난 페미니스트와 걸 파워 페미니스트라는 이미지이다. 이 두 이미지의 공통점은 각기 나름의 방식대로 현존질서를 유지시킨다는 점이다.

성난 페미니즘

페미니즘이 고작 몇몇 브래지어를 불태우는[52] 비이성적인 성난 레즈비언이 남성을 거세하고 여성으로부터 화장과 하이힐을 몰수하려는 의도를 갖는 것이라면, 당연히 이런 희화화된 이미지를 진지하게 다룰 이유는 없다. 하지만 이 희화화된 페미니스트의 이미지에는 다리가 달려 있다. 특히 털이 많이 나있는 다리이다. 성난 페미니스트에게는 있지 말아야 할 곳에 털이 많다. 다리와 겨드랑이, 얼굴과 음부에 털이 많지만 머리카락 숱은 풍성하지 않다. 기이한 다이크[53]식 머리 스타일과 전투 부츠, 버켄스탁,[54] 격자무늬가 너무 많은 스타일을 한 여성이 "남자의 눈물"이라는 문구가 쓰인 머그잔에 커피를 마시고 있다.[55]

화가 난 페미니스트들은 남성혐오를 예술적으로 고양시킨다. 『스컴 메니페스토』라는 논쟁적인 책의 저자 발레리 솔라나는 이들의 의제를 명확히 제시해준다. 솔라나는 대표적인 성난 페미니스트이다.[56] "시민의식을 갖춘, 스릴을 원하는 여성이 따분하기 짝이 없고 여성과는 무관한 사회에서 살아갈 때 할 수 있는 일은 정부를 전복하고 화폐경제를 붕괴시키며 완전 자동시스템을 구축한 뒤, 남성을 없애는 것뿐이다."[57] 안티페미니즘 텔레복음주의자 팻 로버트슨[58]의 말로 좀 더 간결하게 표현하면, 성난 페미니즘은 "여성들에게 남편을 버리고 아이들을 살해한 뒤 마녀 짓을 하면서 자본주의를 파멸로 몰아가는 레즈비언이 되라고 부추긴다."[59]

언제나 분노한 상태에서 발을 굴러대는 성난 페미니스트는 남성이 무슨 말이라도 하면 냉정해지고 기분 나빠한다. 잔소리를 쏟아내면서 사회정의의 전사를 자처하고, 문을 열어준 남성에게 단지 친절을 베풀었다는 이유로 말할 수 없이 분노하는 그녀는 "남성의 성취욕과 능력"을 "가부장제의 독재 권력욕"과 구별하지 못한다.[60] 피해자 코스프레를 하는 도덕순결주의자인 이 여성은 모든 남성을 원형적 강간범으로 간주하기 때문에 무죄라고 입증되기 전까지는 범죄자로 단정한다. 외모가 너무 추한 나머지, 연민을 느껴서 해주는 동정 섹스 이외에는 남성과 관계 할 기회가 없는 이 여성은 자신을 원치 않는다는 이유만으로 남성에게 화를 내며, 예쁜 여성을 질투한다. 이 여성에게 여성적 미의 기준은 신포도[61]이다. 당신이 패셔니스타이거나, 일하지 않는 엄마, 또는 남성에게 성적인 매력을 어필하는 여성이라면 성난 페미니스트는 당신과 당신이 내린 인생의 선택들에 대해 가타부타 판단을 내린 후 100퍼센트 확신을 갖고 당신이 결핍된 존재라고 선언한다.

페미니스트의 정형화된 이미지는 이처럼 심히 불쾌감을 주기 때문에 남성과 여성 모두로부터 외면 당한다.

남성들은 성난 페미니스트라는 도깨비를 보면 기겁을 한다. 언제나 여성은 자라면서 남성의 삶을 더 즐겁게 해주려고 태어난 존재라는 말을 들어왔기 때문이다. 상처 난 무릎에 입을 맞춰주는 엄마, 자신이 실없이 던진 같잖은 농담에 크게 웃어주고, 잠자리에서 저급한 포르노 대본을 따라하자는 요구에 마지못해 응대해주는 여자친구, 커피를 타다 바치는 비서와, 엄마의 빈 자리를 채워주고 가족 중 누구도 깨끗한 속옷이 부족하지 않게 준비해놓고 괴혈병에 걸려 죽지 않도록 관리하는 책임을 홀로 어깨에 짊어진 아내에 이르기까지, 여성의 일은 자신을 위해서 세상을 화목하게 만드는 것이라고 남성들은 믿는다. 여성의 존재 이유가 남성의 요구와 변덕에 맞추는 것이라면, 성난 페미니스트들은 기본적으로 여성으로서 이해받을 가능성이 없다. 남성은 '페미 나치'를 혐오한다. 수 세기 동안 도전받아 본 적 없는 남성의 권리의식에 문제제기하고, 원기 왕성한 남성적 욕망의 합법성에 의심의 눈초리를 던지며, 성별화된 감정노동과 물질노동이 불공평하다며 남성으로서는 용인하기 힘든 주장을 전투적으로 내세우기 때문이다. 남성을 기분 좋게 해주는 게임에 참여하길 거부하기 때문에 성난 페미니즘은 - 신경질적이고 비판적이며, 불친절하고, 불쾌하며 - 위험하다. 만일 성난 페미니스트가 다른 여성들을 충분히 설득시켜 자기편으로 끌어들인다면 남성들을 위한 잔치는 끝나버리기 때문이다. 그러니, 가능하면 농담조차 받아들이지 못하는 심술궂은 여자로 만들어서 이들을 폐기 처분해야 한다.

한편 여성들은 대체로 성난 페미니스트들을 두려워한다. 남성을 돌보고 먹을 것을 챙겨주도록 철저히 훈육된 여성들은 대체로 현재 자신이 노예처럼 굴고 있다는 사실을 깨닫지 못하기 때문이다.

그보다는 자신이 심술궂은 하르피이아로 오인 받지 않을까 전전긍긍한다. 급진주의 페미니즘운동가인 안드레아 드워킨[62]은 "많은 여성들이 페미니즘에 저항하는 이유는 우리 문화와 사회의 사적 인간관계에 퍼져있는 무자비한 여성혐오증을 뼈저리게 의식하고 있기 때문이다"라고 했다.[63] 여성성의 규범이 남성의 즐거움과 혜택을 위해서만 존재한다고 인정하기보다는 그 규범이 허락한 범위에서 일관성 없고 변덕스러운 쾌락에 탐닉하는 것이 더 낫다. 우리는 말 그대로 적과의 동침 상태에 있다. 사랑하는 남성이 여성의 완전한 자기실현을 막는 세계질서에 연루된 채 자신이 혜택을 받고 있는 동시에 그 질서를 유지시키는 데 일조하고 있다는 사실을 인정하기보다는 다른 여성들과 죽기 살기로 싸움을 벌이는 게 더 쉽다. 어쨌거나 사랑하는 사람의 쾌락을 위해 자신이 봉사한다는 사실을 인정하기보다는 자신을 기만하는게 더 안전하다.

시몬 드 보부아르는 왜 수많은 여성들이 그렇게도 기꺼이 남성의 지배에 굴복하는가, 라고 질문을 던지면서 페미니즘의 제2물결을 시작했다. 왜 여성들은 자신이 처한 억압상황에 집단적으로 저항하지 못하는가. 보부아르는 남성과의 억압적 관계를 통해서 얻게 되는 소소한 혜택 때문에 여성들이 굴복한다고 설명했다. 남성 지배에 굴복한 여성은 재정적 지원을 보장받게 되고, 자신의 삶에 실존적 책임을 지지 않아도 된다. 보부아르는 실존적으로 진정한 삶을 산다는 것은 - 나의 선택 하나하나가 완전히 자유롭고 전적으로 나만의 것인 그런 삶 - 힘들고 수고스럽고 두려운 일이라고 했다. 실존주의 철학에서 볼 때 사람들은 대부분 겁쟁이다. 자신의 삶을 스스로 결정하는 일이 주는 공포를 무슨 수를 써서라도 피해가려고 한다. 실존주의에서는 자기결정력을 갖고 선택하는 일이야말로 진정 인간다운 특성이다. 사회적 역할은 실존적 차원에서는 문제적이다. 왜냐하면 자기결정의 선택을 진정성 없이 정해주기 때문이다. 사회적으로 부여된 여성의 성역할은, 이 경우 특히 문제적이다. 보부아르는 남성에 비해 여성은 실존적 차원에서 진정한 선택을 내릴 기회가 별로 없다고 주장한다. 가령 여성이 사회적으로 정해진 아내 혹은 엄마의 역할을 맡을 때, 그녀의 삶은 전적으로 남편과 자녀와의 관계로 규정되는 경향이 있다. 이런 여성들은 자아의식을 상실하게 되어 보부아르가 "타자"라고 칭한 것이 된다. 타자가 되는 일은 스스로 가치와 의미를 갖는 삶을 꾸려가는 것보다 덜 힘들다.

> 타자의 위치에 놓이거나 거래 상대가 되기를 거부한다면 우월한 계층과의 동맹을 통해서 얻게 될 이점을 일절 거부하게 된다. 주권을 가진 남성은 여성-신하에게 물질적 보호를 제공하고 그녀의 존재에 도덕적 정당성을 부여한다. 그 결과 여성은 자신을 해방시키려 할 때 처하게 될 경제적 위기와 형이상학적 위기를 동시에 피해갈 수 있다. 이로써 목적과 목표가 고안된다. 진실로 개인은 자신의 주관적 존재를 추인하려는 윤리적 충동과 함께 자유를 포기하고 사물이 되고 싶은 유혹을 받는다. 이 길은 불길하다. 이 불길한 길을 택한 사람은 - 수동적이며, 존재상실을 겪게 되어 - 결국 타자의 의지에 따르는 존재가 되어 자아초월에 실패하고 모든 가치를 박탈당한다. 이 길은 쉽다. 이 쉬운 길을

따라가면 진정한 존재를 수행할 때 겪게 될 긴장감에서 벗어날 수 있다.[64]

보부아르는 성차가 초래한, 이 실존적 책임의식의 실패를 일종의 굴종이라고 비난하는 한편, 실존적 실패의 길로 이끄는 관습적인 성역할을 용감하게 거부하는 여성을 옹호했다. 그러나 요즘은 여성에게 요구되는 역할이 남성에게 허용된 역할보다 열등하다는 암시만 해도 이제는 신물난 마미전쟁[65]에 다시 불붙이는 꼴이 된다. 마미전쟁을 통해 성난 페미니즘이 일하지 않고 가정에서 자녀양육에 전념하는 여성들에게 적대적이라는 정형화된 이미지가 부각된다. 성난 페미니즘은 '전통적' 가치를 따르는 사람들 일체에 적대감을 갖고 있다고 알려져 있다.

나중에 살펴보겠지만 보부아르와 그 뒤를 잇는 후대 페미니스트들은 개별 여성이 자신의 삶을 선택하는 방식에 어떤 판단을 내리기보다는 여성의 선택을 제약하는 사회적 구조에 더 관심을 갖는다. 그러나 회의주의자들은 성난 페미니스트들이 불러일으키는 꼬장꼬장한 여성의 이미지에 매달린다. 이런 여성은 자기 일이나 신경 쓸 일이지, 다른 여성의 일에 일일이 참견하면서 개인이 자신에게 주어진 패를 선택하고 그에 맞게 행동한 일에 대해 자신이 가타부타 비판할 권리가 없는데도 분노를 쏟아낸다. 이런 여성은 차라리 입 다물고 앉아서 패를 섞을 때 속임수를 썼을 것이라는 자신의 주장이 맞을 가능성을 기다리는 편이 더 나을지도 모른다.

이성애적 규범이 지배하는 우리 사회의 문화에서 여성이 세력화할 주요 자원은 흔히 남성에게 어필할 매력이다. 그런데 성난 페미니스트는 말도 못할 정도로 성적 매력이 없다. 남성이 그들을 매력적으로 보는가의 여부에 따라 여성의 가치가 결정되는 사회에서 여성들은 일찍 전성기를 맞고 이후 젊음이 쇠락함에 따라 자신의 영향력을 잃어가는 과정을 평생 목격하면서 살게 된다. 한편 남성의 가치는 수입에 따라 결정되기 때문에 남성에 대한 평가는 대체로 중년까지, 그리고 이후 신체적으로 노화되어도 지속적으로 상승하게 된다30대에 사귀었던 어떤 남성은 내가 40대가 되면 두 명의 20대 여성과 교환할 거라는 농담을 하곤 했다. 그의 말이 그저 농담인 것만은 아니라는 생각이 들어서, 정말 그렇게 할지 확인할 때까지 기다리지 않고 헤어졌다. 이렇게 나이 들어 갈수록 기울어지는 힘의 불균형을 생각하면 여성들이 자신이 가진 여성적 매력을 활용해서 가장 능력 있는 독신남의 마음을 사로잡아 결혼반지를 손가락에 끼기 위해서 합리적인 계산을 한다고 해도 그들을 비난할 수는 없다.

철학자 산드라 바트키[66]는 여성성의 기본 요구 조건을 갖추고 숙달한 여성들이 얻게 될 이득, 자존감과 자신감, 수행력을 지적했다. 여성들은 여성적 아름다움이 우리 문화에서 상당히 가치가 있다는 점을 잘 알고 있다. 여성적 아름다움의 기준에 맞추어 살 능력이 있는 여성은 실제 이득을 취하고 실질적 권력을 얻을 수 있는 위치에 있다. 그녀가 이 게임에 참여할 능력이 있다면 말이다물론 나이 들어간다는 불가항력적 현실에 여성이 느끼는 공포를 담보로 돈벌이를 하고 있는 수조 원 규모의 뷰티산업이 매복하고 있다. 이 모든 사태가 진정 우리에게 가치 있는 것인지 성난 페미니즘이 물을 때, 여성들은 바트키가 "기술 박탈"이라고 비틀어 표현한 것 때문에 위협을 느낀다.[67] 평생 특정한 아름다움에 관한 미적 가치를 내재화하고 그에 따르기 위해 노력했던 여성이 누군가의 고고한 정치적 이상을 위해서 자신이 그간 공들여온 것을 포기하는 일에 주저한다면 당연히 용서받을 만하다. 페미니즘의 목적이 관례적인 남성성과 여성성이라는 개념과 이해방식을 없애려는 것이라면, 많은 여성들은 페미니즘이 자신의 성, 정체성, 그리고 사회적 세계**또 세계 속 자신의 위치**에 대한 자신만의 견해를 위협한다고 여기게 된다고 바트키는 주장했다.

페미니스트의 뒷골을 뻐근하게 만드는 카밀 팔리아[68]에 대해 할 말은 많지만, 어쨌든 팔리아는 여성성의 매혹을 잘 이해하고 있다. "아름다움을 구가한다고 해서 미안해할 필요는 없다"고 그녀는 꾸짖는다. "아름다움은 영원한 인간의 가치이며, 매디슨 애비뉴[69] 어딘가 사무실에 모인 비열한 남성들이 만들어낸 술책이 아니다."[70] 팔리아가 보기에 여성의 성적 매력이야말로 인류의 문명을 구축해온 핵심적 요소이다. 인간의 재능이 발휘된 일체의 성과를 지금껏 남성이 맡아 이룩해 왔지만. 이러한 문명의 창조과정에서 여성은 뮤즈이거나 성취에 따른 보상이었다는 것이다. 페미니스트들은 여성이 맡은 이런 역할이 얼마나 중독성이 있는지를 인정하는 대신 거짓말을 하고 있다고 팔리아는 지적한다. 여성이 그렇게도 많은 시간과 에너지를 여성성의 퍼포먼스에 몰두해온 이유가 고작 여성 자신의 진정한 가치를 이해하지 못하는 망상 때문이라고 말하는 것은 엉터리라고 일갈했던 팔리아의 주장은 틀리지 않았다. 여성성의 퍼포먼스를 무대화할 수 있는 여성이라면, 그 일이 얼마나 피를 솟구치게 만드는지 잘 알고 있다. 심지어 찰나의 순간이라도 연인혹은 낯선 이의 눈에서 반짝이는 욕망의 시선을 통해서 저들이 나를 원하게 만드는 나의 매력을 알게 된다. 성난 페미니즘은 이런 맥락에서 낡고 축축하게 젖은 커다란 담요[71]이다. 인간의 문명과 함께 오래 존속해온 성적인 역학에 과도하게 반응하기 때문이다.

대다수 여성은 어떤 차원에서는 남성이 이 사회에서 권력의 대부분을 차지하고 있다는 점을 이해한다. 많은 경우 파이 조각을 얻기 위해 여성에게 주어진 유일한 기회는 남성이 기꺼이 파이를 공유할 것인가에 달려있다. 남성은 자신이 원하는 것을 - 듣기 좋은 말이든, 섹스나 정서적 지원, 자녀 혹은 가사노동이든 - 기꺼이 제공하려는 여성과 권력을 나누려고 할 것이다. 남성에게 잘 대해주는 여성은 분명 큰 보상을 얻게 된다.

성난 페미니즘이 위험한 이유는 따라서 여성이 남성의 이익에 의해서, 또 그것을 위해서 존재하는 기존 질서에서 그나마 유지하고 있는 여성의 권력을 없애려 하기 때문이다. 여성은 이런 종류의 페미니즘에 대해 냉담하다. 우리는 페미니스트를 여성의 화려함에 적대적인 존재로 간주한다. 대부분의 여성은 자신이 존재론적 책임을 다하지 못했다는 비난을 받고 싶지 않으며, 그나마 남자들의 세상에서 자신에게 허락된 미미한 영향력조차 잃고 싶지는 않기 때문이다. 제정신이 아니라는 이유로 성난 페미니즘을 제쳐버릴 수 있다면, 그들의 분노가 겨누는 표적이 개인이 아니라 개인의 선택을 만든 사회구조 배경이라는 점을 굳이 이해해주려고 노력하지 않아도 된다. 더욱이 이 분노가 실제로는 정당할 수도 있다는 가능성을 따져볼 필요도 없다.

그렇지만 성난 페미니스트의 분노가 정당할 수도 있다는 가능성은 정말 진지하게 고려해야 한다.

이제 안전벨트를 단단히 매라. 1995년 한 흑인 여성이 보잉 747에 올랐다. 그녀의 옆 자리에는 양복을 차려입은 백인 남성이 앉아있다. 그녀는 이렇게 고백하는 글을 쓰기 시작한다. "나는 지금 죽이고 싶을 만큼 증오하는 한 백인 남성 옆에 앉아서 이 글을 쓰고 있다." 평생 흑인 여성으로 살아온 그녀는 흑인의 정체성 때문에 겪었던 온갖 수치심과 부당한 처우가 쌓이고 쌓여 더 이상 참기 어려운 한계점에 이르렀다. "방금 이런 일을 겪었다. 나와 여행을 함께 하고 있는 친구 K가 비행기 앞으로 불려나가 백인 여자 승무원으로부터 승객들이 보는 앞에서 욕을 먹었다. 내 친구가 자신에게 배정되지 않은 1등석에 앉으려고 했다는 이유로 말이다." K와 백인 남성 승객을 같은 좌석에 실수로 배정했던 잘못을 인정하는 대신 해당 항공회사는 백인 남성 승객에게 일등석을 주지 못하게 될 상황을 막기 위해 급급했다. 그 백인 남성은 당시 상황을 초래했던 인종차별주의와 성차별주의에 자신이 공모하고 있다는 사실을 인정하려 들지 않았지만, "백인 남성이라면 그 누구라도 스피커로 이름이 불려서 비행기 앞쪽으로 걸어 나가는 동안 다른 백인 남성이 자신의 자리를 차지하게 되는 일을 당할 가능성이 전혀 없다"는 사실은 인정한다. 그는 "그다지 진정성 없이 체면치레로 사과"를 하면서도 이 상황은 "자신의 잘못이 아니"며, 자신은 더 이상 관여하고 싶지 않고 그저 "자리에 앉아서 편안히 비행을 즐기고" 싶다는 의사를 분명히 했다. "화가 난 나는 옆자리에 앉아있는 그를 노려봤다. 그리고 그가 통 큰 듯 건네는 사과를 듣고 싶지 않다고 말했다"고 저자는 쓰고 있다. "나는 살인 충동을 느낄 정도의 분노에 휩싸였다. 그를 칼로 소리 없이 찌르거나 총구를 당기고 싶었다. 내 핸드백에 총이 들어있었으면 했다. 그의 고통을 지켜보면서 '인종차별주의는 아픈 거야'라고 속삭여주고 싶었다."[72]

이 글을 쓴 여성은 유명 작가이며 페미니스트이자 사회운동가인 벨 훅스[73]이다. 정말로 그녀는 세상을 향해 화가 나 있었다. 그녀가 살인충동에 휩싸일 만큼 느낀 분노는 적절한 시각에서 보면 충분히 이해된다. 여성과 유색인종이 근본적으로 감정적이라고 유형화하려는백인 남성이 근본적으로 이성적이라는 유형화와 대립된다 문화적 경향에도 불구하고 이들에게 분노의 감정은 허락되지 않는다고 벨 훅스는 지적한다. 왜 그런가? 분노는 다른 감정으로는 할 수 없는 방식으로 현존질서를 방해할 수 있기 때문이다. 벨 훅스는 우리에게 이제 무엇이 필요한지 알게 되었다.

흔히 우리는 여성이 하려는 얘기에 귀 기울이지 않으려는 핑계로 그녀의 감정적 분노 운운하는 태도를 목격하게 된다. 흑인 페미니스트 이론가 오드르 로드[74]는 많은 이들에게 익숙한 상황을 전해준다. "어떤 학회에서 직접적이고 특정한 분노에 관해서 발언하고 있었다. 한 백인 여성이 말했다. '당신이 느낀 것을 말해도 좋지만 화를 내면서 거칠게 말할 건 없어요. 당최 무슨 소리인지 제대로 알아들을 수가 없어요.' 내가 말하는 방식 때문에 못 듣는 것인가, 아니면 그녀의 삶이 달라질 것이라는 메시지가 위협적인가?"[75] 페미니스트 이론가 사라 아메드[76]는 "페미니스트 훼방꾼"을 자처하면서 정당한 분노의 정치적 효력을 지지한다. 우리는 여성들이 상냥해야 한다고 가르치는 세상에 살고 있다. 여성은 어떻게라도 타인을 기분 나쁘게 하지 않도록 훈육된다. 여성은 자신이 타인의 마음을 상하게 했다는 생각이 들면 소스라치게 놀라도록 길러진다. 여성은 행복이 궁극적인 목표여야 한다고 가르침을 받는다. 그러나 부패하고 폭력적이며 불의한 세상에서 행복은 거짓일 수 있다. 전혀 행복하지 않은데 행복을 고집한다면 현실을 제대로 인식하지 않으려는 방편일 뿐이다. 우리는 가끔 화를 낼 필요가 있다. "정치적 행동주의에 참여하기 위해서는 행복에 저항해야 한다"라고 아메드는 쓴다.[77] 행복이 우리의 정치적 명분이기를 거부하면 - 타인을 기꺼이 불행하게 만들려고 하고, 불행을 초래하는 사람들을 지원하고, 스스로 불행해지려 하면서 - 정치적 변화를 가져올 가능성을 열게 된다.

화를 내려는 선택은 두려운 기획일 수 있다. "두려움을 느끼는 여성에게 분노는 종종 기존의 삶이 붕괴되리라는 위협이 된다"라고 로드는 썼다. "남성적인 폭력적 힘의 구조에서는 우리의 삶이 가부장제적 권력의 선의에 달려있다고 가르친다. 타인의 분노는 무슨 수를 써서라도 피해야 한다. 분노를 통해서는 고통 이외에 배울 것이 전혀 없으며, 나쁜 여자 취급을 받고 뭔가 부족해서 마땅히 해야 할 일을 하지 못했다는 평가를 받게 되기 때문이다."[78] 보통 사람들은 이미 일찍부터 어떤 감정적 반응이 수용가능한지 주입식 훈련을 받기 때문에 훈육된 내용을 포기하기는 아주 힘들다.

하지만 제대로 활용하면 분노는 변화를 위한 강력한 원천이 될 수 있다. 작가 레베카 트레이스터[79]는 여성의 분노가 "오래 지속되어온 법적, 제도적 개혁을 불붙인 동력이 되"긴 했지만 대부분 "기록문헌으로부터 삭제되어왔다"고 주장한다.[80]

> 우리는 자신이 앉아있던 버스의 좌석을 포기하지 않아서 1955년 몽고메리 버스탑승거부운동을 시작했던, 그지없이 정숙했던 여성 로자 파크스[81]가 열렬한 강간반대 운동가였다는 사실에 대해서는 배우지 않는다. 파크스는 한때 자신을 공격하려던 남자에게 강간을 당하느니 죽어버리겠다고 했고, 10세 때 백인 소년에게 위협을 받았을 때는 벽돌 조각을 든 채 그가 다가오면 때릴 태세를 취하기도 했다. "나는 화가 났었다"라고 그녀는 나중에 이 어린 시절 저항행위에 대해 말했다. "그 애는 더 이상 아무 말도 없이 떠났다." 해리엇 텁먼[82]에서부터 수전 B. 앤소니에 이르는 여성 영웅들에 관해 학교에서 배울 때 우리는 이 몇 안 되는 여성 영웅들의 알려진 행동 이면에 분노가 - 금욕주의, 슬픔 또는 힘과 함께 - 있었다는 사실을 생각해보라는 제안을 받은 적이 없다. 대신 정기적으로 여성의 분노는 비합리적이고 위험하며 조롱의 대상이라는 문화적 메시지를 주입받고 흡수한다.[83]

성난 여성들의 역사는 기억하고 마음속에 간직해야 한다.

성난 페미니즘은 혐오스럽기 때문에 일반 페미니즘운동을 폄훼하려고 하는 사람들이 선호하는 표적이 된다. 성난 페미니스트는 여성의 정당한 분노를 제정신이 아닌 늙은 여자라는 해묵은 유령으로 호도하는 정형화된 이미지이다. 이 늙은 여자가 내지르는 고성은 진지하게 들어줄 필요가 없다고 제쳐버린다. 하지만 실제 페미니즘에 개방적인 사람들은 흔히 또 다른 페미니즘의 캐리커처로 몰려간다. 이 이미지는 성난 페미니즘과는 다른 이유로 문제적이다. 성난 페미니스트의 죄가 매력이 없다는 것이라면, 걸 파워 페미니스트는 성난 페미니스트의 붓으로 자신을 더럽히지 않으리라 결심한다.

걸 파워 페미니즘

걸 파워 페미니스트는 섹시하고 활달해서 반감을 주지 않고 근본적으로 위협적이지 않다. 그녀는 뻔뻔스럽게 굴지 않지만 자신감에 차 있고, 자신이 무엇을 원하는지 잘 안다. 그녀는 자신의 독립을 주장하면서도 과격한 시도는 하지 않는다. 걸 파워 페미니스트는 전문가답고 경제적 성공을 이루었다. 일할 때는 적극적이며, 어린 시절부터 들어온, 여자도 뭐든지 할 수 있다는 뻔한 명제를 자신의 기회로 삼는다. 그러니 다른 여성들도 자기처럼 할 수 있다고 믿는다. 여성의 세력화를 개인 여성의 성공으로 이해할 뿐, 여성이라는 집단의 발전으로 보지 않는 걸 파워 페미니즘은 여성이 남성의 세상에서 잘 해낼 때마다 승리를 외친다. 기업여성의 리더십 이벤트는 걸 파워 페미니즘이다. '여자는 짱, 남자는 멍청이'가 걸 파워 페미니즘의 슬로건이다. 비욘세가 '페미니스트'라는 단어가 번쩍거리며 전시되는 커다란 스크린 앞에서 하의실종 차림으로 공연을 하는 것이 걸 파워 페미니즘이다**비욘세는 이보다 더 심한 이미지 메이킹도 했다는 점을 덧붙여야겠다**. 실질적으로 이 장르를 만든 당사자는 스파이스걸이다. 기분 좋은 자매애라는 무비판적 판타지를 팔면서 돈을 버는 사람들도 걸 파워 페미니스트이다. 여성의 아름다움이라는 개념을 팔면서 그 '포용성'이나 '다양성'을 찬양하는 사람들은 걸 파워 페미니스트에 속한다고 볼 수 있다. 여성의 직관과 자기세력화를 찬양하는 흔한 자기계발서를 저당 잡아 돈을 버는 사람은 걸 파워 페미니스트라고 해도 좋다. 좀 더 친절하고 상냥해 보이는 페미니즘은 여성의 세력화를 옹호한다. 하지만 이들은 자만심의 깃털을 휘날리지 않을 뿐더러 어쨌든 현존 질서는 유지되리라는 확신을 심어준다.

월스트리트의 황소를 고개 숙이게 한 동상은 '용감한 소녀'[84]이지, 두려움 없는 성인 여성이 아니라는 사실은 우연이 아니다. 소녀의 힘은 절대 위협적이지 않다. '소녀'는 아직 작아서 실제 그 힘으로 뭘 할 수 없는 나이이다. 여성의 힘은 거부감을 준다. 걸 파워가 황금시장이라면, 우먼파워는 아니다. 용감한 소녀가 몸을 앞으로 수그리면 귀엽고 활발하다. 실제 여성이 그런 행위를 하게 되면 말로 표현될 수 없는 좌절감에 빠지고, 고된 전투를 치러야 한다. 심지어 페이스북 임원이었던 셰릴 샌드버그[85]도 남편의 때 이른 사망 이후 자신의 낙관주의를 철회했다. 그녀는 페이스 북 포스트에 이렇게 썼다. “가정사가 힘들 때 일에서 성공하는 것이 얼마나 힘든지 지금까지 깨닫지 못했다.” 우리는 어린 여자아이에게 그들이 뭐든 할 수 있다고 말하면서 행복해하는 문화에 살고 있다. 하지만 이 명제를 현실로 만들려고 애쓰는 성인 여성들을 위해서 실제 무엇을 해줄 수 있는지에 관해서는 전혀 관심 없다. 남성이 아내나 파트너에게 기대하는 자질과, 자신의 딸이 성취하기를 기대하는 사회적 지위 사이에는 확연한 불균형이 존재한다. 《슈라이버 리포트》[86]에 따르면 딸에게 “힘,” “지성”과 “독립성”과 같은 자질을 기대하는 남성이 뒤로는 아내로부터 “매력”과 “달콤함”을 원한다.[87] 이런 아버지가 딸의 활발함이 누군가에겐 문제가 될 수 있다는 생각을 할까?

걸 파워 페미니즘의 또 다른 얼굴은 일종의 반성 없는 긍정의 성인식으로 드러난다. 2011년과 2012년에 ‘슬럿 워크’[88]가 벌어졌다. 슬럿 워크는 여성에게 자행되는 성폭력에 대응하는 저항이었다. 지지자들은 여성이 자신의 섹슈얼리티를 통제하고 만끽할 수 있는 권리를 요구하는 전략의 하나로 ‘슬럿’[89]이라는 말을 재전유한다고 공언했다. 오해하지 마시라. 나는 붉은 피가 흐르는 인간으로서 여성도 남성이 늘 구가하고 있는 성적 자유를 누려야 한다는 데 찬성한다. 그리고 성 긍정성이 여성이 자신의 몸을 즐기거나 기분 좋게 느끼도록 도움을 주고 여성의 매력에 대한 남성적 견해를 넘어서도록 해준다면 페미니즘의 진보에 도움이 될 것이다. 하지만 트래이스터가 지적하듯이, 걸 파워의 성 긍정성에 가장 어울리는 형식은 분명 “윙크를 날리며 에로틱한 아이러니를 거래”하는 것이다. 쿨하고 과장하며 농담을 즐기는 소녀는 그녀의 목적이 여전히 "재미 보는 것이라는"[90] 확신을 대다수의 남성들에게 주게 된다.[91] 같은 논의 선상에서 작가 애어리얼 레비[92]는 오늘날 성 긍정성이 "외설문화"를 낳게 될 것이라고 지적한다.[93] 여성을 대상화시키는 시선을 내면화하는 것이 세력화라고 거짓말을 하고 있기 때문이다. 이 두 저자는 성 긍정성을, 불공정한 성적 이중 잣대에 대한 급진적 페미니스트의 거부라기보다는 캐서린 맥키넌과 안드레아 드워킨 같은 급진적 페미니즘에 대한 대응으로 간주한다. 이 두 페미니스트는 1980년대에 포르노그래피가 여성의 시민권을 위반한다고 간주한 뒤 보수주의 정치가들과 연합해서 포르노그래피 이용권을 제한하는 법령을 통과시키려고 했다. "나는 급진주의 페미니스트이다. 하지만 재밌는 타입은 아니다"라는 드워킨의 발언은 유명하다.[94]

걸 파워 페미니스트들은 정반대 방향으로 달려가면서 소리친다. 이 페미니즘은 현재 질서의 뭔가를 문제 삼더라도, 남성이 여성에게 성적으로 접근할 무제한적인 권리, 즉 거의 아무 때고 원하면 잠자리를 가질 권리를 건드리지 않을 것이라고 이성애 남성에게 약속하면서 내부적 역습을 시도한다. 이로써 "섹스를 페미니스트에게 맡겨둔다면 휴가를 떠나면서 반려견을 박제사에게 맡겨두는 것과 같다"고 하면서 팔리아가 악명 높을 정도로 비난을 퍼부었던 죄 많은 성난 페미니스트들과 자신들은 전혀 다르다는 점을 확인시켜 준다.[95]

만일 페미니즘이 그저 걸 파워 페미니즘에 불과하다면, 개별 여성의 선택을 규제하는 더 큰 사회적 구조를 살필 이유가 없다. 또 성차별주의를 유지하는 데 여성들이 공모할 가능성도 고려할 이유가 없다. 여성은 어리석지 않다. 그들은 망상에 빠진 게 아니다. 여성은 남성의 세상에서 자신이 정당하게 얻어낸 보잘 것 없는 영향력이나마 지키려면 지금 타고 있는 이 배를 흔들지 않는다는 조건을 지켜야한다는 사실을 잘 알고 있다. 걸 파워 페미니즘은 성차별주의 사회가 그들에게 기대하는 일을 기꺼이 하려 들면서, 오직 사회의 기준에 맞춰 살아가는 여성들에게만 실질적인 보상이 주어진다는 사실은 무시한다. 그 결과는 당연히 자매애의 실종이다.

궁극적으로 자신을 포함해서 모든 여성들에게 해를 가하는 체제에 자신이 공모하고 있는 방식을 허심탄회하게 인정할 수 있는 성찰의 과정은 쉽지 않다. 걸 파워 페미니즘은 개별 여성의 행동을 찬양함으로써 이런 암담한 생각에는 눈감아 버린다. 그럼으로써 여성의 자율적 결정권을 옹호하는 것이 페미니즘이라고 믿게 만든다. 또 남성에게 열려있는 선택지와 비교해보면 여성은 철저히 제한적인 일련의 선택지 중에서 결정해야 한다는 사실은 외면한다. 결과적으로 여성이 실제로 선택하는 것이 무엇인지를 엄정하게 따져 볼 수 없게 된다. 철학자이자 변호사인 린다 허쉬만[96]은 이 선택의 수사학 이면에는 개인의 자율적 결정권을 옹호하지 않으려는 시도가 숨어 있다고 지적한다.[97] 개인에만 집중하고 주변에는 눈을 감아버리는 걸 파워 페미니즘은 개인의 선택이 남성 지배의 세계질서를 더욱 공고히 해준다는 사실을 인정할 필요가 없다고 믿는다.

만일 나의 선택이 당신의 선택에 부정적 영향을 미친다면, 당신의 불평은 정당하다. 하지만 다른 무엇보다 개인의 자유를 중시하는 이 신자유주의 소비주의 문화에서 사람들은 자신의 선택이 사회적 진공상태에서 일어나는 것이 아니라 타자에게 부정적 결과를 낳을 수도 있다는 사실에 귀 기울이지 않는다. 급진주의에서 자기계발까지 아우르면서 페미니즘의 몰락을 연대기적으로 집대성한 편집자이자 비평가인 제사 크리스핀[98]은 걸 파워 페미니즘을 최악의 가부장제적 상황에서 여성들이 자신의 길을 매수하기 위해 벌이는 싸움에 불과하다고 요약한다. "여성들도 힘없고 가난한 이들을 억압하는 일에 동등하게 참여하도록 해주는 싸움이다."[99] 걸 파워 페미니즘의 이데올로기는 페미니즘의 오래된 격언인 '사적인 것이 정치적이다'를, 사적인 선택에서 비롯된 정치적 반향에 책임지지 않은 채 사적인 것을 정치적 정당성으로 치장하는 슬로건으로 잘못 해석한다. 크리스핀은 "너무도 오랫동안 페미니즘은 집단적 행동과 집단적 상상력을 포기하고 개인의 '라이프 스타일'로 향했었다. 라이프 스타일은 세상을 바꾸지 않는다"고 썼다.[100]

걸 파워 페미니즘은 대부분의 광고회사가 우리에게 필요하지도 않은 상품들을 구매하도록 만들려고 페미니즘을 포섭해온 맥락에서만 유효하다. 풍자뉴스 웹사이트《어니언》[101]에 등장했던 "개인 여성이 하는 모든 것들이 이제 여성들을 세력화한다"는 헤드라인은, 수십 개의 구두를 소유하고 칼슘이 풍부한 황산화 제품을 먹거나 소규모의 그룹에서 여성들과 저녁식사를 하는 등의 과감한 행동을 했다고 여성의 등을 도닥거려주는 것이 페미니즘이라는 엉터리 생각을 비웃었다.[102] 자기관리, 자기세력화, 자기몰입, 마케팅전략과 라이프 스타일 선택으로서의 페미니즘은 이빨 빠진 호랑이다. 페미니즘이 '유 고 걸'[103] 식의 뻔한 이미지로 축소된다면, 세상에 의미 있는 방식으로 영향을 미칠 수 있는 근본적인 잠재성은 제거된다. 이것이 바로 걸 파워 페미니즘이 주류의 입장에 쉽게 포섭되는 이유이다. 이들은 사회구조를 뒤집을 정도의 위협이 절대 될 수 없다.

성난 페미니스트와 걸 파워 페미니스트가 문화적 반향을 일으킨 것은 우연이 아니다. 많은 사람들이 변화를 두려워하고 또 타인을 희생해서 자신을 이롭게 하는 부당한 현존질서를 유지하는 데 투자한다. 이 두 캐리커처는 페미니즘에서 잠재적 급진주의의 이빨을 뽑아버린다. 하지만 진정한 페미니즘이 - 물론 매우 다양한 형태로 - 이미 세상을 변화시켜왔고 앞으로도 그럴 것이다.

1 영어로 'F-word'라고 하면 욕설에 해당하는 단어(fuck)를 발음하는 대신 첫 알파벳만을 따서 표현하는 용법이다. 여기서 저자는 욕설 표현 대신 '페미니즘(feminism)'의 첫 알파벳을 딴 것이다(역주).

2 그리스신화에 나오는 괴물로 몸은 새이고 얼굴은 인간을 하고 있다. 악인들을 지옥으로 끌고 가 벌 받게 한다. 속어로 끔찍하게 불쾌한 여자들을 일컫는 말이다(역주).

3 결정권을 갖는다는 의미(역주).

4 John Stuart Mill, "The Subjection of Women," John Stuart Mill and Harriet Taylor Mill, *Essays on Sex Equality*. Alice Rossi 편집 (Chicago: University of Chicago Press, 1970[1869]), 130쪽.

5 슐라미스 파이어스톤은 캐나다 출신 급진주의 페미니스트이다. 제2물결 페미니즘 초기 선구자적 역할을 했다(역주).

6 Shulamith Firestone, *The Dialectic of Sex* (New York: William Morrow & Company, 1970).

7 피임법이 대중적으로 확산된 것은 20세기 초였다. 간호사였던 마거릿 생어는 여성에게 출산을 결정할 수 있는 권리를 갖도록 하는 운동을 했다. 그 결과 피임법확산방지법을 폐지하게 되어 의사들이 피임법의 정보를 알려줄 수 있게 되었다 (역주).

8 분말우유는 19세기 중엽에 상품화되었다(역주).

9 진화심리학의 토대를 세운 학자로 성적 파트너를 고를 때 나타나는 양성 간 차이 연구로 유명하다(역주).

10 David Buss, *The Evolution of Desire: Strategies of Human Mating*, 4th ed. (New York: Basic Books, 2016[1995]), 211쪽.

11 미국의 작가이자 인간관계 전문상담가로 1992년에 출간된 『화성에서 온 남자, 금성에서 온 여자』는 전 세계적인 베스트셀러이다(역주).

12 19세기에 여성의 교육과 사회적 평등을 앞장서 호소한 영국의 여성운동가(역주).

13 재밌는 사실 하나: 울스턴크레프트는 『프랑켄슈타인』의 작가 메리 셸리의 어머니이다. 페미니즘이 누군가에겐 악몽이라는 농담이 있다[프랑켄슈타인 같은 괴물을 낳았다는 비유(역주)].

14 19세기 영국의 재산상속법에 따르면 부모의 재산은 아들만 상속받을 수 있었다(역주).

15 영국의 철학자로 1세대 자유주의 페미니스트. 존 스튜어트 밀과 결혼했다(역주).

16 아나키스트 정치활동가로 여성의 권리에 앞장섰다(역주).

17 제인 애덤스: 미국의 사회운동가로 노벨평화상을 받았다. 엘리자베스 캐디 스탠튼: 1848년 미국에서 최초로 여성참정권을 요구하면서 체계적으로 이 논제를 공식화하고 조직했다. 엘리스 폴: 여성의 권리와 평등을 위한 법률안 개정운동을 벌였다. 루시 번즈: 여성참정권운동가(역주).

18 이 사실에 주목하라. 미국에서 여성들이 투표권을 얻어 투표에 참여하게 된 것은 고작 100년 전 일이다.

19 미국의 노동자권익운동가. 최초의 여성각료로 노동부 장관을 역임했다(역주).

20 미국의 교육전문가. 노예였던 부모를 두었고 흑인의 인종문제에 앞장섰다(역주).

21 19세기 초 프랑스 공상적 사회주의 이론가(역주).

22 Leslie Goldstein, "Early Feminist Themes in French Utopian Socialism: The St.-Simonians and Fourier," *Journal of the History of Ideas* 43, 1호(1982), 91-108쪽.

23 독일의 사회학자, 경제학자, 정치이론가로 공산주의를 창시했고, 엥겔스와 함께 「공산당선언문」을 썼다. 또 자본주의경제논리를 분석한 『자본론』의 저자이다(역주).

24 Karl Marx and Frederick Engels, *The Communist Manifesto* (Chicago: Charles H. Kerr & Co., 1906[1848]), 59쪽.

25 Charles Fourier, *The Theory of the Four Movements*. Gareth Stedman Jones and Ian Patterson 편역 (Cambridge: Cambridge University Press, 1996[1808]) 132쪽.

26 Charles Fourier, *Oeuvres Complètes de Charles Fourier*, 12 vols. (Paris: Anthropos, 1966-1968): vol.1, 130-131, 149-150쪽; vol. 6, 191쪽.

27 프랑스의 여성참정권운동가(역주).

28 Karen Offen, *European Feminisms, 1700-1950: A Political History* (Stanford: Stanford University Press, 1999).

29 제2차 세계대전 당시 미국 군수공장에서 일하던 여성노동자의 상징적 인물. 미국의 참전으로 남성들이 전선에 나서자 여성들이 부족한 노동력을 채우게 된다(역주).

30 마르크스주의 페미니즘의 경제학자들은 여성이 "예비노동자"라고 주장한다. 경제적인 필요에 따라 노동력으로 투입되었다가 제외되는 노동자를 의미하며, 그들 자신의 필요나 욕망은 무시된다.

31 Betty Friedan, *The Feminine Mystique* (New York: W. W. Norton & Co., 2013[1963]), 57쪽.

32 이 슬로건의 원전은 분명하지 않다. 티-그레이스 아트킨슨[미국의 급진주의 페미니스트 철학자(역주)]과 〈시카고여성해방유니온〉[1969년에 일리노이주에서 설립된 페미니즘조직체(역주)]에서 시작한 것으로 알려져 있다.

33 미국의 급진주의 흑인인권운동단체(역주).

34 블랙팬서당에서 심한 성차별주의를 겪었던 자신의 경험을 서술하면서 일레인 브라운[미국의 감옥인권운동가로 블랙팬서당의 의장을 지냈다(역주)]은 이렇게 말한다. "블랙파워운동에서 여성의 존재는 기껏해야 운동과 무관한 존재였다. 자신의 권리를 주장하는 여성은 배교자 취급을 받았다. 흑인 여성이 리더십을 얻게 되면, 흑인 남성성을 침해한다는 소리를 듣게 되었다. 흑인 인종의 진보를 방해하는 존재라는 것이다. 해당 여성은 흑인의 적이 된다." Brown, *A Taste of Power: A Black Woman's Story* (New York: Pantheon Books, 1992), 357쪽.

35 1991년 연방대법원 판사로 임명된 클레어런스 토마스는 청문회 당시 변호사 아니타 힐이 토마스에게 당한 성희롱을 폭로하면서 추문에 휩싸였다(역주).

36 포스트페미니즘은 여성의 사회적 지위가 과거에 비해 상승하면서 페미니즘의 목표가 이루어졌다는 전제하에 페미니즘 '이후'를 의미한다(역주).

37 Rebecca Walker, "Becoming the Third Wave," *Ms.*, January/Feburary 1992, 39-41쪽.

38 노예해방운동가이자 여성권익운동가로 1826년에 딸과 함께 노예상태를 탈출했다(역주).

39 대부분의 역사가는 트루스의 연설 중 유명한 이 대목이 1851년에 실제로 그녀가 발언했던 것과는 상당히 다르다는 점에 의견의 일치를 보인다. 1863년에 프랜시스 게이지가 출판했던 이 연설문은 남부노예들이 전형적으로 보이는 연설 스타일을 보여주는데, 트루스는 뉴욕에서 태어나 성장했다.

40 만일 당신이 시스젠더(간단히 줄여서 '시스'로 칭한다)라면, 당신의 성 정체성은 태어날 때 당신에게 부여된 성과 일치한다.

41 찬드라 모한티: 인도출신 미국의 탈식민주의 페미니스트. 우마 나라얀: 인도 출신 미국의 철학자이자 페미니스트 이론가로 바사 칼리지 교수. 앨리슨 재거: 미국의 페미니즘 철학자로 콜로라도 대학 철학과 여성학과 교수(역주).

42 가령 Chandra Talpade Mohanty, "Under Western Eyes: Feminist Scholarship and Colonial Discourses," *boundary 2* 12, 3호(1984), 333-58쪽. Uma Narayan, "Minds of Their Own: Choices, Autonomy, Cultural Practices and Other

Women," *A Mind of One's Own: Feminist Essays on Reason and Objectivity*, 2nd ed. Louise Antony and Charlotte Witt 편집 (Boulder, CO: Westerview Press, 2002); Alison Jaggar, "Saving Amina: Global Justice for Women and Intercultural Dialogue", *Ethics and International Affairs* 19, 3호(2005), 55-75쪽 등을 보라.

43 Narayan, "Minds of Their Own," 222쪽.

44 몸매 보정속옷 브랜드(역주).

45 안에 패드를 넣을 수 있는 브래지어(역주).

46 이슬람교 여성이 외출 시 머리와 목을 가리는 베일로 눈만 노출시킨다(역주).

47 인도 출신의 탈식민주의이론가(역주).

48 Gayatri Spivak, "Can the Subaltern Speak?: Speculations on Widow Sacrifice," *Wedge* 7/8 (1985), 120-30쪽.

49 부르키니: 부르카[이슬람 문화권에서 여성들이 착용하는 얼굴과 몸 전체를 덮는 옷]와 비키니의 합성어로 얼굴, 손과 발을 제외한 몸 전체를 덮는 수영복이다(역주).

50 미국의 영화배우로 영화제작자 하비 와인스타인에게 당한 성폭력을 폭로해서 2017년 미투 운동을 대중화시킨 당사자로 알려져 있다(역주).

51 여성들의 성폭행경험을 공유하기 위해서 '미투'라는 말을 처음으로 사용한 미국의 인권 운동가(역주).

52 1960년대 급진주의 페미니즘운동을 일컫는 표현(역주).

53 여성동성애자, 특히 남성 역할을 하는 레즈비언을 일컫는 속어(역주).

54 가죽 소재의 슬리퍼 브랜드(역주).

55 나도 이 머그잔을 갖고 있다.

56 솔라나는 1967년에 이 책을 자비 출판했다. 그 뒤 1968년에 앤디 워홀[미국의 팝 아티스트(역주)]을 살해하려 시도했다가 미수에 그쳤다. 당시 주류 페미니즘으로부터 배척당하고 여생을 사회의 주변부에서 지냈지만, 그녀의 저서는 이후 급진주의 페미니스트 세대에 영감을 준다.

57 Valerie Solanas, *SCUM Manifesto* (New York: Verso, 2004[1967]), 35쪽.

58 침례교 목사 출신으로 기독교 보수주의 지도자이자 유명 방송인(역주).

59 Pat Robertson, Christian Coalition 기금모금 서한. Associated Press, "Robertson

Letter Attacks Feminists," *The New York Times*, 1992년 8월 26일 자 인용. 2019년 11월 11일 검색. https://www.nytimes.com/1992/08/26/us/roberston-letter-attacks-feminists.html.

60 Jordan Peterson, Helen Lewis와의 인터뷰. *British GQ*, 2019년 1월 15일. 2019년 11월 11일 검색. http://www.gq-magazine.co.uk/article/jordan-peterson-interview-2018.

61 이솝우화에 나오는 여우 이야기로 잘 익은 포도를 따 먹으려 했으나 자꾸 실패하자 포도가 맛없을 거라면서 포기한다. 원하는 것을 얻을 수 없을 때 그 상황을 정당화하는 표현이다(역주).

62 미국의 급진주의 페미니스트. 포르노그래피 연구로 유명하다(역주).

63 Andrea Dworkin, *Our Blood: Prophecies and Discourses on Sexual Politics* (New York: Harper & Row, 1976), 78쪽.

64 Simone de Beauvoir, *The Second Sex*. H. M. Parshley 편역 (New York: Vintage, 1989[1949]), xvii.

65 일하는 엄마와 일하지 않는 엄마 사이에서 벌어지는 육아를 둘러싼 논쟁(역주).

66 페미니즘 철학자로 현상학과 페미니즘 이론을 접목시켰다(역주).

67 Sandra Bartky, "Foucault, Femininity, and the Modernization of Patriarchal Power," *Femininity and Domination: Studies in the Phenomenology of Oppression* (New York: Routledge, 1990), 78쪽.

68 미국의 페미니스트이자 사회비평가로, '안티 페미니스트' 페미니스트로 자처하면서 주류 페미니즘을 비판한 것으로 유명하다(역주).

69 미국 뉴욕시의 거리. 광고 산업의 중심지로 알려져 있다(역주).

70 Camille Paglia, *Sex, Art, and American Culture: Essays* (New York: Knopf Doubleday, 2011), 264쪽.

71 '젖은 담요'란 표현은 타인의 기쁨을 망치는 발언이나 행동을 하는 것이다. 담요를 적셔서 불을 끄는 방법에서 유래했다(역주).

72 bell hooks, *Killing Rage: Ending Racism* (New York: Henry Holt, 1996[1995]), 8-11쪽.

73 미국의 페미니스트, 사회운동가, 작가. 본명은 글로리아 진 와트킨스이다(역주).

74 미국의 페미니스트이자 시민권 운동가(역주).

75 Audre Lorde, "The Uses of Anger: Women Responding to Racism," *Sister Outsider*, 2nd ed. (New York: Ten Speed Press, 2007[1984]), 125쪽.

76 영국계 오스트레일리아 페미니즘 학자로 페미니즘이론과 비판인종이론 전문가이다(역주).

77 Sarah Ahmed, *Living a Feminist Life* (Durham, NC: Duke University Press, 2007), 255쪽.

78 Lorde, "Uses of Anger," 131쪽.

79 미국의 칼럼니스트로《뉴욕 타임즈》베스트셀러 작가(역주).

80 Rebecca Traister, *Good and Mad: The Revolutionary Power of Women's Anger* (New York: Simon & Schuster, 2018), xx.

81 미국의 인권운동가로 1950년대 몽고메리 버스 보이콧 운동을 촉발시켰다(역주).

82 19세기 미국 흑인 노예로 1849년 탈출했다. 노예해방운동과 여성참정권운동에 참여했고, 흑인노예 탈출조직 "지하철도"를 만들어 수백 명의 노예를 탈출시켰다(역주).

83 Traister, *Good and Mad*, xx-xxii.

84 뉴욕의 한 투자단체가 2017년 세계여성의 날을 맞아 월스트리트의 뉴욕주식거래소 건너편에 세운 소녀상이다(역주).

85 페이스북 최고운영책임자이고, 여성의 사회활동을 지원하는 LeanIn.org의 설립자이다(역주).

86 미국의 저널리스트 마리아 슈라이버가 2009년에 시작한 전미 여성관련 보고서(역주).

87 A Woman's Nation, *The Shriver Report Snapshot: An Insight into the 21st Century Man*, 2015년 4월 23일. 2019년 11월 11일 검색. http//www.shrivermedia.com/wp-content/uploads/2016/05/FINAL-Shriver-Report-Snapshot-Press-Release.pdf.

88 2011년 캐나다의 토론토에서 시작된, 강간문화의 종식을 목적으로 한 초국가적 운동. 한 경찰관이 성폭행을 당하지 않으려면 매춘부처럼 야하게 옷을 입지 말라고 했던 발언에 반발해서 일어났다. 여성들이 노출이 심한 옷을 입고 행진했다. 이후 미국과 영국에도 확산되었고 한국에서는 '잡년행진'으로 알려져 있다(역주).

89 섹슈얼리티와 관련되어 여성의 행동이나 외모가 관습적인 기대를 벗어나는 경우, 해당 여성을 비하하는 표현이다(역주).

90 가수 신디 로퍼의 노래 제목("Girls Just Want to Have Fun")의 가사 일부에서 따온 표

현(역주).

91 Traister, *Good and Mad*, 10쪽.

92 미국의 문예지 《뉴요커》의 전속 작가이며 저널리스트(역주).

93 Ariel Levy, *Female Chauvinist Pigs: Women and the Rise of Raunch Culture* (New York: Free Press, 2006).

94 Andrea Dworkin, "Dworkin on Dworkin," *Radically Speaking: Feminism Reclaimed*. Renate Klein and Diane Bell 편집 (North Melbourne: Spinifex Press, 1996), 272쪽.

95 Paglia, *Sex, Art and American Culture*, 50쪽.

96 변호사이자 철학자이며 시사평론가(역주).

97 Linda Hirshman, *Get to Work: A Manifesto for Women of the World* (New York: Penguine, 2006).

98 잡지 『북슬럿』 설립자이자 편집장(역주).

99 Jessa Crispin, *Why I Am Not a Feminist* (Brooklyn, NY: Melville House, 2017), xiii.

100 Crispin, *Why I am not a Feminist*, 147쪽.

101 미국의 인터넷 풍자뉴스 사이트. 기존 뉴스 스타일과 톤을 패러디하면서 평범한 내용을 중요한 뉴스 기사처럼 만들거나 허구적 내용으로 풍자뉴스를 만들기도 한다(역주).

102 "Women Now Empowered by Everything a Woman Does," *The Onion*. 2019년 11월 11일 검색.https://www.theonion.com/women-now-empowered-by-everything-a-woman-does-1819566746.

103 여성을 격려하는 표현(역주).

2장

억압: 네 가지 비유

Think Like a Feminist
The Philosophy Behind the Revolution

네 가지 비유

페미니즘 철학에서 중심적인 개념은 억압이다. 어떤 다른 개념보다 억압은 페미니즘을 둘러싼 논쟁 뿐 아니라 페미니즘이 제시하는 통찰에 관련된 일련의 혼란스런 쟁점들을 이해하는 데 긴요하다. 일단 억압 개념을 이해하게 되면 세상을 페미니즘의 시선으로 봐야 하는 이유를 알기 위해 필요한 모든 것을 얻게 된다.

'억압'이란 말은 비공식적인 상황과 맥락에서 사용될 수 있다. 가령 지나치게 엄격한 부모나 후덥지근한 8월의 열기를 '억압적'[1]이라고 묘사할 수 있다. 하지만 페미니스트들에게 억압이란 일반적인 현상과는 대조되는 매우 구체적으로 특정할 수 있는 상황이다. 억압은 정치적, 경제적, 사회적, 심리적인 요소들이 상호 교직된 망에서 발생하는 불이익과 불의의 집합체이다. 억압은 구조적이고 체계적인 사회제도 - 직장, 가족, 교육, 종교, 대중문화, 미디어 등 - 의 네트워크에서 비롯된다. 또 남성에게 특권을 부여하면서 여성에게는 손해를 입히는 불공정한 규범과 법칙, 그리고 여러 전제들에 따라 작동된다. 이렇게 억압을 정의하는 방식은 타당하며 옳다. 하지만 너무 추상적이고 이해하기 어렵다는 단점이 있다. 나는 수년 동안 페미니즘 철학을 강의해오면서 비유를 사용하면 억압개념을 쉽게 이해할 수 있고, 또 사용할 수 있다는 사실을 알게 되었다.

새장 비유는 개인이 보유한 사회집단 내 멤버십 여부에 따라 억압의 해로움과 불의로 인한 영향력이 다르게 작동한다는 사실을 부각시킨다. 투명 배낭 비유는 억압적인 손해와 불의는 개인의 의도적 행위에 따르는 결과가 아닌 경우가 많고, 특혜와 그에 따른 책임감이라는 도덕적 개념을 이해하는 방식에 영향을 끼친다는 점을 제시해준다. 감옥 비유는 억압이 내면화되어 한 개인이 스스로에게 억압을 부과하는 방식을 보여준다. 교차로 비유는 한 개인이 다양한 피억압집단의 구성원일 경우 억압의 효과가 종종 예기치 않은 방식으로 복합적으로 구성되는 방식을 설명해준다.

이런 비유들은 그 외 다른 비유 몇 가지와 함께 페미니스트 공구함에 보관해야 할 매우 중요한 도구이다. 일단 이 도구를 갖게 되면, 인간의 행위를 개인적 선택이라는 차원에서만 분석해서는 안 되는 이유를 이해하게 된다. 로마가 불타고 있는데도 넷플릭스를 보면서 즐기는 일은 더 이상 '쿨'하지 않다. 또 우리에게 익숙한, 권위를 부여해주는 목소리들이 반드시 우리가 처한 이 문제적 상황으로부터 벗어나는 데 요긴한 충고를 제공하지 않는다는 점을 깨닫게 될 것이다.

새장

어느 날 우연히 배고픈 새 한 마리가 수북이 쌓인 씨앗 앞에서 꼼짝하지 않고 서 있는 모습을 보게 되었다고 하자. 왜 저 새는 콩콩 뛰어와서 씨앗을 먹어 버리지 않는 거지? 하고 의아해할 수 있다. 새는 말 그대로 배가 고픈 상태인데도 앞에 놓인 씨앗은 건드리지도 않는다. 도대체 뭐가 문제지? 저 새, 뭐야? 새를 뚫어지게 쳐다보고 있어도 뭐가 잘못된 것인지 모르기 십상이다. 하지만 한 발자국 뒤로 물러서 보면, 그 작은 새 앞에 가느다란 줄이 놓여있는 걸 깨닫게 된다. 철조망도 전선도 아닌 그 가느다란 줄은 새가 먹이로 향해 곧장 돌진하지 않은 이유였다. 새를 방해하는 뭔가가 있다. 하지만 여전히 그 어리석은 새가 먹이를 향해 뛰어가지 않는 이유를 이해할 수 없다. "그래, 너 정말 그 줄 하나 때문에, 고작 방해물 하나 탓을 하면서 생존을 위해 필요한 일을 못한다는 거야? 정신 차려! 배짱이라는 말 몰라? 포기하지 않는 정신은 어디로 갔어? 혼자 힘으로 해결해야지! 고작 줄 하나잖아?" 그러고 나서 한 발자국 더 뒤로 가면 새하고 먹이 사이에 줄 하나가 더 있는 게 보인다. 이 줄은 첫 번째 줄과 연결되어 있다. 줄 두 개가 서로 연결되어서 한 줄씩 있을 때보다 더 넓게 새의 진행경로를 막을 수 있다. 다시 한 발자국 더 뒤로 가서 보면 줄 한 개가 더 보인다. 또 한 발자국 더 뒤로 가면 또 한 줄이 보인다.

한 발자국 또 뒤로 가면 또 하나의 줄이 보인다. 이렇게 하다 보면 마침내 하나, 둘, 서너 개가 아니라 수백 수천 개의 줄이 새와 먹이 사이에 쳐있다는 것을 깨닫게 된다. 새는 빽빽하게 연결된 방어벽에 의해 완벽히 제지당하고 있어서 말 그대로 기아 상태이다. 이 줄 하나만으로는 새의 생명에 어떤 지장도 주지 않지만, 한데 모아놓은 줄은 이 생명체가 처한 상황을 완전히 통제하게 된다.

이 새장 메타포는 1980년대 초 철학자 마릴린 프라이[2]가 처음 사용했다. 이 메타포는 억압의 구조적이고 체계적인 본질을 아주 쉽게 제시해준다.[3] 줄 한 개로는 새를 통제할 수 없다. 마찬가지로 엉덩이 한번 살짝 건드린다고 여성을 억압할 수는 없다. 하지만 길거리 야유소리가 한두 번 반복되고, 원치 않는데도 엉덩이를 움켜쥐고 몸을 밀착시키고, 보호해주겠다는 눈길을 보내고, 승진에서 누락되고, 한 번 더 엉덩이를 건드리고, 몸을 더듬어대며, 전혀 원치 않고 불필요한 상황인데도 기사도정신을 발휘한다거나, 섹스를 하면 헤픈 여자란 소리를 듣게 되고, 반대로 섹스를 안 하면 성 불감증이라는 소리를 듣게 된다. 백인 남성 동료가 1달러를 받을 때 81센트를 받고 흑인 여성의 경우엔 65센트를 받을 것이고, 라틴 여성이면 61센트를 받을 것이다.[4] 결혼을 하면 자신의 가족 성姓을 포기해야 하고, 결혼식장에서 한 남성의 손에서 다른 남성의 손으로 '넘겨지고,' 여성을 실제 인간이라기보다는 섹시한 가구처럼 다루는 영화를 보고, 어떤 식으로든 레즈비언 섹슈얼리티를 시연해서 자신을 즐겁게 하라는 이성애 남성들의 멍청한 요구를 들어줘야 하며, 오직 남성으로만 신의 형상을 만드는 교회에 다니고,

흑인 여성이나 라틴계 여성을 섹슈얼리티가 과도한 이세벨[5]이나 스핏파이어[6]로 묘사하고, 백인 여성이나 아시아계 여성은 성적으로 수동적이며 고분고분한 인형으로 묘사하고, 집에 돌아오면 우렁 각시가 저녁을 차려놓고 집 청소를 하고 아이들도 잘 챙겨놓고 있으리라 기대하는 남편보다 두 배 이상의 시간을 가사 일에 바쳐야 하며, 자라면서 뭔가 잘하거나 어떤 감정을 느끼기보다는 외모가 어떤지가 더 중요하다는 말을 대놓고 하는 사람들을 상대해야 하고, 성폭력을 겪게 될 6명 중 한 명이 되며**이 6명의 여성 중 6명 모두 성폭행을 피할 수 있도록 생활의 동선을 짰어도, 그중 한 명은 결국 성폭력을 당하게 된다**, 다시 엉덩이를 꼬집히고, 비서와 수시로 혼동되며, 220마일을 운전해서 법적으로 낙태가 허용되는 곳을 찾아가야 한다. 이런 상황들이 모두 한데 모여서 여성이 결코 벗어날 수 없는 새장이 구축된다. 아무리 똑똑하고 남다른 회복력을 타고난 현명한 여성이라도 별 수 없다.

새장 비유는 페미니스트들이 때로는 별거 아닌 일 - 남성의 친절이나 음탕한 농담, 길거리의 야유 같은 사소한 것들 - 에도 화를 내는 것처럼 보이는 이유를 제공한다. 왜 여자들이 탐폰 세금에 대해서, 또 비슷한 셔츠를 드라이클리닝을 할 때 남성보다 두 배 더 요금을 지불해야 하는지, 여배우들이 말 잘하는 배역을 얻지 못하는 것에 대해 끊임없이 문제를 제기하는지도 설명해준다. 또 기능성 있는 주머니 하나 없는 바지가 도처에 널려있는 상황에 여성들이 지나치게 좌절하는 이유도 설명해준다. 여성들은 이런 문제들에 대해 정색한다. 이 모든 것들을 모아놓고 보면 결코 사소한 문제가 아니기 때문에 개별적인 문제로 다룰 수 없고, 모든 것들이 서로 연결되어 있다는 것을 깨닫게 된다. 만일 이 모든 사소한 일들이 무작위로 일어나거나 사회적 진공상태에서 일어난다면, 그건 마치 오리 등에서 떨어지는 물 같은 것이다.[7] 물론 그것대로 기분은 나쁘겠지만, 궁극적으로는 별 의미가 없다. 일체의 사회적 관계가 매끄럽거나 긍정적이며 근사하다고 기대하는 것은 얼토당토않다. 새장 비유를 정당하게 이해하게 되면 왜 이 모든 일들이 자신에게 일어나도록 내버려 두는 여성은 뱃심이 두둑해야 한다고 주장하는 것이 부당한지를 알게 된다. 억압의 개별적 사례들이 한꺼번에 묶여서 만들어내는 효과는 오리의 등에 미끄러져 떨어지는 게 아니라 돌 위에 떨어지는 물이다. 물 한 방울로는 바위에 아무 흔적도 못 남긴다. 하지만 급류로 쏟아지는 강물의 수많은 물방울이 모이면 커다란 계곡이 만들어진다. 시간이 충분하고 수없이 반복되면 물이 돌을 완전히 닳아 없앨 수 있다.

이런 사례들은 무작위적이지 않다. 아닌가? 시스 이성애자 남성은 일면식도 없는 사람이 자신의 외모에 대해 가타부타 얘기하는 게 당연한 듯 여기고 자주 웃으면 예쁘다는 소리를 듣게 되는 세상을 헤쳐 나갈 필요가 없다. 그는 성폭력 위협이 언제나 도사리고 있고 자신이 직접 골라 입은 옷이 성폭력을 유발한 증거로 간주되는 세상에서 안간힘을 쓰며 버티지 않아도 된다. 또 그는 어린 시절 이성의 눈요깃감이 되고 가정을 꾸려가는 일을 잘 해낼지 여부가 세상의 어떤 것보다도 중요하다는 메시지를 대놓고 전하는 장난감을 가지고 놀 필요도 없었다. 피해자의 처지에서 구조될 때까지 가만히 누워있는 상황을 성애화하는 로맨스 대본이나, 대상화나 모멸감을 페티시화 하는 포르노그래피 대본의 폭탄세례를 받을 필요도 없다. 사회적으로 성공하면 잠자리 기술로 그 지위에 올랐다고 동료가 비아냥대면서 그의 성공을 폄훼하거나 우대정책[8] 때문에 성공한 것이라고 무시해버리는 상황에 처하지도 않는다. 그는 이 거지 같은 일들을 참아내야 한다는 메시지를 내면화하지 않기 위해서 애쓸 필요도 없다.

살다 보면 기분 상하는 일을 겪게된다. 누구나 한 번쯤은 묻지마식 사건들로 좌절을 겪게 된다. 길거리에서 강도를 당하거나 자동차 열쇠를 잃어버리거나 토네이도 때문에 집이 날아가 버리는 불운이 닥칠 수 있다. 하지만 억압의 해악이나 불의는 무작위로 목표물을 겨냥하지 않는다. 그 결과도 물론 무작위적이지 않다. 그보다는 특정한 부류의 사람들만이 표적이 되어 피해를 당하게 된다.

사회집단 멤버십

개인이 아니라 사회집단의 구성원으로서 당하는 불이익이나 불의에 대한 통찰력은 마르크스이론에 뿌리를 두고 있다. 카를 마르크스는 미국과 같은 자본주의사회에서 가장 중요한 사회적 집단구성은 사회경제적 계급이라고 했다. 어떤 계급에 속하는지는 사회의 생산수단과 맺는 관계에 따라 결정된다**생산수단은 기본적으로 사회가 상품을 만드는 방식이다. 프롤레타리아계급에 속한다면 상품을 만드는 노동자가 된다. 부르주아지에 속한다면, 상품을 소유하고 노동자를 통제하고 착취한다**. 마르크스주의 억압은 하나의 사회경제적 계급**프롤레타리아**이 다른 계급**부르주아지**에게 지속적으로 당하는 착취상황이다.

억압은 사실 마르크스에겐 중심 개념은 아니었다. 하지만 페미니스트들은 양성 간의 권력관계를 설명하는 데 착취적 사회관계가 꽤 유용하다는 점에 집중해서 전략을 세웠다. 억압이론의 분석은 마르크스주의 계급이론을 넘어서 인종과 종족, 민족성, 성적 성향과 나이, 신체 사이즈, 장애와 종교, 게다가 젠더까지 포함한 범주에 따라 발생하는 인간 사이의 부당한 관계를 포괄한다. 마르크스는 계급관계를 사회의 불평등을 추동하는 근본적 요인이라고 생각했지만, 현재 계급은 억압적 부당함을 낳는 수많은 차이들 중 하나로 간주될 뿐이다. 마르크스이론이 경제중심주의였고 자유주의시장에 대해 비관적이었다고 해서 마르크스주의의 통찰력을 받아들이지 못할 것은 없다. 마르크스는 개인이 속한 사회집단이 삶과 미래 전망에 막대한 영향을 준다는 점을 밝혀냈기 때문이다.

자기이해, 사회비판, 정치적 유대감 등의 이론적 토대를 제공하는 집단으로 사회세계를 나누는 것은 정체성의 정치로 불린다. 솔직히 말해 이 용어는 상당히 모순적 방식으로 사용되고 자주 비난을 받거나 오해받는다. 이제는 시들해진 유행이라서 이 용어를 자신의 이론작업에 손쉽게 채택하는 이론가를 찾기 어렵다. 정체성의 정치는 우파와 좌파 모두에 의해서 폐기되거나 비난이 섞인 조롱으로 사용된다. 그렇다고 정체성의 정치를 사용한 이론분석이 더 이상 유효하지 않다는 의미는 아니다. 상황은 변한 게 없다. 다만 낡은 표현을 사용하지 않을 뿐이다.

정체성의 정치가 제공하는 핵심적인 통찰은 논쟁의 여지 없이 일부의 사람들이 다른 사람들보다 더 손쉽게 정체성을 유지한다는 것이다. 좀 더 논쟁적인 통찰력은 이익과 손실의 관계에서 눈에 띌 만한 패턴이 나타난다는 것이다. 억압이론가들은 사회 집단이 특권과 종속의 상호 연관성에 따라 구성된다고 믿는다. 개인은 다양한 사회적 집단에 동시에 속해있고, 이 중 어느 것도 공식적으로 멤버십 카드를 발급하진 않지만 이 집단들을 한데 모으면 개인에게 허용된 기회에 영향을 미친다. 권력을 누리는 집단의 멤버십은 개인의 삶을 더 윤택하게 해준다. 종속집단의 멤버십은 개인의 성공을 방해한다. 때로 우리는 특권적 집단에 속하는 듯 군다사실은 그렇지 않은데도 마치 시스 백인이자 정상적 신체를 가진 듯이 행동할 때처럼 말이다.[9] 때로 우리는 한 집단의 멤버십을 다른 것과 맞바꿀 수도 있다나이 들어 신체 장애인이 된다던가, 새 종교로 개종을 하는 경우. 때로 어떤 집단의 멤버십은 비가시적이거나성적 성향 등, 첫 만남에서부터 꽤 명확히 알 수 있다인종과 젠더. 집단의 멤버십 대부분은 개인이 선택할 수 없으며가령, 인종 선택할 필요가 없기도 하다종교의 경우.

이익과 손실의 관계

억압이론에 의하면 불이익과 부당함은 억압의 발생으로 간주되기 때문에 억압받지 않는 집단의 구성원들은 궁극적으로 억압으로부터 혜택을 얻게 된다. 이와 같은 억압의 역학이 처음에는 이상하게 여겨질 수도 있다. 백인 부동산 소유주는 인종차별적인 서비스 거부지역에서 어떤 혜택을 받으며, 승강기나 경사로가 없는 건물에서 비장애인들이 받는 혜택은 무엇인가? 혹은 강간범이 아닌 남성이 강간문화로부터 받는 혜택이 무엇인지 물어야 할지 모른다. 이런 상황에서 혜택을 식별해내기가 쉽지 않지만, 상대적 이점이 혜택으로 작동할 수 있다는 사실을 인식해야 한다. 한 집단의 구성원들이 다른 집단은 결코 겪지 않을, 사회체제로 인한 고난을 감당하고 있다면, 이 두 번째 집단의 구성원들은 첫 번째 집단의 구성원보다는 더 나은 위치에서 사회의 제한적 자원을 두고 벌어지는 경쟁에 참여할 수 있다. 적어도 이 힘겨운 상황이 개인의 탓이 아닌 경우에 그렇다. 사회 속에서 타인과 불공정한 조건에서 경쟁하지 않아도 될 자격은 억압받지 않는 집단의 구성원들이 힘들이지 않고 얻게 되는 특권이다.

이런 종류의 상대적 이점에 관한 사례를 들어보면, 남성과 비교해서 여성이 말할 수 없이 높은 비율로 성폭행의 위험에 처해있는 문화 속에서 여성이 감당해야 하는 위기의식이 있다. 이 양성 간 불균형적인 위기감 때문에 저널리스트이자 운동가인 수잔 브라운밀러[10]가 "남성적 보호갈취"[11]라고 말했던 사태가 초래된다. 이것은 실제로 여성을 상대로 소수의 남성들이 행하는 비도덕적 행위로부터 남성들이 혜택을 받게 되는 비공식적인 사회 처리방식을 의미한다.[12] 여성이 일반 남성으로부터 성폭력의 위협을 느껴 합법적인 공포심에 시달린다면, 여성을 기꺼이 도와주려는 개별 남성은 '괜찮은 남자'로 보이게 될 기회를 얻게 된다. 아주 순수하고 해롭지 않은 순간에는 이 '괜찮은 남성'이 정직한 성품을 가진 사람으로 보인다. 그는 그 결과로 얻게 될 따듯하고 유연한 심리적, 사회적 보상을 즐기기만 하면 된다. 하지만 최악의 경우 자신이 베푼 선의가 여성과의 성관계로 보상받지 못하게 되면 이 '괜찮은 남자'는 여성이 '친구 사이'라며 거리를 두는 것이 얼마나 부당한 일인지에 대해 불평을 해댄다.[13]

억압은 한 개인의 특이한 광휘 속에서 개별적으로 경험하는 것이 아니다. 그보다는 사회가 개인이 어떤 사람인지 파악하고 솎아내서 상자 안에 가두는 방식으로 일어난다. 이것이 여성이 여성이기 때문에 억압받는다고 페미니스트들이 말할 때 의미하는 바이다. 여성은 특정한 사회집단의 구성원이기 때문에 차별 대우를 받는다고 간주된다**유색인종이 유색인종집단으로서 억압받는다고 할 때, 그리고 동성애자가 동성애집단으로서 억압받는다고 할 때도 마찬가지이다**. 사회집단의 멤버십에 초점을 맞추면, 남성이 전혀 억압받을 수 없다는, 흔히 잘못 이해되는 페미니스트들의 주장을 이해할 수 있다. 이 말은 남성이 전혀 불이익을 당하지 않는다는 의미는 아니다. 그런 의미는 모순적이다. 그보다는 남성이 특수한 방식으로 손해를 입을 수 없다는 의미이다. 즉 남성들은 남성이라는 이유로 억압적인 폐해를 겪지 않는다. 남성이라는 젠더 때문에 남성은 억압을 겪고 불이익을 당할 수는 없다**마찬가지로 백인은 자신의 인종 때문에 억압을 당하지 않고, 이성애자가 성적 지향성 때문에 억압받지는 않는다**. 만일 내가 어떤 남성 앞으로 걸어가서 그의 정강이를 아무 이유 없이 걷어찼다고 하자. 두말할 나위 없이 나는 그에게 해를 입힌 것이다. 그런데 이런 상해는 무작위적이며 여타 상해와는 무관하다. 여기엔 새장 따위는 없다. 그저 줄 한 가닥일 뿐이다. 내가 그 남성을 걷어찬 이유가 남성집단에 대한 복수심 때문이었다고 해도, 그래서 그가 남성이기 때문에 당한 것이라 해도, 남성 일반은 공격적인 페미니스트들로부터 정강이를 걷어차일 위험에 노출된 채 살지 않는다.

이 모든 것을 고려해보면 남성이라는 존재는 이 사회의 수혜자이다. 그렇다고 남성의 젠더가 불리하게 작동하는 것이 불가능하다는 의미는 아니다. 몇몇 사례를 보면, 가령 남성이라는 이유로 아버지가 양육권 소송에서 진다면 그는 바로 남성이라는 젠더 때문에 손해를 본 셈이다. 하지만 이런 손해는 억압적이지 않다. 오히려 관습과 사회적 제도에서 비롯된 것으로서, 종국에는 남성에게 유리하다. 아이는 엄마가 키워야 한다는 판사의 편견 때문에 자녀의 양육을 불공정한 방식으로 잃게 된 아버지는 다음 세대를 양육해야 할 주요한 책임을 진 사람으로 간주되지 않기 때문에 도리어 혜택을 받은 셈이고, 평생 이 혜택은 지속될 것이다. 가부장제라는 특수한 제도에서, 가령 가족법의 판례 등을 통해 체계적으로 남성을 희생하고 여성에게 혜택을 주기도 하지만, 전반적으로 이 제도는 공식적 또는 비공식적 사회적 규범과 제도의 좀 더 큰 네트워크의 일부이다. 곧 새장을 만드는 줄로 여성이 아니라 남성에게 체계적인 혜택을 주는 것이다. 여성이 양육소송에서 이겨서 양육권을 얻게 되는 경향은 대부분 여성이 남성보다 양육에 본성상 더 적합하다는, 널리 알려진 성차별적 믿음에서 비롯한다. 이런 믿음은 남성과 여성의 천성, 능력, 적절한 사회적 역할 등에 관한 총체적인 성차별적 가치관과 연결되어 있고, 이런 믿음을 조장하고 영속시키는 성차별적인 사회 제도들과 결합해서 제반 사항을 고려한 뒤 여성에게 불이익을 주고, 남성에게 이익을 준다.[14] 그래서 자녀의 양육권을 얻지 못하는 것이 남성에게 불이익을 준다고 해도, 이는 전혀 억압적이지 않다.

이제 마지막으로 뻔한 이야기를 한 번 더 해보려고 한다. 내 경험상 억압은 특정한 방식으로 해를 입히고 불의를 자행한다. 어떤 상황에서 발생하는 손해와 불의가 억압적이지 않다고 해서 그것이 해롭거나 부당하지 않다는 말은 물론 아니다. 그보다는 전혀 다른 종류의 손해나 불의가 문제이다. 억압적이지 않은 해로움과 불의가 억압적인 손해와 불의보다 더 가혹할 수도 있다. 억압성의 판단기준은 발생한 손해와 불의가 또 다른 손해나 불의와 관련되는가의 문제이지, 그 자체로 가혹한가의 여부는 아니다. 억압적인 해로움과 불의는, 모든 상황을 고려할 때, 한 집단을 희생함으로써 다른 집단의 구성원에게 이익을 주는 사회적 제도에서 비롯된다. 실제로 부당하게 해를 입히고 불의를 자행하는 것이 억압적인가의 여부는 개별적 손해와 불의로는 파악할 수 없다. 우리 손에 든 것이 개별적인 사례인지, 새장을 만든 줄 하나인지를 파악하려면 큰 그림을 봐야 한다.

개인 대 체계적 제도

억압적인 해로움과 불의는 특정한 개인이 의도하지 않아도 발생할 수 있는 가능성 때문에 일반적인 해악이나 불의와는 구별된다. 철학자 아이리스 마리 온 영[15]에 의하면 억압은 "평범한 상호작용, 미디어와 문화적 정형화, 관료적 위계질서와 시장메커니즘의 구조적 성격에서 선한 의도를 가진 사람들의 무의식적 가정과 반응, 간단히 말해 일상생활의 정상과정"에서 발생한다.[16] 상습적으로 일어나는 억압적인 해악과 불의는 의식적으로 "야, 저기 봐, 여자다. 저것들은 막 다뤄도 돼!"라는 생각에 따라 행동하는 여성혐오자로부터 비롯될 수도 있다. 하지만 이건 예외이지, 규칙은 아니다. 대부분의 경우에는 타인을 억압하는 개인을 특정할 수 없다.

억압을 개인의 도덕적 잘못으로 이해해서도 안 된다. 그보다는 권력과 자원의 부당한 분배를 통해 발생하는 사회적 또는 정치적 불의다. 억압은 대체로 개인이 타인과 어떻게 상호작용할지 결정하는 방식보다는, 사회의 구성방식, 또는 사회의 명백한 규칙과 비공식적 규범이 허용하는 범위에서 개인의 선택이 구조화되는 방식과 관련된다. 나아가 권력 그 자체의 개인적 남용 문제라기보다는 권력의 비합법적 불균형의 문제이다. 철학자 샐리 하스랭거[17]는 이 점을 행위주체의 억압과 구조적 억압 사이의 구별을 통해 설명한다.[18]

대부분의 억압은 행위자가 아니라 구조적으로 드러난다고 하스랭거는 주장한다. 구조적 억압은 집단적 구성과 사회적 위계질서의 배경, 부당한 법과 제도 또는 실천에서 비롯된다. 구조적 억압의 근원은 명백히 공식적인 차별이다. 가령 짐 크로[19]의 미국 남부에서 집행된 인종차별정책 같은 법이다. 적대감보다는 단지 무신경이거나 무관심함, 가령 장애인을 위한 경사로를 빼고 건물을 디자인한 건축설계도와 같은 관행에서 나타난다. 또 여성이 가사와 양육을 훨씬 더 많이 하도록 만든 비공식적 문화관행과 규범들에서 비롯한다. 주목할 것은 이 구조적 억압이라는 새장의 줄 하나하나가 권력의 부당한 처분과 연루되어, 특권적 사회집단 구성원이 종속적인 사회집단 구성원보다 더 수월하게 세상을 살아나갈 수 있게 해준다는 점이다.

구조적 억압은 때때로 의도적으로 자행되지만 - 가령 인종차별주의 또는 성차별주의적인 법제정자들이 공식적으로 이런 가치관을 법에 담으려고 하는 경우 - 빈번히 억압에 책임질 특정한 행위자가 없는 상황에 존재하는 구조에서 비롯된다.[20] 하지만 우리는 이런 방식으로 손해와 불의를 사고하는 일에 익숙하지 않다. 뭔가 나쁜 일이 일어날 때 적어도 그것이 신의 일이 아니라면 누군가 책임질 사람, 비난을 받을 사람이 있어서 그를 지목할 수 있어야 한다고 생각한다. 즉 스모킹 건을 기대한다. 하지만 억압으로 인한 손해와 불의가 늘 이렇게 작동하지는 않는다.

대부분 억압의 구조는 배경에서 진행된다. 미세하게 일어나는 일들을 전혀 눈치 채지 못하는 동안 우리에게 허용된 일이 통제된다. 따라서 억압은 집단적 레이다 망에 잡히지 않는 경향이 있다. 특권과 책임의식에 대한 통상적인 사고방식에 억압이 작동하는 방식을 적절하게 이해하기 위해서는 또 다른 비유가 필요하다. 바로 투명 배낭이다.

투명 배낭

우리는 대부분 우리 자신이 속한 사회집단을 자발적으로 선택하지 않았다. 따라서 다른 사람들에 비해 내 삶이 좀 더 수월하다고 해서 그건 내 잘못이 아니라는 반응에는 일리가 있다. 한 개인이 백인, 남성, 부자, 건강한 신체, 시스젠더 등으로 태어나고 싶다고 요청할 수는 없다. 또 선택하지 않았다고 해서 나의 정체성에 따르는, 애써 노력하지 않아도 얻게 된 특권을 포기할 수도 없다. 그러니 문제가 되는 사회 집단을 선택하지 않았기 때문에 억압의 새장을 유지함으로써 얻는 혜택에 대해 개인적인 책임이 없다고 생각할 수도 있다.

그럼에도 불구하고 애쓰지 않고 얻은 특권을 어떻게 처리할 것인가의 문제는 당연히 개인의 책임이다. 자신이 구성원으로서 소속된 이 억압의 상황에 어떻게 반응할 것인가 - 사회집단의 구성원으로서 누리는 안락함을 즐길 것인가, 혹은 저항할 것인가 - 는 전적으로 개인에게 달려있다. 더 큰 사회구조 안에서 지내야 한다는 사실이 불가피하다고 해도 대부분의 경우 제한적 선택지 안에서 어떻게 행동할지 자신이 내린 선택에 대해 책임져야 하고 또 책임질 수 있다. 억압의 힘이 무엇보다 구조적이라는 사실을 인식하고 그에 대해 적절한 대응을 하는 것이, 변화를 일으킬 힘이 없다며 두 손 들고 투항하면서 자매애를 포기한 채 일말의 개인적인 특권이나마 얻는 게 낫다는 식이 되어서는 안된다. 자신이 애쓰지 않고 얻은 특권을 인정하고 자백해야 한다.

억압이 구조적이란 말은 일부러 억압을 만든 당사자가 아니더라도 타자의 억압상황으로부터 이익을 얻을 수 있다는 의미이다. 내가 삶에서 이룬 성공이 실상 그럴 자격이 있어서 가능했던 것이 아니라는 사실을 인정하기란 어렵다. 능력주의라는 듣기 좋은 신화의 뿌리는 아주 깊다. 어떤 인생이라도 실제 그 인생을 살아가는 사람의 시각에서 볼 때 절대 만만하지 않다. 자기 자신만이 열심히 노력하고 애썼는지 가장 잘 알고 있다. 자신만이 얼마나 만족을 포기하면서 수많은 도전과 실패, 좌절을 겪어왔던 사정을 알고 있다. 작가 데이비드 포스터 월러스[21]가 "해골 크기의 왕국"이라고 부른 자기중심성에 갇혀서 그 수많은 길고 긴 고뇌의 나날을 보냈으니 내가 잘했기 때문에 성공했다고 생각하고 싶어 하는 것은 이해할만하다.[22] 비록 썩 괜찮은 진보주의자로 자처하는 사람이라도, 자신이 지나치게 특권을 갖고 태어났고, 자신이 누리는 것이 사실은 공정하고 정의롭게 얻어낸 것이 아닐지도 모른다는 사실을 인정하기보다는 타인이 불이익을 당하고 있다는 사실을 지적하는 일이 더 쉽다.

특권의 본질에 대한 이런 진실은 페미니스트이자 반인종차별주의 연구가 페기 매킨토시[23]가 도입한 비유로 잘 표현된다.[24] 성차별주의보다는 인종차별주의를 다룬 매킨토시는 백인 특권을 "애쓰지 않아도 얻은 자산이 담긴 투명 봉투"라고 묘사한다. "내가 매일 이 자산을 현금화할 수 있다는 사실에 대해서 망각상태에 있도록 '되어 있다.' 백인 특권은 특별한 음식, 지도, 여권과 암호 책, 비자와 옷, 도구와 백지수표가 담긴 가벼운 투명 배낭과 같다."[25] 이 투명 배낭은 백인에게 동종의 사람들에 의해서, 또 그들을 위해서 구축된 사회에서 번창하기 위해 필요한 도구와 이점을 제공한다. 매킨토시와 마찬가지로 백인인 내가 욕을 해대고, 중고옷가게에서 산 헌 옷을 입고, 메일 답장을 하지 않거나 입에 가득 음식을 담고 말을 하고, 이제 막

자리에서 일어난 듯 헝클어진 머리카락과 메이크업이 엉망인 상태로 가게로 달려가거나 회의에 늦고, 피어싱이나 문신을 하거나, 그저 오늘은 재수가 없는 날이라 해도, 어느 누구도 내가 인종적으로 열등하다고 지적하지 않는다. 나는 내 인종에 관련된 발언을 듣지 않고도 도전적인 상황에서 잘 해낼 수 있다. 나는 쉽게 '피부 색깔'[26] 붕대나 크레용, 또는 인형을 딸에게 사줄 수도 있다. 그 색은 내 피부 톤과 실제로 잘 어울린다. 나는 자동차 운전대를 잡고 맘껏 속도를 낼 수도 있다. 경찰관이 DWB운전자가 흑인이라는 이유로 경찰관이 차를 세우거나 견인해가는 것를 이유로 내 차를 세울 거라는 걱정하지 않기 때문이다. 티브이를 켜고 인터넷을 검색하고 책이나 신문을 열면 내가 속한 인종을 대표하는 사람들의 관점을 읽고 듣게 된다. 공항검색대를 제시간에 통과하기 위해 지나치게 일찍 공항에 도착할 필요도 없다. '무작위' 수색에 걸릴 가능성이 없기 때문이다. 딸에게 경찰관을 조심하라고 가르칠 필요도 없다물론 내 딸은 이미 조심하고 있다. 하지만 딸이 경찰관에 대해 느끼는 공포심을 덜기 위해 엄마로서 최선을 다하지는 않았음을 이 자리에서 고백한다.

"이 나라에는 백화점에서 쇼핑하고 있을 때 누군가 뒤에 따라오는 경험을 하지 않은 흑인 남성은 거의 없다. 나도 그런 경험이 있다"고 버락 오바마 대통령은 2013년 연설에서 말했다. 지역공동체 경비원 조지 짐머만이 트레본 마틴이라는 이름의 흑인 고등학생을 총으로 쏴 죽인 사건으로 기소된 후[27] 한 연설에서 오바마는 자신의 투명 배낭 속 내용물이 얼마나 빈약한지를 설명한다.[28] "길거리를 걸어갈 때 자동차 문의 잠금장치가 내는 소리를 들은 경험이 없는 흑인 남성은 거의 없다. 나도 그런 경험이 있다. 상원의원이 되기 전이었을 것이다. 엘리베이터를 탔는데 여성이 핸드백을 긴장하면서 움켜쥐고서 내릴 때까지 숨을 참고 있었다. 이런 경험이 없는 흑인 남성은 거의 없다. 이런 일은 자주 일어난다." 이런 종류의 경험이 개인에게 미치는 영향은 무엇인가? 평생 의심과 불신의 눈초리를 받고 미세한 적의를 느끼면서 살게 되면 주변 사람들과 관계를 맺는 능력에 어떤 영향을 미치는가? 나는 알 수 없다. 백인으로서 나의 투명 배낭에는 내가 죄 없이 순수하고 해를 끼치지 않을 것이며 신뢰감을 준다는 마법의 병이 들어있다. 내 교수봉급에 더해 마약 운반책이 되어 돈을 벌어볼 수도 있다고 나는 가끔 농담하곤 한다. 제정신이 박힌 사람이라면 누구도 상냥해 보이는 백인 여성의 가방을 검문검색하려고 들지 않는다.

특권층의 일원으로 태어난 사람들은 사회를 더 공정하게 만들 책임이 있다. 어떤 사람이 어떤 특권을 갖게 될지를 직접 판단할 책임만 있는 것이 아니다. 또는 벌을 주거나 보상을 하는 문제만도 아니다. 사회가 공정했다면 우리 자신이 결코 누릴 수 없었을 특권으로 인해 발생한 사회적 불균형을 기꺼이 교정하려고 해야 한다. 최소한 사회에 해결해야 할 문제가 있다는 사실을 솔직히 인정할 수 있어야 한다. 또한 볼테르가 한결같이 낙관적인 캉디드라는 인물을 창조해내어 인상 깊게 표현했던 정서를 거부해야 한다.[29] 다시 말해 자기 집 정원을 가꾸는 동안 세상은 저절로 알아서 진행될 거라는 태도를 버려야 한다. 대신, 사회적 특권층에 속하는 사람들은 애초 그들이 갖지 말아야 했던 특권을 포기할 가능성을 진지하게 고려할 필요가 있다.

억압의 이런 역학을 이해한다는 것은 다루기 힘든 바늘에 실을 꿰는 일과 같다. 사회구조가 태어나기 전부터 구성되어있었다는 점, 그리고 이 구조가 개인의 가능성을 제약하고 있다는 현실을 인정할 필요가 있다. 한편, 이 구조 내에서도 일정한 정도의 책임감을 가지고 행동할 수 있다는 사실도 직시할 필요가 있다. 우리가 통제할 수 있고 할 수 없는 것을 정직하게 따져봐야 한다. 억압에 관한 페미니스트적 분석은 사회에 대한 행위자중심 시각과 구조 차원의 설명 사이에서 균형을 유지하려고 한다. 새장의 비유는 페미니즘의 분석 차원이, 그저 개인 여성이 성차별사회에서 무엇을 하거나 하지 않는가의 여부를 따지는 것은 아니라는 사실을 알려준다. 페미니스트들은 보다 큰 그림을 그린다. 개별 여성이 새장 안에서 살아가기 위해 선택하는 것에 판단을 내리기보다는 대다수의 사람들이 이 저주받은 새장의 줄에 관심을 갖게 하는 일에 더 집중한다.

우리 모두 사회체계에 이런저런 식으로 공모하고 있다. 인간은 사회적 동물이라서 주변 세상의 규범과 기대치에 불가피하게 영향을 받는다. 우리 중 누구도 쿨에이드[30]를 조금이라도 마시지 않고는 빠져나갈 수 없다. 억압당하는 처지에서 사회가 어떠해야 하고 무엇을 욕망해야 한다고 정해놓고 주입시키는 것을 받아들이지 않을 수는 없다. 억압은 외부에서 부여될 뿐 아니라, 개인에게 내면화된다.

판옵티콘

또 하나의 비유는 억압적 차별의 역학을 이해하는 데 유용하다. 프랑스 철학자이자 역사학자인 미셸 푸코[31]는 18세기 감옥 모델인 판옵티콘에 매료되었다. 영국 철학자이자 사회이론가 제레미 벤담이 발명한 판옵티콘은 중앙의 탑에서 교도관이 탑을 중심으로 지상에 원형으로 배치된 감방 안의 수많은 수감자를 감시하는 시스템이다. 수감자는 교도관이 그들을 보고 있는지, 본다면 언제 보고 있는지 결코 알 수 없다. 따라서 판옵티콘에 있는 수감자는 스스로 감시자가 된다. 결과적으로 자신을 훈육하고 징벌하는 것이다. 푸코는 현대사회도 이와 마찬가지로 기능한다고 주장한다. 우리는 누군가의 시선에 노출되어 있다고 생각하면서 행동을 단속하고 감독함으로써 현존질서에 순응한다. 이런 사회에서 푸코는 "무기나 육체적 폭력, 물리적 자제는 필요 없다. 오직 응시만 있다. 감시하는 응시 아래에 놓인 개인이 자신의 감독관이 될 정도까지 응시를 내면화한다. 개인은 이처럼 자신을 부정적 방식으로 감독하고 있다"[32]고 설명한다. 현대적 권력은 푸코의 주장에 따르면 새로운 형태의 사회적 통제를 발명했다. 즉 사람들이 하고 싶지 않은 일을 스스로에게 부여하는, 더 정확히는 내면화하는 방식으로 통제를 아웃 소싱한다. 권력자나 강제적 경찰국가는 필요 없다. 주체가 스스로 해야 한다고 확신이 들어 기꺼이 협조하도록 만들면 된다.

억압은 핵폭탄 코드를 손에 쥔, 조지 오웰[33] 유의 남성 집단이 꾸며낸 음모가 절대 아니다. 어떤 음모 집단이 여성을 현재 위치에 묶어둔 채 골프게임에서 티샷을 얻는 것처럼 남성이 이성애 가부장제의 모든 이권을 누리도록 꾸며낸 것이 아니다. 우리는 『동물농장』[34]이나 『멋진 신세계』[35] 혹은 〈닥터 스트레인지 러브〉[36]를 말하는 게 아니다. 물론 때로는 우리가 그런 세상에 있다고 생각하는 게 교육적 차원에서 도움이 될 수도 있다. 잠시 상상해보라. 당신이 수많은 사람들을 조종하는 위치에 있다면 어떨까? 그들이 당신이 원하는 대로 하도록 만드는 가장 좋은 방법이 무엇일까? 사회적 통제를 효과적으로 만드는 것은 무엇인가? 확실히 길모퉁이마다 군인을 세워두는 방식은 효과적이지 않다. 이런 방법은 너무 비싸고 다루기 어려울 뿐더러, 예측 불가능하며 효과가 없다**속물적이고 유치한 방식 따위는 언급할 가치도 없다**. 사람들이 당신을 위해 일하게 만드는 아주 우아한 방식은 바로 감시다. 그것도 지속적인 감시다. 당신이 늘 누군가의 시선을 받고 있다고 생각한다면 허락되지 않은 일은 애초 시도하지 않게 된다.[37]

만일 우리가 원해서 하는 게 분명하다면 강제할 필요가 없다. 외적인 영향력이 아니라 내적인 욕망으로부터 동기가 생긴다면 말이다. 이런 생각은 고집스러운 세 살배기에게 역심리학[38]을 사용하는 것처럼 아주 당연한 일이다. "얘, 그 신발 신지 마! 절대 무슨 일이 있어도 그 신발 신으면 안 돼!"라고 말하면 자신의 의지대로 하고 싶은 것만 하려는 아이를 효과적으로 아침마다 신발을 신고 집 밖으로 나가게 만들 수 있다. 물론 아이가 나이가 들어갈수록 속이는 일은 더 힘들어진다. 따라서 조종방법이 좀 더 세련되어져야 한다. 하지만 기본적인 원칙은 동일하다. 사람들이 스스로 감시하도록 만드는 것이다.

판옵티콘의 페미니즘적 적용

페미니스트 철학자, 가령 산드라 바트키 등은 푸코의 판옵티콘 비유를 확장해서 여성이, 특히 자신의 신체, 정신, 감정과 행위를 단속하면서 관습적인 여성성의 기대치에 맞추려고 하는 방식을 분석한다. 푸코는 현대의 권력이 "훈육적 실천"으로 기능하는 방식을 제시했다. 즉 훈육을 통해서 "온순한 육체"가 생산된다는 것이다**가령 공장노동자들은 정해진 시간에 반드시 출근카드를 찍어야 하고, 군인들은 똑바로 줄을 맞춰 서야 하며, 학생들은 책상 앞에 꼼짝 않고 앉아 있어야 한다**. 바트키는 여성의 신체가 남성의 신체보다 더 심각하게 훈육되고 길들여지는 세상에서 우리가 살아간다는 사실을 지적한다. 여성의 훈육과 온순한 길들이기는 다양한 형태를 띤다. 여성의 신체는 특정한 형태와 크기를 갖추고 특정 방식에 따라 움직여야 하고, 장식품이 달린 표면으로 제시되어야만 한다. "하루에도 대여섯 번씩 파운데이션이 뭉치거나 마스카라가 번지는지 확인하면서 화장을 고치는 여자, 바람이 불거나 비가 와서 머리 스타일이 망가지는 것을 걱정하는 여자, 스타킹이 발목 부분에 뭉쳐있는지 자주 확인하는 여자, 또는 자신이 뚱뚱하다고 생각해서 먹을 때마다 음식을 모니터하는 여자는 판옵티콘에 갇힌 수감자처럼 스스로 단속하는 엄격한 자기감독체제를 갖춘 주체이다. 여성의 자율적 감시야말로 가부장제에 복종하는 형태이다"라고 산드라 바트키는 주

장한다.[39]

확실히 이런 분석은 미의 기준이 여성에게 비현실적이며 불공정하다는 페미니즘의 익숙한 불평을 재탕하는 것에 그치지 않는다. 현재 우리 사회에는 인스타그램 필터와 성형수술, 포토샵 수정이 넘쳐난다. 여기서 핵심은 사유와 행위이다. 성차별적인 기준은 내면화되어서 사회적 통제의 음험한 형태로 기능한다. 여성의 몸은 궁극적으로 정신을 지배하는 방식으로 통제된다. "미의 기준은 여성이 자신의 몸과 맺는 관계를 정확한 표현으로 기술한다"라고 안드레아 드워킨이 설명한다. "미의 기준은 여성의 운동성, 자발성, 자세와 걸음걸이, 그 외 몸 사용법을 처방해준다. 물론 신체적 자유와 심리 계발, 지적 가능성과 창조적 잠재력은 탯줄처럼 연결되어 있다."[40]

몸이 체계적으로 통제되면 정신에는 무슨 일이 일어나는가? 이런 질문은 불편하다. 하지만 진정 새장 안의 새가 새장 밖에서 자유로운 새처럼 자주 노래한다고 생각하는 사람이 있을까? 여성성이라는 새장이 설사 금으로 만들어졌다고 해도 여전히 새장이다.

페미니스트들은 이런 비판적 사고를 오랫동안 제공해왔다. 메리 울스턴크레프트는 이미 1792년에 이렇게 탄식했다.

> 여성의 영광! 그 개인적 아름다움을 유지하기 위해서 팔다리와 재능은 중국 전족[41]보다 더 나쁜 경련을 일으키고, 앉아서 생활하는 저주를 받고 산다. 남자아이들이 대기를 들이마시면서 놀러 다닐 때 여자아이의 근육은 쇠퇴하고 신경은 이완 된다…. 정숙한 여성은 말 그대로 자

신의 몸에 노예처럼 구속되어 종속된 처지라는 영광을 누리고 있다….
어려서부터 아름다움이 여성의 명예라는 가르침을 받아서 정신은 육체에 맞게 형태 짓고, 금으로 만든 새장 주변을 돌아다니면서 자신의 감옥을 치장하는 일에만 치중한다.[42]

이 문장을 생각해보라. 정신이 육체에 맞춘다. 여기서 여자아이와 여성에게 요구되는 미모와 경박성, 여성다움은 시간 낭비일 뿐, 남자아이와 남성에게 주어진 고차원적 과제와 다르다는 사실만이 우리의 관심사가 아니다. 문제는 여자아이와 여성에게 허락되거나 요구되는 것이 여성의 몸과 관련되어 정신활동을 규정한다는 점이다. 어린 여자아이에게 몸을 배배 꼬지 말고 "숙녀처럼 앉아"라고 잔소리를 할 때, 그 말은 단지 몸을 잘 간수하라고 요구하는 데 그치지 않는다. 조금이라도 위험이 감지되면 여자아이에게 수선을 떨면서 조심하라고 말하는 것은 아이의 몸이 못미덥다고 가르치는 것 이상이다. 성인 여성이 남성이 보여준 천재성이나 성공의 정상에 이르지 못했다면, 그 여성은 평생 그런 일은 근본적으로 자신에게 일어나지 않을 거라는 말을 들어왔기 때문이다.

아이리스 마리온 영은 정신과 육체가 상호 영향을 미치는 관계를 탐색한다. 상당히 영향력 있는 경험연구 분석에서 그녀는 여자아이와 남자아이가 공을 던지는 방식에서 나타난 성별 차이를 보여주었다.[43] 영은 이 연구에서 우리에게 익숙한 정형성을 확인해준다. 공을 던질 때 남자아이는 물리적 공간과 에너지를 사용하는 반면, 여자아이는 신체적 몸짓을 줄이고 변형시키는 경향이 있다. 두 아이가 공을 던지는 모습을 떠올려 보라. "여자아이처럼 던지기"가 모욕적으로 들리는 이유는 그렇게 공을 던지는 것이 형편없고 부적절하기 때문이다. 그렇지만 여자아이와 남자아이 사이의 신체적 차이와, 여자아이처럼 던지는 행위의 부적절함 사이에 어떤 연관성이 있다고 생각할 이유는 없다고 영은 주장한다. 특히 사춘기 전 남자아이와 여자아이의 신체적 차이는 극히 적다. 이들이 공 던지는 스타일의 정형성에서 나타나는 상당한 차이를 설명할 만큼 신체적 차이는 확실히 크지 않다. 대신 영은 이런 차이는 무엇보다도 자기만족적인 기대치에서 비롯한다고 추론한다. 여자아이들그리고 여성들은 자신의 몸이 깨지기 쉽고 부담스러운 것, "바라보고 행위를 가해야 하는 것"이라는 가르침을 받는다. 여성의 몸은 세상을 효과적으로 탐색하러 다니기 위해 사용되거나 기능화되지 않았다.[44] 여성은 너무 공간을 많이 차지하거나 상처 입는 것을 두려워하도록 교육받는다. 우리에게 가능한 능력치를 내면화하면 곧 현실이 된다. "주어진 과제가 우리 능력을 넘어서 있기 때문에 애를 쓸 필요가 없다고 이미 그리고 대부분 잘못 결정해 버린다."[45] 그래서 여자아이처럼 공을 던진다.

이렇게 무능한 몸으로 할 수 있는 일이 무엇인지 시도해보는 대신, 여성은 자신의 몸이 어떻게 보이는지에 대해 강박적으로 매달림으로써 대리만족한다.

내재화된 대상화

100년도 훨씬 전에, 사회학자이자 사회운동가인 듀보이스는 이중의식[46]이라는 말을 만들었다. 이중의식은 흑인이 두 가지 다른 시선으로 세상을 경험해야 하는 방식을 설명해준다. 한편으로는 백인의 눈에 비치는 자신을 바라보고, 다른 편에선 스스로 자신을 바라보는 방식이다. "그건 기묘한 느낌이다…. 나 자신을 언제나 타인의 시선을 통해서 보는 느낌, 세상이라는 줄자로 내 영혼을 재는 느낌이다. 이 줄자는 빈정거리는 경멸과 연민의 시선이다"라고 그는 개탄했다.[47] 페미니스트들은 여성도 이와 유사한 이중시선으로 살아가게 된다고 주장한다. 여성은 무엇보다도 남성에게 보이는 방식대로 자신을 바라보도록 훈육된다. 남성은 여성에게서 성적 매력만을 주로 본다. "현대의 가부장제적 문화에서 대부분 여성의 머릿속에는 남성적 품평이라는 판옵티콘이 들어있다. 여성은 남성의 시선 앞에 선 채 판단 받는 처지에 영원히 놓여있다. 여성은 타인의 시선을 통해서 보이는 몸으로 살아간다. 이것은 익명의 가부장제적 타자의 시선에 놓인 몸이다."[48] 영화이론가 로라 멀비[49]의 논문이 출현한 이래 페미니스트들은 이 현상을 "남성적 시선의 내면화"라고 불렀다.[50] 멀비는 시각적 문화가 주로 남성에 의해, 남성을 위해서 구성되었기 때문에 우리가 사는 세상을, 그중에서도 특히 여성을 남성의 시선에 따라 기술한다고 주장한다. 이 시선은 여성을 남성의 성적 탐닉과 쾌락을 위해서만 존재하는 것으로 본다. 즉 여성은 남성의 성적 대상으로만 보인다.

여성은 도처에 널린 이 메시지를 내면화하고 있다. "여성은 물고기가 물속에 살듯이 대상화 속에 살고 있다"고 캐서린 매키넌[51]이 다시 한 번 상기시켜준다.[52] 우리는 대상화에 둘러싸여 있고, 한편으로 대상화가 필요하다. 때로 대상화를 즐기기도 한다. 종국에는 실제 대상화가 자신에게 해롭다는 것을 알면서도 대상화되기를 갈망하게 되는 이상한 위치에 놓이게 된다. 남성의 성적 즐거움의 대상으로만 존재하는 살점 덩어리로 여성을 보는 것은 분명 모욕적이다. 하지만 동시에 성적 대상으로 여겨지지 않으면 왠지 기분이 나빠진다. 여성이 자신의 가치가 빈번히 남성에게 성적 매력이 있는가의 여부에 따라 결정된다는 미묘한 메시지를 받고 있는 현실을 알게 되면, 성적 대상화에 관해 여성이 처한 양가적 위치가 그리 놀랍지도 않다.

사실 여성이 남성의 시선을 내면화하고 있는 것은 이상하지 않다. 이 내면화가 얼마나 일찍부터 시작되는지 생각해보라. 우리는 지속적으로 유아 시기부터 여아에게 똑똑하거나 신체적으로 강하고, 힘이 세거나 재미있다고 말하는 대신 예쁘다고 말한다. 예쁘다, 예쁘네, 예쁘구나, 예뻐, 예쁜이. 우리는 여아에게 까끌까끌한 레이스 옷을 입히고 머리카락이 없는 민머리에 우스꽝스러운 모양의 분홍리본을 달아준다. 유아원에 다니는 여아에게 공주 소품을 안겨주고 왕자님이 구하러 오는 환상에 빠지도록 부추긴다. 장난감 가게에서 8초만 있어보라. 이런 문화교육체계가 얼마나 광범히 퍼져있는지 쉽게 알게 된다. 진열대는 성적 매력으로 가득한 바비 인형으로 채워져 있고, 화장놀이, 옷 꾸미기 놀이에는 작은 발에 맞는 하이힐도 있다. 내 딸이 네 살 때 "뾰족구두"라고 부르며 이 하이힐을 사달라고 졸라대었다. 솔직히 하이힐을 신고 딱할 정도로 서투르게 뒤뚱대는 엄마보다 딸애가 그것을 신고 더 잘 걸어 다닐 수 있을 거라는 가능성이 조금이나마 있었더라면 혹시 사주었을지도 모르지만 딸에게 섹시하면 할수록 여성의 가치가 올라가고, 자신의 가치는 오직 남자에게 미적으로 즐거움을 주는 존재로서만 결정된다는 가부장적인 훈육을 시킬 생각이 전혀 없었다. 그렇다고 내가 성공적으로 이런 훈육과정을 철저히 막을 수 있었던 것은 아니다. 디즈니 공주라는 강력한 존재는 누구도 막을 수 없다. 하지만 적어도 나는 그것과 싸울 태세가 되어 있었다. 그러니, 뾰족구두는 절대 안 되고 딸애에게 "예쁘다"고 해서도 안 된다. 우리 집에서 그 말은 금지되었다. 당신의 아이가 얼마나 귀여운지를 말하고 싶어 안달이 나서 수세에 몰린다면 얼마든지 다른 표현을 찾아낼 수 있다.

그래도 내가 이 모든 문화적 세뇌과정을 이겨낼 수 있다고 믿고 있는 듯 들린다면, 지금 이 글을 쓰고 있는 내 뱃속은 점심을 걸러서 속이 빈 상태이고, 브래지어의 와이어는 갈비뼈를 쑤셔대며, 눈에 칠한 마스카라는 번진 상태라는 사실을 분명히 밝혀야겠다. 사회적 힘은 우리의 욕망에 거부할 수 없는 영향을 미친다. 말도 못 하게 불편해도 눈이 휘둥그레질만한 스타일의 구두를 누가 강요하지도 않았는데 골라 신고 저녁 모임 내내 견뎌야 하는 수모를 겪은 여성이라면 이 난국을 이해할 수 있다. 사회적 힘은, 그 힘이 없었다면 우리가 절대 원치 않았을 것을 원하게 만든다. 그렇다고 이런 종류의 영향력을 우리는 특별히 나쁘게 보지도 않는다. 별 수 없이 사회적 동물인 우리는 자신이 어떤 사람이고 또 무엇을 원하는지 사회에 의해 결정된다고 여기게 된다. 하지만 사회적 힘은 확실히 우리 자신에게 이롭지 않은 것을 욕망하게 하고, 이로운 것을 욕망하지 않게 만들 수도 있다. 이건 매우 중요한 문제다.

잘못 적응된 선호도

철학자들은 이를 잘못 적응된 선호도의 문제라고 부른다. 전혀 실용적이지 않은 구두의 선택과, 나의 복지를 위협하는 선택은 별개이다. 두 번째 선택에는 위험하고 불필요한 성형수술에서부터 섭식장애, 또는 좋은 아내와 엄마가 되어 자신의 복지는 뒷전으로 하고 가족의 안위를 열심히 챙기는 여성의 희생을 문화적으로 높이 평가하는 태도를 받아들이는 것까지 포함된다. 잘못 적응된 선호도의 가장 모범적 사례는 이솝 우화에서 나오는 여우와 포도 이야기이다.[53] 여우는 자신이 먹고 싶은 포도를 얻기 어렵다는 것을 알게 되자, 포도 맛이 실 거라고 단정 지어 버린다. 이와 마찬가지로 수많은 가치 있는 것들이 자신의 손에 닿지 않는 곳에 있다는 것을 알게 되면 그 가치를 절하하고 애써 얻으려는 노력을 중단하게 된다. 여기서 문제는 이 포도의 맛이 썩 괜찮다는 것이며, 여우는 그것을 먹고 싶어 할 이유가 충분하다는 사실이다. 여우는 포도가 시고 맛없다며 애써 현실을 외면하고 비합리적으로 행동한다. 마찬가지로 여성성이라는 불가능한 이상에 도달하기 위한 돈키호테 같은 시도에서 여성들이 굶거나 신체를 손상시키고 나아가 온갖 불편함을 감수한다고 말할 수 있다.

잘못 적응된 선호도는 '자유가 아니면 죽음'이라는 선택지에 함축된 딜레마를 제시한다. 이런 사람들은 욕망을 평가하면 안 된다고 생각한다. 그리고 성인의 경우 자신의 원하는 것을 알아서 선택해야 하고, 잘못된 정보 탓에 선택했다 해도 자신의 행동에 책임져야 한다고 믿는다.[54] 그러나 만일 부당하게 억압적인 사회 환경 때문에 자신을 해롭게 할 것을 선호하거나 이로운 것을 원하지 않게 된다면, 나아가 타인의 욕망에 대해서 누구도 간섭할 수 없다면, 우리가 처해 있는 이 부당한 현실을 뿌리 뽑을 가능성은 없다.

그렇다면 여성이 기꺼이 자신을 훈육시키고 벌주려고 하는 상황을 어떻게 이해할 것인가? 그녀의 의지와 상반되는 행동을 하도록 강요받았다고 할 것인가? 운이 나빠서 가부장제의 희생자가 되어 자신이 원하는 것이 따로 있는데 아무런 선택권 없이 그저 외부적으로 부여된 미적 기준에 따라 순응할 수밖에 없었노라고 할 것인가? 혹 철학자 수잔 보르도[55]가 말한 대로 여성적 본성 때문에 **이해할 수 없다고 해도 즐겁게 기꺼이** 보잘것없는 것에 이끌리고 신체적 불편함을 감수하면서도 참아내려고 하는 것이라면……자처해서 한 일이니 다른 누구도 아닌 자기 자신이 바로 '최악의 적'이라고 생각한다면, 희생자 여성이라는 해석에 귀가 솔깃해질 수도 있다.[56] 가부장제적 미의 기준을 여성들이 순순히 따르는 것이 여성 자신의 선택이 아니라 속박된 상황 탓이라면 세상이 잘못이지 개별 여성의 책임이 아니라는 직관은 옳다.

하지만, 정신 차리자. 우리가 세포라[57]에 가서 월급을 다 써버리고, 기꺼이 얼굴에 보톡스를 맞는 이유가 우리 머리에 누군가 총을 들이대고 시켰기 때문은 아니다. 남성은 여성의 유일한 적이 아니다. 적어도 모든 남성이 적일 수는 없다. 남성을 전능한 억압자로, 여성을 힘없는 희생자로 묘사하는 유의 설명은 남성이 직접 이 세상을 만들지 않았고 통제하지도 않으며 심지어 동의하지 않았음에도 잘 어울리고 잘 지내는 이유를 설명할 길이 없어진다. 여성이 성차별주의와 공모한다는 사실을 인정할 길도 없다. 가령 여성을 대상화하고 억압하는 실행에 매우 열렬히 참여하거나 다른 여성이나 딸에게 이런 실행을 강요하는 여성을 떠올려보라.

화장을 하지 않은 채 공공장소에 있으면 옷을 입지 않은 듯 느끼는 여성은 비단 나만은 아닐 것이다. 신발장에 발이 아파서 한 번도 신지 않은 구두가 가득한 것도 나만은 아닐 것이다. 이 자리에서 고백하련다. 나는 체모를 깎고 미용실에 가고 손톱과 발톱 손질에 내 월급 중 상당한 액수를 쓰고 있다. 아무도 내게 이런 일을 하라고 강요하지 않는다. 내가 그 일을 즐기지 않는 듯이 군다면 그건 거짓이다. 이 선택에 대한 내 책임을 어떻게 이해할 것인가. 보르도는 이렇게 쓴다. "푸코주의적 이론체계에서,"

> 권력과 쾌락은 상충되지 않는다. 따라서 권력을 갖고 '통제하는' 느낌

을 경험한다고 해서 그 느낌이 반드시 자신의 실질적 사회적 지위를 정확하게 반영하지 않는다. 차라리 형태가 매우 다른 권력관계의 산물로 의심된다. 이 프레임에서는 여성들이 언제나 성차별주의의 수동적인 '희생자'인 것만은 아니다. 여성 스스로 영구적인 종속에 기여한다고 봐야 한다……. 그렇다고 해서 여성이 성차별문화에서 '권력'을 갖고 있다**혹은 남성과 동등한 위치에 있다**고 볼 수는 없다.[58]

이 구절에서 보르도가 하려는 말은 억압을 이해하려면 주체와 구조 중심의 설명을 왕복해야 하며, 주체나 구조 어느 한쪽으로만 개념화하려고 한다면 전체적인 그림을 이해할 수 없게 된다는 것이다. 남성을 위한 선물 정도로 여성을 제공하는 성차별적 체제에 참여하는 여성이 일종의 쾌락이나 소유권 혹은 유능함을 경험한다고 해서 이 체제가 비판에서 면제받거나 우리의 선택을 강제하는 권력의 차별구조가 없어지지는 않는다. 반면 그렇다고 해서 여성이 자신이 뭘 하고 있는지 도통 모르는 멍청이인 것도 아니다.

페미니스트로 자처하는 우리는 여성의 호불호 선택권이 내면화된 억압에 의해 형성되었다는 의심**또는 정직한 인정**에 어떻게 반응할 것인가? 이쯤에서 판단을 내리고 싶다. 나는 페미니스트들이 **현재 권위를 행사하는 집단을 포함해서** 자신의 선택을 통해 성차별주의를 지독한 방식으로 승인해주는 여성들을 단 한 번도 비판하지 않았다고 말할 생각은 없다**버트런드 러셀은 도덕성이란 타인을 판단하려는 잔인한 만족감뿐이라고 했다**.[59] 자랑할 만한 얘기는 아니지만 내 친구의 새 여자 친구가 유방수술을 했다는 소식을 듣고 내가 비아냥거렸다는 걸 고백해야겠다. 수많은 페미니스트

동료들은 내 비아냥거림을 그럭저럭 넘어가 주었지만, 성전환남성 친구는 그렇지 않았다. 그 친구는 누군가 자신이 갈망하는 젠더를 표현하기 위해서 몸으로 무엇을 하든 묻지도 따지지도 말아야 한다는 것을 잘 알고 있었다. 선택권 없이 태어나 버린 이 세상에서 우리 모두 어떻게든 버티고 살아가기 위해 애쓰고 있다. 선택을 강요하는 무정형의 사회체제를 문제 삼기보다 개별 인간을 비판하는 것이 더 쉽고 만족감을 준다는 사실은 분명하다. 하지만 그 결과 느끼는 승리감은 많은 대가를 치르고 얻은 것이다. 누군가 생존을 위해 해야 하는 일에 대해 잣대를 들이대어 평가를 내리고 수치심을 주는 것은 무의미하다.

내 친구의 열린 태도는 시사하는 바가 많다. 개별 여성이 자신의 새장을 어떻게 탐색하고 있는지에 너무 집중하면, 새장의 전선을 볼 수 있는 시야를 잃게 된다. 결국 우리가 진정 원하는 것은 혁명이고, 어떤 혁명도 누군가를 억압하면서 이룰 수는 없다.

집단행동의 문제

철학자 앤 커드는 집단행동의 문제를 제시한다. 여성이 성차별적 사회의 요구에 순응하는 이유는 체제에 협조해서 얻는 단기간의 혜택이 새로운 세계질서를 가져올 장기간의 가능성보다 우선하기 때문이다.[60] 여성들은 "자신이 속한 사회적 집단에 가해지는 장기적 억압을 재강화 시키는 개별적인 단기간의 합리적 선택을 통해서 포섭된다."[61] 개인 여성이 복종을 통해서 얻게 된 구체적인 이점을 생각해보고, 또 잃게 될 것도 떠올려 보라. 임금격차가 엄연한 세상에서 기꺼이 자신과 자신의 자녀에게 재정적 지원을 아끼지 않는 남성을 찾는 것은 경제적으로 이롭다**그리고 필연적이다**. 또 당신이 아이 양육과 가사노동을 무보수로 감당하리라는 기대도 있다**고상한 정치적 이상은 그럴듯할지 모르지만, 결국 누구나 먹고 살아야 하는 문제를 안고 있다**. 여성을 주요 목표물로 삼는 성폭력이 난무한 문화에서 괜찮은 남성을 찾아 보호받고 싶은 마음도 있다[62]**"남성의 보호라는 빌미"[63]라고 표현하면서 수잔 브라운밀러는 강간이 남성의 보호를 불가피하게 만들어서 여성이 남성에게 지속적으로 의지하게 만든다고 주장한다**. 이보다 좀 더 무정형의 특권이 있다. 가령 사회적 승인에 동반되는 상당한 정도의 심리적 혜택이 있다. 주변 사람들이 당신이 선택하는 삶의 방식을 이해하고 수용하며 승인해준다는 느낌이다**사회적 동물로서 인간은 자신이 동일화를 형성한 집단으로부터 언제나 승인을 받고 싶어한다**. 이 세상의 모든 불의에 지나치게 민감해져서 결국 지치고 말게 되는 상황을 피하고 싶고 그럴 수도 있을지 모른다**늘 모든 것에 화가 난 상태는 정서적으로 몹시 고단하다**. 바트키가 "욕망의 메커니즘"[64]이라고 부른 것을 통해 사회화되어 남성의 지배가 성적인 흥분을 줄 것처럼 제시하는 문화 속에서 에로틱한 만족을 기대하게 될 수도 있다**남성의 성적 욕망에 붙들린 채 자신을 억압하는 방식으로 동기화되는 여성들이 있다. 이들의 심리 저 밑바닥에는 성적 욕망이 도사리고 있다**[65].

그러니, 인정하자. 남들이 하는 대로 할 때 얻는 특권도 있다는 것을. 우리 인생에서 거대한 규모의 사회변화가 일어날 가능성이 암울하다면, 개인적으로 얻을 만한 변화를 선택하는 것이 확실히 더 합리적인 듯하다.

우리는 여성에게 선택지, 또는 어떻게 행동하고 삶을 계획할 것인지를 매우 제한적으로 허용하는 사회적 공간을 이리저리 탐색하고 있다. 이 세계의 자원은 제한적이어서 우리는 언제나 타인과 경쟁 상태에 놓여있다. 또 언젠가 주먹을 휘두를 수 있을 거라는 망상에 빠지지 않는다. 여성들은 자원이 부족한 조건하에 경쟁을 할 때 번듯한 생활을 영위하기 위해 가능하면 최선의 조건을 합리적이고 명료하게 계산한다. 우마 나라얀이 묘사한 대로 "가부장제와 흥정"을 한다.[66] 나라얀은 억압적 사회가 여성의 선택에 가하는 제재의 방식뿐 아니라 이런 제약 속에서 개별 여성이 선택하는 방식에 대해서도 인식할 필요가 있다고 충고한다.[67]

그러나 문제는 여성들이 자신을 돌보기 위해서 내리는 결정들이 너무도 자주 다른 여성들을 좌절시키는 결과를 - 의도했던 아니든 - 초래한다는 점이다. 중산층 백인 여성은 자신의 경력을 쌓기 위해 적극적으로 노력하지만 외조를 해줄 남편이 없는 경우 이 빈자리를 채우기 위해서 유색인종 여성의 저임금 노동을 착취하게 된다. 전통적인 미적 이상에 가까운 여성은 남성을 얻기 위해 자신의 여성성에 투자를 하는데또는 남성의 관심을 얻는 것으로 자기만족을 얻으려고 할 때도 이런 여성은 관행적인 여성의 매력을 갖고 있지 않거나, 또 그렇게 보이려는 의도가 없는 여성의 상황을 열악하게 만든다. 자녀 양육을 담당하는 여성이 자신의 사회적 경력을 불가피하게 희생하면서도 가족을 돌보게 된다면, 남성이 아니라 여성이 희생해야 한다고 믿는 세상을 암묵적으로 인정하는 셈이다. 이성애 여성이 남성 파트너를 즐겁게 해준다는 이유로 여성혐오적인 포르노그래피적인 환상을 만족시키려고 할 때**혹은 그녀 자신도 이 포르노의 대본을 에로틱하게 여길 수도 있다** 그녀는 지배와 종속이라는 성차별적인 관계를 에로틱하게 만든 성문화가 유지되는 데 일조한다. 이혼 분쟁 중 여성이 자녀 양육권을 얻기 위해 엄마에게 양육권을 부여하는 것이 당연하다고 생각하는 판사의 성찰 없는 편견을 이용하는 여성은 남성이 아니라 여성이 주양육자라는 세간의 견해를 지원하게 된다.[68] 직장 상사가 인턴들과 선을 넘어 재미를 보는 것 같다는 꽤 근거 있는 소문을 듣고도 상사가 더 이상 자신에게 추근거리지 않기 때문에, 게다가 승진하고 싶은 욕심에 모른 척하는 여성은 너무도 많은 사람들에게 적대적인 직장환경을 만드는 데 공모하고 있는 셈이다. 이런 상황의 목록은 끝없이 이어진다.

이 집단행동문제는 가부장제의 유연성을 설명하는 데 도움이 된다. 자신을 포함한 여성들에게 결국 상황이 나빠질 것이 뻔하더라도 현 사회체제를 추종할 만한 이유는 늘 존재한다.

새장은 겉보기에 별거 아닌, 수없이 많은 약한 선으로 만들어져있고, 배낭에는 보이지 않은 식량이 가득 차 있으며, 감옥은 수감자의 심리를 조정해서 지저분한 일을 하도록 만든다. 성차별적 억압의 방법은 이렇게 언제나 창의적이다. 하지만 문제는 성차별주의의 그림자에서 웅크리고 있는 억압의 형태만은 아니다. 또 젠더만이 삶의 전망을 결정하는 아주 중요하고 유일한 사회적 집단인 것도 아니다. 억압이 얼마나 더 복합적인지 이해하려면 또 하나의 비유가 필요하다.

교차로

"교차로를 오가는 교통의 흐름을 떠올려보라. 네 방향으로 오가는 교차로처럼 차별은 한 방향으로 흐르다가도 다른 방향으로 바뀐다. 이 교차로에서 사건이 발생하면 어느 쪽 방향에서든 달려오는 자동차들 때문이다. 때로는 네 방향 모두 차가 온다."[69] 비판인종이론가이자 법 활동가 킴벌리 크렌쇼[70]는 교통량이 많은 교차로의 한 쪽에 서 있던 경험을 사용해서 중첩된 억압을 살아가는 경험을 묘사한다. 흑인 페미니스트 아나 줄리아 쿠퍼[71]가 1세기 전에 말했던 개념인 교차성을 구체화한 것이다. 교통의 여러 교차선 때문에 사고가 발생할 위험률이 증가하듯 복수의 교차억압은 부당한 상황에 처할 위험을 증대시킨다. 사고가 일어날 위험을 미리 측정하거나 예상할 수 없고, 사고의 원인을 차선 하나만 따로 검토한다고 이해할 수 없듯이 억압의 원천을 별도로 나눠 살펴본다고 복합적 억압의 부당함을 이해할 수 있는 것은 아니다. 교차성은 사회의 주변부로 밀려난 다양한 종류의 사람들이 자신보다 사회적 불이익이 상대적으로 적은 사람들과는 질적, 양적으로 다른 종류의 억압을 경험하는 방식을 예시해준다.

복수의 억압상태에 있는 사람이 처하는 부당한 상황을 묘사할 때는 일정하게 거리를 유지하면서 그들의 고통을 낱낱이 목록에 작성할 수는 없다. 가령 "이 끔찍한 일이 내가 여자이기 때문에 일어났어. 하지만 또 다른 부당한 일은 내가 흑인이라서 일어난 거야. 세 번째 불의는 내가 가난해서 일어난 것이고, 네 번째 일은 내가 레즈비언이라서 일어난 거야"라고 할 수 없다. 이런 상황은 교차성의 언어로 다수의 억압이 합산되기보다는 배수적으로 증식되기 때문에 일어난다. 가령 흑인 여성이 겪는 억압은 '인종+젠더'의 합산 때문에 일어난다기보다는 '인종화된 젠더' 탓이다. 교차성 개념에 의하면 흑인 여성이 경험하는 억압은 백인 여성이 겪는 부당함과 흑인 남성이 겪는 부당함이라는 두 집합으로 구성된 벤다이어그램의 교집합 부분에는 존재하지 않는다. 그보다는 그 자체로 완전히 고유한 경험이다.

교차성 이론가들은 인종, 계급, 젠더, 능력 등의 사회적 범주들이 상호 교차해서 반응하는 방식에 집중한다. 이론적으로 여기서 사용되는 모델은 단순히 합산이 아니라 배수적 증식이기 때문에 각 범주가 차곡차곡 쌓이기보다는 복합적이고, 때로는 예측 불가능한 방식으로 혼합된다.

교차성은 억압적 맥락에서 개인의 정체성이 작동하는 방식을 이해하는 데 특히 유용하다. 철학자들이 교차성주의의 통찰력을 예증하기 위해서 사용하는 몇 가지 비유가 있다. 철학자 엘리자베스 스펠만[72]은 어린 시절 목걸이를 만들며 놀았던 플라스틱 구슬을 예로 든다. 정체성은 이런 구슬 같은 것이 아니라고 스펠만은 지적한다. 내가 누구인가, 라는 인식은 간단히 이어붙이거나 필요할 때는 떼어버리는 정체성 범주들로 결정되지 않는다. 이런 잘못된 시각에서는 - 스펠만은 "투씨 롤[73] 형이상학"이라고 재미나게 표현하기도 한다 - 젠더, 인종, 계급의 구슬을 원칙적으로 각기 떼어낼 수 있다. 각 범주에 따른 경험은 해당 정체성 범주 내에선 모두에게 동일하다. 또 한 범주의 중요성은 다른 범주의 영향을 받지 않는다. "개인의 정체성에 대한 이런 관점에서…… 여자로서의 내 정체성은 내가 흑인인지 백인인지, 부자인지 가난한지, 프랑스인 또는 자메이카인, 혹은 유대인인지 무슬림인지 등과 같은 것이 된다."[74] 그렇지만 이런 시각은 명백히 오류다. 여성으로서의 정체성은 근본적으로 한 개인의 삶 전부가 어떻게 보이는가에 따라 다르다. 개인의 희망과 꿈, 삶의 가치, 타자와의 관계, 자신이 속한 부류에 적합하거나 기대되고 가능한 것에 대한 감각 등과 여타의 것들이 인종, 계급, 섹슈얼리티 등에 따라 어울리는 복잡한 상호 관계를 통해서 정체성은 형성된다. 이처럼 정체성의 여러 갈래를 공통적으로 꿰뚫는 어떤 여성성의 본질이 있는 듯 말하게 되면 재난을 초래하게 된다.

라틴아메리카의 철학자 마리아 루곤[75]은 다수의 억압을 탐색하는 과정에서 색다른 길을 택한다. 그녀는 요리를 비유적으로 사용해서 교차성을 분석한다.[76] 마요네즈를 만들 때 재료가 서로 뭉친 상태로 응고되면 달걀 노른자, 레몬주스나 기름을 따로 분리해낼 수 없는 것처럼, 루곤은 복잡하고 엉킨 범주들로 만들어진 다수 피억압집단 구성원들의 정체성을 고려해야 한다고 말한다. 이 범주들은 순수하고 분리 가능한 요소로 증류해낼 수 없다. 마요네즈와 같은 유액이 응고할 때 한때는 분리되어 있던 재료, 가령 달걀노른자, 레몬과 기름이 뭔가 새로운 것, 가령 노른자기름이나 기름노른자로 분산되어 원래 재료들로 환원되지 않는다. 이렇게 엉겨 붙은 상황은 부엌에서는 대체로 달갑지 않지만, 부엌 밖의 세상에서는 좋을 수도 있다. 엉김의 비유는 다층적 억압상황에 놓인 집단의 구성원들에게 사회적 범주에 맞추려고 노력하거나, 그들과 같은 부류의 사람들에 의해서, 혹은 자신이 만들지 않은 사회적 기준에 맞추어 살도록 노력하지 말라고 요구할 수 있게 해준다. 대신, 루곤은 다층 억압 상태의 사람들이 - 특히 스페인과 아메리카 원주민 혈통의 혼합된 집단인 "메스티싸헤"[77] - 정체성을 형성할 때 모호성과 다수성을 수용한다고 주장한다. "나는 뭔가 불순하고, 뭔가 메스티싸헤 같은 것, 즉 분리되어 있으면서 응결되었고, 응결된 상태로 저항하는, 이것 아니면 저것의 중간지점에 있는 어떤 것에 대해 생각한다."[78]

루곤은 메스티싸헤의 저항에 관한 생각을 책의 형태로 담아냈다. 이 책에서 그녀는 학술적 논문이 갖는 장르적 규범에 순응하기를 거부한다. 영어와 스페인어를 넘나들고, 논증과 자서전, 시와 산문의 경계를 오간다. 이 저항의 실천은 예술적 축제 같은 것이라서 문화적으로 받아들여야 한다고 그녀는 주장한다. 게다가 다양한 형식을 선보이는데, 가령 다음의 예를 보자.

이중언어와 다중언어의 실험

코드 변환

모호한 범주와 혼동

억압자의 세상에서 모호함으로 가득한 우리 자신의 캐리커처

트릭스터,[79] 바보짓 하기

정교하면서 뚜렷하게 표지된 젠더위반[80]

관습이나 관행을 혼란스럽게 하면 남성에게는 괴로운 상황이 초래된다는 통찰력에 관해서는 철학자 주디스 버틀러[81]가 드랙 퀸과 킹[82]을 분석했던 유명한 젠더 이데올로기 비판을 검토할 때 다시 다룰 것이다. 이 대목에서는 사회적으로 좀 더 억압받는 집단의 구성원이라면 관습적인 기대와 어울리지 않는 경험을 하게 된다는 사실을 명심하자. 다시 말해서 이도 저도 아닌 상황에 처한 느낌, 또는 자신이 주류문화에서 가시화되지 않는 듯 느낌을 갖게 된다. 하지만 이런 주변성을 부적응이나 고향상실로 경험하거나, 혹은 체제에 순응하려 애쓰기보다는 전반적으로 제약 상태에 놓인, 상상력이 떨어지는 현존질서를 향한 비판의 일환으로서 자신의 위반성을 포용하라고 루곤은 제안한다. 문제는 당신이 아니라, 바로 세상이다.

지하실

이론적인 도구로서 교차성은 다층적 억압 상태의 사람들이 경험하는 특수한 손실과 불의를 기록하고 설명하는 데 매우 유용했다. 하지만 교차성 분석이 가져온 훨씬 더 중요한 결과는 페미니즘 운동 내부에서 일어나는 억압을 가늠할 때 매우 효과적이라는 사실이다. 이 효용성은 진작 인정받았어야 한다. 논리적 결론에 도달하게 되면 교차성은 우리의 적이 반드시 페미니즘 바깥에만 있는 것은 아니라는 불편한 진실을 드러낸다.

앞에서 살펴보았듯이, 억압의 이익과 불이익이 노정하는 패턴의 본질은 억압의 힘이 억압자 집단으로부터 피억압자 집단을 향해서 움직인다는 것이다. 하지만 누군가는 억압자와 피억압자 양측에 동시에 속할 수 있고, 이런 상황은 종종 발생한다는 점을 기억해야 한다. 정체성의 양상에 따라 피억압자가 될 수도, 동시에 억압자가 될 수도 있다. 이것은 억압이 그 자체로 해방운동 내부에서도 작동한다는 의미이다. 또한 이 해방운동의 구성원들은 타자를 억압할 때 자신이 맡게 될 역할을 심각하게 고려해야 한다는 의미이다.

교차성의 역학은 크랜쇼가 제시한 지하실의 비유에 잘 담겨 있다. 크랜쇼는 교차성의 억압이 지하실에 갇힌 상태처럼 작동한다고 본다. 이 지하실에는 하나 혹은 다수의 정체성을 토대로 불이익을 당하는 사람들이 그보다 많은 수의 정체성 때문에 불이익을 당하는 사람들의 어깨를 밟고 서 있다. 역사적으로 억압반대 운동은 도움이 절실하게 필요한 사람들보다는 지하실 출구에 가까운 사람들에 집중하면서 그보다 열악한 상태에 놓인 사람들은 무시하는 경향을 보여 왔다. 지하실의 출구는 단일쟁점의 필터로 작동한다. 당신을 붙잡고 있는 쟁점이 단 한 가지라면, 크랜쇼의 "~없다면" 원칙에 따라 출구를 통과할 수 있게 된다. "천장만 '없다면' 자신들도 지하실 위쪽 방에 올라갈 수 있을 거라고 말하는, 천장 근처에 있는 사람들에게만 입장을 허가한다."[83] 다시 말해서 지하실에서 나올 수 있는 사람들은 대부분 지하실에 붙잡혀있다고 말하기 어려운 사람들이다.

페미니스트 집단에서는 이들은 백인, 이성애, 시스 정체성을 유지하고 건강한 몸을 가진, 부유층 또는 중산층 여성이다. 이 여성들이 지금까지 페미니즘운동이라는 배의 키를 잡아왔다는 사실은 별로 놀랍지 않다.

페미니즘운동 진영에서 이렇게 눈가리개를 쓰고 있는 대표적 인물은 베티 프리던이다. 1963년에 나온 베스트셀러 『여성의 신비』에서 프리던은 전후 미국의 지도에 제2물결 페미니즘을 배치한 뒤 "이름 없는 문제"라고 했다. 여성이 감당해야 하는 가장 끔찍한 문제는 물질적 안락함을 누리면서 넘쳐나는 문화적 서사가 끊임없이 여성에게 아내와 엄마로서의 삶만이 유일하고, 따라서 그 삶에 만족해야 한다고 속삭이는데도 만족할 수 없는 여성이 겪는 광범위한 불만이라고 한다. 프리던은 지루하고 무미건조한 여가계층의 가정주부가 느끼는 권태보다 더 열악한 상황에 처한 여성의 운명이 존재할 가능성은 고려하려 들지 않았다. 프리던은 또 이 권태를 해결하기 위해서 자신이 제공한 해결책 - 백인 여성들에게 백인 남성이 누리는 경력의 기회를 줘야 한다! - 은 대부분 이 계층의 여성들이 끔찍하게 여겨서 벗어나려고 애써온, 보상 없는 가사노동을 그들보다 가난한 유색인종 여성들에게 아웃소싱하게 된다는 사실을 고려하지 않았다.

"여성은 자신의 억압에 너무도 몰입된 나머지 다른 여성의 얼굴에 자신의 구두 발자국이 찍히는 것을 볼 수 없다"고 오드르 로드는 말했다.[84] 프리던의 실수는 벨 훅스가 신랄하게 지적했듯이 백인 여성이 겪는 억압의 경험이 유일하게 최악에 가까운 것인 양 구는 태도였다.

> 『여성의 신비』는] 특정 여성 집단이 겪는 성차별에 관한 유용한 논의를 제시한다. 하지만 다른 관점에서 평가하면 나르시시즘, 무감각함, 감상주의, 자기 탐닉 등에 관한 사례연구로도 보인다. 이런 성향은 프리던이……백인 가정주부들에게 고립이 미치는 심리적 효과와 나치 수용소의 죄수들이 스스로를 바라보는 관념에 수용생활이 미친 영향을 비교하는 지점에서 절정에 달한다.[85]

프리던이 "~없다면" 규칙을 적용하는 수상한 방식은 유색인종 여성에게만 국한되지 않았다. 전국여성조직NOW[86]의 설립자이자 초대 회장이었음에도, 프리던은 레즈비언을 페미니스트운동에서 배척하면서 "라벤더 위협"이라고 불렀다. 이들을 조직에 가입시킴으로써 얻게 될 이익에 비해 비판자들이 공격할 부정적 스테레오타입을 부추김으로써 오히려 페미니즘은 위험에 처하게 될 것이라고 했다.

훅스는 프리던의 근시안적 태도는 백인페미니즘에 전형적이라고 주장한다. 이들은 상대적인 특권**인종차별주의, 이성애주의, 계급주의와 능력주의에 따른 억압에서 발생하는 특권**에 특징적인 경향을 보편화해서 일반 여성의 정해진 경험으로 간주한다. 모든 여성이 공유하는 여성성의 본질을 전제하는 것은 특권층 여성의 경험을 일반화하는 오류를 범한다. 페미니즘의 역사에서 이런 오류는 반복되어왔다. 지하실에 있는 모든 사람이 똑같은 경험을 한다고 주장한다면 지하실로부터 도망치기 쉬운 입구 가까이에 있는 사람들이 그들 발밑에 있는 사람들의 얼굴을 짓밟고 서 있다는 사실을 무시하게 된다.

교차성은 이런 경향성을 수정하고 성차별주의가 모든 여성에게 영향을 미치는 방식에 집중한다. 자신이 당하는 차별에 대해 불평하는 목소리를 세상에 들리게 하고 진지한 반응을 끌어낼 수 있는 사회적 자본을 가진 사람만 성차별주의를 겪는 것은 아니다. 앞으로 좀 더 암울한 사실들을 확인하게 되겠지만, 페미니즘의 운동은 너무도 자주 이런 통찰력을 확보하는 데 있어서 두 발자국 앞서갔다가 한 발자국 뒤로 물러나는 경향을 보여 왔다. 나는 페미니즘이 일정한 진보를 이루었다고 과장하는 폴리아나[87]가 되고 싶은 생각은 없다.

예를 들어, 동성애 흑인 페미니스트 학자인 모야 베일리[88]는 최근에 흑인 여성들이 겪는 인종차별적인 젠더억압을 일컫는 강력한 신조어를 제시했다. 바로 '미소지누아르'misogynoir: 흑인 여성혐오증이다. 이 용어는 여성혐오를 의미하는 '미소지니'와 프랑스어로 검정을 의미하는 '누아르'를 결합한 표현으로, 흑인 여성들이 인종과 젠더를 이유로 그들을 혐오하는 세상에서 겪게 되는 인종차별적인 성차별주의를 가리킨다.[89] 거의 모든 힙합 가사는 바로 이 흑인 여성혐오를 담고 있다. 흑인여성이 정확히 두 가지 - 섹스와 학대 - 를 하기 좋은 상대로 묘사된다. 너무 튼튼해서 사람들을 맥도 못 추게 만들고, 신체적 혹은 정신적 트라우마도 넉넉히 감당할 수 있다고 정형화된 흑인 여성은 백인 가족의 자녀나 노인을 하루에 12시간 이상 돌보면서도 최저임금조차 받지 못하고, 자신의 자녀는 거의 돌볼 수 없거나, 다른 나라에서 일하러 가려고 아이들을 친척 집에 맡겨야 하는 상황에 처해있다. 그렇게라도 일해야 아이들에게 더 나은 기회를 제공할 수 있기 때문이다. 이들은 공동체의 남성들이 감옥산업복합체[90]에 갇혀 죽어가는 동안 가장의 책임을 져야 한다. 흑인 여성은 성폭행을 당하면서도 입 다물어야 한다. 안 그러면 자신의 형제를 팔아넘기는 처지에 놓인다. 이 같은 모든 사례들이 흑인 여성혐오증이다.[91] 흑인 여성은 적절치 못한 의료처치를 받게 되고, 백인 여성보다 더 높은 비율로 출산 중 사망한다. 의사들이 임상에 흑인 여성을 포함시키지 않고, 흑인 여성이 주장하는 신체적 문제들에 별로 신경 쓰지 않는 것은 흑인 여성혐오증이다.[92] 이런 성차별적 억압의 경험은 흑인 여성들에게만 고유하다. 무엇보다 백인 여성성을 교과서의 사례처럼 간주하도록 고집한다면 흑인 여성의 경험은 페미니즘의 시각에는 포착되지 않는다.

흑인 여성이 힙합 가사나 대중문화에서 묘사되는 방식에 집중했던 베일리는 미소지누아르라는 용어를 흑인 페미니스트들이 수십 년 동안 증언해 온 현상을 정의하도록 제공한 셈이다. 랩 그룹 《2 라이브 크류》의 멤버들이 1990년대에 겪었던 체포와 재판, 불경죄 기소 등을 논의하는 중 크렌쇼는 다음과 같이 인정한다.

> 나의 즉각적인 반응은……양면적이었다. 인종차별적 비판에 맞서 나의 형제들 편에 서 있고 싶었다. 하지만 나 같은 여성을 향한 폭력적인 이미지가 무섭도록 폭발적으로 확산된 점에는 반대하고 싶었다. 이 날카로운 내적 대립 - '진짜 문제'가 인종인지 혹은 젠더인지를 선택하는

문제에 관련된 나의 불만 - 은 인종과 성적 복종의 상호 교차성을 살고 있는 흑인 여성으로서 내 고유한 경험이다.[93]

흑인 여성이 우리 사회에서 억압체계의 교차점이 작동하는 방식의 핵심을 들춰내는 특수한 사회적 위치에 있다는 사실은 여타 흑인 페미니스트들 역시 확인해주고 있다. 여성운동가 프란시스 빌[94]은 이미 1970년에 백인 여성이 이해하기 어려운 방식으로 유색인종 여성은 이중 억압되어 있다고 주장했다.[95] 사회학자 패트리샤 힐 콜린스[96] 역시 1990년『흑인 페미니즘 사상: 지식, 의식, 세력화정치』에서 권력의 다층적 체계가 교차하는 지점에 놓인 흑인 여성의 특수한 역사는 억압이 일반적으로 작동하는 방식에 특유의 통찰력을 부여한다고 주장했다.[97] 작가이며 시인인 엘리스 워커[98]는 새로운 사회이론인 우머니즘[99]을 이론적으로 절합해서 이를 확인시켜 준다. 우머니즘의 핵심에는 유색인종 여성의 역사와 경험이 있다. "우머니스트와 페미니스트의 관계는 보라색과 라벤더 같다"라고 워커는 설명한다. 즉 우머니즘은 페미니즘보다 더 광범한 범주이고, 젠더불평등뿐 아니라 인종, 계급, 그리고 자연에 이르기까지 상호 교차하는 억압을 포함한다.[100]

흑인 여성의 목소리를 보호하고 찬양하는 일은 중요하다. 오드르 로드가 가장 강력하게 표현했던 바, 백인 페미니스트들이 여성의 삶에 노정된 차이에 집중하려 하지 않는다면 기껏해야 그들은 억압의 현존체계를 공고화시킬 뿐이다. 인종을 페미니즘의 쟁점으로 보지 못하는 백인 페미니스트들을 백인 남성 노예 주인과 동급으로 치부하면서, 로드는 이렇게 설명한다.

> 이 사회에 수용 가능한 여성이 누구인지를 규정하는 테두리 밖에 있는 우리들, 차이라는 천형에 단죄된 우리들, 가난하고, 레즈비언이고, 흑인이며 나이 들어가는 우리들에게 생존은 학문적 저술이 아니다. 우리가 감당해야 할 차이를 세력화하는 방식을 아는 것은 생존과 직결된다. 주인의 도구는 주인의 집을 결코 무너뜨리지 않는다. 주인의 도구를 사용해서 우리가 잠시나마 주인의 게임에서 승리할 수 있을지도 모르지만, 결코 진정한 변화를 가져올 수는 없다. 이런 사실은 여전히 주인의 집에서 자신이 지원받을 수 있다고 생각하는 여성들에게만 위협적일 뿐이다.[101]

"주인의 도구는 주인의 집을 결코 무너뜨리지 않는다"는 로드의 주장은 상당히 영향력을 발휘해서 페미니스트 이론가 세대를 고무시킴으로써 현재 이 가부장제의 시궁창으로부터 우리가 빠져나올 수 있는 새로운 방식을 상상하게 해주었다.

1 억압에 해당하는 영어단어 oppression의 경우 이렇게 사용될 수 있다. 한국어에서는 '억압적'이라기 보다는 '갑갑한,' '내리 누르는' 정도로 번역될 수 있다(역주).

2 미국의 철학자이자 급진주의 페미니스트(역주).

3 Marilyn Frye, *The Politics of Reality* (Berkeley: Crossing Press, 1983), 4-5쪽.

4 Ariane Hegewisch and Heidi Hartmann, "The Gender Wage Gap: 2018 Earnings Differences by Race and Ethnicity," Institute for Women's Policy Research. 2019년 3월 7일. 2019년 11월 11일 검색. https://iwpr.org/publications/gender-wage-gap-2018/.

5 이스라엘의 7대 왕비로 자연신 바알 숭배자였다. 엘리야 등의 기독교 예언자를 박해했고 유혈분쟁을 일으킨 사악한 여자의 원형이다(역주).

6 성미 급한 여자(역주).

7 별다른 효과가 없다는 의미(역주).

8 기회균등의 원칙에 따라 여성이나 소수인종을 우대하여 기회를 제공하는 제도(역주).

9 타고난 인종이나 젠더와 다른 정체성을 취해서 그 정체성으로 타고난 듯이 행동하는 것을 '패싱'한다고 표현한다(역주).

10 미국의 페미니스트 저널리스트(역주).

11 '보호갈취'라는 표현은 보호를 명목으로 금품을 요구하는 것이다(역주).

12 Susan Brownmiller, *Against Our Will: Men, Women and Rape* (New York: Simon and Schuster, 1975).

13 그렇다고 여성을 한밤중에 에스코트해서 자동차까지 함께 가주거나 여성이 안전하다고 느끼도록 자신이 할 수 있는 최선의 노력을 하는 남성이 여성의 취약한 상황을 이용해서 얻고 싶은 것을 얻어내려고 한다는 말은 아니다. 또 남성이 여성을 보호하는 행위를 그만두라고 말하는 것도 아니다. 다만 남성은 이런 호의를 베푸는 기회를 누리고 있고, 그 기회는 체계적으로 여성을 희생시켜서 남성에게 혜택을 주려는 억압적 구조에서 비롯되었으며, 궁극적으로 억압의 구조를 강화시킨다는 점을 지적하는 것이다.

14 더 중요한 문제는 자녀 양육권을 얻는 것이 여성에게 애로사항이 전혀 없이 이로운 것인지 여부는 확실하지 않다는 점이다. 이혼 후에 여성의 생활수준은 눈에 띄게 저하되는 경향이 있는 반면 남성의 생활수준은 높아진다. 이것은 양육책임과 연관된 지출과 직업유동성의 결여 때문이다.

15 정치학 교수이며 젠더연구자(역주).

16 Iris Marion Young, "Five Faces of Oppression." *Justice and the Politics of Difference* (Princeton: Princeton University Press, 2011[1990]), 41쪽.

17 철학과 젠더연구자(역주).

18 Sally Haslanger, "Oppressions: Racial and Other." *Resisting Reality: Social Construction and Social Critique* (Oxford: Oxford University Press, 2012), 311-40쪽.

19 짐 크로 법: 남북전쟁 이후 재건시대가 끝나고 시민권운동이 일어난 시기까지 효력이 지속된 흑백차별분리정책(역주).

20 그렇다고 해서 억압의 행위자가 전혀 없다는 의미는 아니다. 때로는 나쁜 짓을 하는 정말 나쁜 사람들이 있다. 하스랭거는 억압의 사례 모두를 구조적 설명으로 환원시키기를 거부한다. 그렇게 하면 사회적 권력을 휘둘러서 나쁜 일을 자행하는 사람과 특권집단 구성원이긴 하지만 자신이 노력해서 얻은 사회적 권력을 남용하려고 하지 않는 사람을 구분할 수 없기 때문이다.

21 미국의 요절한 소설가이자 에세이스트로 2005년 한 졸업식에서 교육의 목적은 사유의 힘을 기르는 것이라는 요지로 축사를 하면서 인간의 자기중심성을 "해골 크기의 왕국"에 갇힌 수감자로 표현했다(역주).

22 David Foster Wallace, *This Is Water: Some Thoughts, Delivered on a Significant Occasion, About Living a Compassionate Life* (New York: Little, Brown & Co., 2009), 117쪽.

23 웰즐리여성센터 선임연구원(역주).

24 Peggy McIntosh, "White Privilege: Unpacking the Invisible Knapsack." *Peace and Freedom*, 1989년 7월/8월, 10-12쪽.

25 McIntosh, "Unpacking the Invisible Knapsack," 10쪽.

26 보통 영어로 '피부'라는 표현이 다른 고려 없이 자동적으로 백인의 피부색으로 간주되는 관행을 지적하는 것이다(역주).

27 2012년 미국의 플로리다주에서 지역공동체의 정찰을 담당하던 조지 짐머만이 17세 흑인 소년에게 총격을 가해 사망하게 한 사건(역주).

28 Barack Obama, "Remarks by the President on Trayvon Martin." 2013년 7월 19일 보도자료. 2019년 11월 11일 검색.https://obamawhitehouse.archives.gov/the-press-office/2013/07/19/remarks-president-trayvon-martin.

29 볼테르의 대표적인 풍자희극 『캉디드』는 낙관주의자 캉디드가 세상의 부조리를 깨닫게 되는 내용이다. 이 희극의 부제는 '낙관주의'로, 캉디드는 철학자 라이프니츠의 낙관주의를 받아들여 에덴동산 같은 정원에서 은둔생활을 한다(역주).

30 쿨에이드는 인공감미료가 첨가된 대중적인 음료로, 미국인이라면 누구나 한번쯤 마셔 본적이 있다. 이 대목에서는 현 사회 속에 사는 개인으로서 몸에 좋지 않다는 것을 알아도 이 음료를 조금이나마 마셔보지 않을 수 없듯이 누구나 사회적 억압체계에 연루되어 있다는 것을 의미한다(역주).

31 프랑스 현대철학을 대표하는 철학자로 감옥, 광기 등을 계보학적으로 분석했다(역주).

32 Michel Foucault, *Discipline and Punish: The Birth of the Prison* (New York: Pantheon, 1977), 155쪽.

33 영국의 소설가로 소설 『1984』에서 전체주의 사회에 대한 디스토피아적 세계를 그렸다(역주).

34 조지 오웰의 유명한 또 하나의 소설로, 우화적 구조로 전체주의 사회의 모순과 폐해를 담았다(역주).

35 영국 소설가 올더스 헉슬리의 디스토피아적 공상과학 소설(역주).

36 영화감독 스탠리 큐브릭의 미래 3부작 중 하나로 냉전시대의 허약성을 다룬 블랙코미디(역주).

37 1970년대에 이런 생각을 해낸 푸코의 예지력은 감탄스럽다. 지금처럼 안면인식 소프트웨어나 사회관계망(SNS) 체크인, 셀룰러폰 GPS 추천 등과 같은 테크놀로지가 등장하기 훨씬 전이었다. 그 외에도 실상 사생활이 없어진 것이나 진배없는 기술들도 등장하기 전이었다.

38 자신이 바라는 것과 반대되는 생각이나 행동을 옹호해서 타인을 원하는 방향으로 이끄는 심리적 기술(역주).

39 Sandra Bartky, "Foucault, Feminism, and the Modernization of Patriarchal Power." *Femininity and Domination: Studies in the Phenomenology of Oppression* (New York: Routledge, 1990), 80쪽.

40 Andrea Dworkin, Woman Hating (Boston: E. P. Dutton, 1974), 113-4쪽.

41 여아의 발을 묶어 성장하지 못하게 막은 중국의 전통적 풍습. 여성의 작은 발을 미의 기준으로 삼았던 데서 비롯된 관습이다(역주).

42 Mary Wollstonecraft, *A Vindication of the Rights of Woman* (New York: Oxford

University Pres, 1993[1792]), 111-12쪽.

43 Iris Marion Young, "Throwing Like a Girl: A Phenomenology of Feminine Body Comportment Motility and Spatiality." *Human Studies* (1980), 137-56쪽.

44 Young, "Throwing Like a Girl,"148쪽.

45 Young, "Throwing Like a Girl,"144쪽.

46 인간 개체의 내면에서 일어나는 두 가지 의식을 의미하는 사회철학의 개념으로, 특히 미국의 아프리카계 미국인들이 백인 지배의 사회에서 겪는 인종차별로 인한 억압에 대한 반응으로서의 의식구조를 가리킨다. 흑인 철학자 듀보이스가 창안했다(역주).

47 W. E. B. Dubois, *The Souls of Black Folk* (Chicago: A. C. McClurg & Co., 1907[1903]), 3쪽.

48 Bartky, "Modernization of Patriarchal Power," 72쪽.

49 영국 출신 페미니스트 영화이론가로 1973년 「시각적 쾌락과 영화 내러티브」에서 정신분석이론을 사용해서 영화적 시선에 담긴 남성적 응시를 분석했다(역주).

50 Laura Mulvey, "Visual Presentation and Narrative Cinema," *Screen* 16, 3호(1975), 6-18쪽.

51 미국의 급진주의 페미니스트 법학자(역주).

52 Catharine MacKinnon, *Toward a Feminist Theory of the State* (Cambridge: Harvard University Press, 1989), 149쪽.

53 John Elster, *Sour Grapes: Studies in the Subversion of Rationality* (Cambridge: Cambridge University Press, 1985).

54 역사를 살펴보면 단지 도움이 된다는 이유로 강제했던 잘못된 시도로 가득하다. 결국 오늘날 팽배한 일반적인 반파시스트적인 견해에 따르면 사람들이 스스로 실수를 하도록 내버려 두는 것이, 그들에게 무엇이 최선인지 누군가 먼저 생각해주는 것보다 낫다.

55 문화연구에서 특히 '몸 연구' 분야 전문가(역주).

56 Susan Bordo, "Feminism, Foucault and the Politics of the Body." *Up Against Foucault: Explorations of Some Tensions between Foucault and Feminism.* Caroline Ramazanoglu 편집 (New York: Routledge, 1993), 189-190쪽.

57 프랑스의 다국적 뷰티 상점(역주).

58 Bordo, "Feminism, Foucault and the Politics of the Body," 192쪽.

59 Bertrand Russell, *How to Be Free and Happy* (New York: The Rand School of Social Science, 1924).

60 집단행동의 문제는 모든 사람들이 서로 협력하면 관련된 당사자들이 얻게 될 결과가 더 좋을 것이지만, 협력하지 않으면 개인이 좀 더 나은 혜택을 얻기 때문에 협력하지 않게 된다는 시나리오다. 함께 행동하기 어려운 이런 식의 사고방식은 정치철학과 게임이론에서 수 세기 동안 단골 주제였다.

61 Ann Cudd, *Analyzing Oppression* (New York: Oxford University Press, 2006), 22쪽. Ann Cudd, "Strikes, Housework, and the Moral Obligation to Resist," *Journal of Social Philosophy* 29 (1998), 20-36쪽; Ann Cudd, "Oppression by Choice," *Journal of Social Philosophy* 25 (1994), 22-44쪽도 참고.

62 이 문제에 대해선 5장에서 좀더 다룰 예정이다.

63 Susan Brownmiller, *Against Our Will: Men, Women and Rape* (New York: Simon & Schuster, 1975).

64 Sandra Bartky, "Feminine Masochism and the Politics of Personal Transformation," *Femininity and Domination: Studies in the Phenomenology of Oppression* (New York: Routledge, 1990), 51쪽.

65 이에 대해 6장에서 더 자세히 다룰 것이다.

66 나라얀은 서구 페미니스트들이, 비서구 여성들이 마치 가부장제에 의해서 주체성을 완전히 "두들겨 맞아 부서진" 것처럼 묘사하는 경향이 있다고 비판한다. "이런 경향은 선택을 하는 여성이라는 관점에서" 여성의 선택이 갖는 중요성과 의미를 손상시킨다고 했다. 그녀의 의도는 그렇지 않았지만. 나라얀의 통찰력은 서구 여성의 삶을 분석하는 데도 충분히 확대적용 가능하다.

67 Uma Narayan, "Minds of Their Own: Choices, Autonomy, Cultural Practices and Other Women," *A Mind of One's Own: Feminist Essays on Reason and Obiectivity*, 2nd ed. Louise Antony and Charlotte Witt 편집 (Boulder, CO: Westview Press, 2002), 202쪽.

68 이 기이한 젠더 불평등의 괴물은 남성인권운동의 주 종목이다. 양성 간의 전쟁에서 남성이 당하는 이런 식의 부당함이 여성들이 당하는 온갖 부당함에 대적할 만하다고 생각하는 것 같다. 남성인권운동은 또 대부분의 페미니스트들 - 대체로 여성이 하는 선택을 아무 생각 없이 추인해주는 습관이 없는 사람들 - 이 이 현상에 내포된 사회적 규범에 더 비판적이라는 사실을 깨닫지 못하는 듯하다.

69 Kimberlé Crenshaw, "Demarginalizing the Intersection of Race and Sex: A Black Feminist Critique of Antidiscrimination Doctrine, Feminist Theory and Antiracist Politics." *University of Chicago Legal Forum* 1 (1989), 149쪽.

70 미국 시민권 운동가, 철학자이자 법학자(역주).

71 미국의 작가, 교육가, 사회학자이자 흑인해방운동가(역주).

72 철학자로 비판적 인종 페미니즘 연구자(역주).

73 미국의 초콜릿 볼 상품명(역주).

74 Elizabeth Spelman, *Inessential Woman: Problems of Exclusion in Feminist Thought* (Boston: Beacon Press, 1988).

75 아르헨티나 출신의 페미니스트 철학자이자 사회운동가(역주).

76 Maria Lugones, *Pilgrimages/Peregrinajes: Theorizing Coalition Against Multiple Oppressions* (Lanham, MD: Rowman & Littlefield, 2003).

77 멕시코는 역사적으로 다양한 인종적 혼종이 발생했다. '메스티싸헤(mestizaje)'는 바로 이런 인종적 혼종을 의미하는 표현이다. 발음은 스페인어에 준해서 표기했다(역주).

78 Lugones, *Pilgrimages/Peregrinajes*, 123쪽.

79 다수의 문화에서 민화나 신화 등에서 등장하는 속임수나 장난으로 질서를 어지럽히는 형상(역주).

80 Lugones, *Pilgrimages/Peregrinajes*, 145쪽.

81 페미니스트 철학자이자 젠더연구자. 제3물결 페미니즘을 대표하고 동성애자 연구자로도 알려져 있다. 특히 기존의 젠더 개념에 도전하는 젠더 수행성 개념을 제시했다(역주).

82 드랙 퀸은 주로 남성이 여성적 옷차림과 외모를 과장스럽게 표현하는 차림새로 주로 공연을 목적으로 하는 사람들이다. 반대로 드랙 킹은 주로 여성이 남성적 차림새로 공연하는 사람들이다. 이 두 사례 모두 관습적인 젠더 정체성과 역할에 도전하고 교란시킨다(역주).

83 Crenshaw, "A Black Feminist Critique," 151-52쪽.

84 Audre Lorde, "The Uses of Anger: Women Responding to Racism." *Sister Outsider*, 2nd ed. (New York: Ten Speed Press, 2007[1984]), 132쪽.

85 bell hooks, *Feminist Theory: From Margin to Center* (Brooklyn: South End Press,

1984), 3쪽.

86 1966년에 설립된, 50만 명이 넘는 회원을 보유한 전미 최대 여성단체(역주).

87 극도로 낙천적인 사람을 일컫는 표현으로 20세기 초에 작가 엘리너 호지만 포터가 쓴 아동문학 연재물의 주인공이다(역주).

88 아프리카계 미국 페미니스트이자 작가이며 사회운동가(역주).

89 Moya Zakia Bailey, *Race, Region and Gender in Early Emory School of Medicine Yearbooks* (Dissertation Thesis, 2013), 26쪽.

90 감옥산업복합체, 혹은 줄여서 PIC는 정부와 산업체가 결탁해서 구성한 감옥시설 체계로, 수감자들의 노동을 사용하고, 감옥 내 물품을 공급하는 등 산업체의 이윤을 도모하는 방식으로 정부의 감시체계와 체제적 징벌을 꾀하는 거대한 시스템이다(역주).

91 Kesiena Boom, "4 Tired Tropes That Perfectly Explain What Misogynoir Is — And How You Can Stop It," *Everyday Feminism*, 2016년 8월 3일. 2019년 11월 11일 검색. https://everydayfeminism.com/2015/08/4-tired-tropes-misogynoir/.

92 MiQuel Davies, "Racism in Health Care — For Black Women Who Become Pregnant, It's a Matter of Life and Death," National Women's Law Center, 2018년 4월 13일. 2019년 11월 11일 검색. https://nwlc.org/blog/racism-in-health-care-for-black-women-who-become-pregnant-its-a-matter-of-life-and-death/.

93 Kimberlé Crenshaw, "Beyond Racism and Misogyny: Black Feminism and 2 Live Crew," *Boston Review*, 1991년 12월, 9쪽.

94 흑인 페미니스트이며 평화주의 운동가(역주).

95 Frances Beale, "Double Jeopardy: To Be Black and Female." *The Black Woman: An Anthology*. Toni Cade 편집 (New York: New American Library, 1970), 90-100쪽.

96 인종, 계급, 성 등 정치적 정체성을 전문적으로 연구한 사회학자(역주).

97 Patricia Hill Collins, *Black Feminist Thought: Knowledge, Consciousness and the Politics of Empowerment* (New York: Routledge, 1990).

98 미국의 소설가, 시인이자 사회운동가로, 대중에게는 소설 『컬러 퍼플』로 잘 알려져 있다(역주).

99 워커가 만든 개념으로 유색인종 여성의 페미니즘이다. 특히 인종과 젠더, 계급을 아우르는 교차성의 정체성 의식을 담고 있다(역주).

100 Alice Walker, *In Search of Our Mothers' Gardens: Womanist Prose* (London: Phoenix, 2005[1983]), xii.

101 Audre Lorde, "The Master's Tools Will Never Dismantle the Master's House." *Sister Outsider*. 2nd ed. (New York: Ten Speed Press, 2007[1984]), 112쪽. 강조는 삭제.

3장

젠더의 사회적 구성

Think Like a Feminist
The Philosophy Behind the Revolution

임신한 부부가 친구와 가족을 불러서 안에 파랑이나 분홍 설탕크림을 숨겨놓은 컵케이크를 내놓고는 아들이나 딸을 갖게 되었다고 깜짝 소식을 알려주는 이상한 파티를 알고 있는가? 유아 젠더 발표 파티일까?

틀렸다. 이 파티는 아이의 생물학적 성을 발표하는 파티이다. 섹스, 즉 성은 생물학적 개념으로, 성염색체나 성기와 관련된다.[1] 한편 젠더는 심리적이고 사회적인 개념이다. 이 개념은 문화적이고 행동주의적 규범과 역할, 그리고 우리가 동일화하는 사회적 기준들과 관련된다이 동일화의 기준에 따라 타인이 우리를 대하는 방식과도 관련된다. 내가 확인한 바로는 초음파로 포착되는 것은 사타구니 쪽이다. 페미니스트와 그 외 젠더이론가들에게는 예의를 갖추어야 할 경우에 사람들이 '젠더'라는 말을 섹스 대신 사용하기 시작했다는 사실은 황망하기 그지없다.

이 경우 '섹스'라는 말이 성별과는 전혀 다른 것을 의미하기 마련인데, 파티에 할머니가 참석하게 되면 누구도 할머니와 이 전혀 다른 의미의 섹스를 연결시키고 싶지 않을 것이 분명하다.

섹스/젠더 구별

사회적인 것과 생물학적인 것의 대조는 섹스/젠더 구별로 불린다. 섹스는 재생산 기관과 관련이 있다. 생식기는 인간 종이 다른 동물들처럼 갖고 있는 기관이며, 남녀 구별에 따라 나뉜다**좀 더 구체적으로 말하면 음경과 음부로 구별된다**. 젠더는 사회적으로 복합적인 인간으로서 우리가 이 생물학적 현실에 보이는 반응과 관련된다. 때로 "젠더는 섹스의 사회적 해석이다"라는 슬로건으로 표현된다. 우리 문화는 섹스의 사회적 해석이 어떻게 구성되어야 하는가에 대해 매우 명확한 관념을 갖고 있다. 어떤 외모를 가져야 하고 무엇을 원하고 어떻게 행동하는가는 어떤 성기를 가졌는지 여부로 결정된다.

이 명확한 관념을 배우는 가장 빠른 방법은 젠더 정형화를 확인하는 것이다. 페미니스트들은 젠더 규칙에 예외가 없는 것은 아니라고 주장한다. 젠더 규칙들이 무엇인지 확실히 드러내야 그것들과 손절할 수 있다고도 주장한다. 잘 알다시피 젠더에는 두 가지 선택지가 있는데, 바로 남성성과 여성성이다.

양성 간 갈등은 젠더 정형성을 꺼내놓기 시작하면 순식간에 불붙게 된다. 남성은 논리적이고 평정심을 유지하지만 정서적으로 무감각하고, 여성은 직관이 뛰어나고 정서적으로 세련되었으나 비합리적인 경향이 있고 다소 미친 듯 보인다. 남성은 강하고 독립적이며 실제적인 반면 여성은 유약하고 도움이 필요하며 경박하다. 남성은 절대 길을 묻지 않고, 여성은 운전을 못한다. 남성은 남의 말을 듣지 않고 여성은 계속 떠든다. 남성은 변기 뚜껑을 내리는 것을 늘 잊어버리고, 마치 이 문제에 남성으로서 자신의 생사가 걸린 듯 군다. 여성은 부시 아버지가 대통령이었던 시절[2] 당신이 그녀의 생일을 잊었던 것을 아직도 기억하고 있다. 여성은 꽃과 초콜릿, 로맨스를 원하고, 남성의 밸런타인데이는 스테이크와 유사성행위를 의미한다.

섹스와 젠더의 구별에 주의를 기울이지 않는다면, 음경이냐 음부냐의 여부가 필경 개인의 정체성을 결정하게 된다. 물론 실제 사람들은 이보다 더 복잡하고 다양하다. 하지만 여성성과 남성성은 대부분의 문화에서 우리에게 허락된 유일한 두 가지 젠더 선택지이다. 이 두 성의 반경은 명확히 규정되어 있다. 또 젠더는 대체로 섹스에 직접 연결된다고 생각된다. 생물학적인 남성은 남성적 성질을, 생물학적 여성은 여성적 성질을 갖고 있다고 간주된다. 남성과 여성이 확실히 구별되는 서로 다른 성질이나 본질을 갖고 있고, 그것이 직접적이고 자연스럽게 여타 생물학적 구성에서 비롯된다는 믿음을 표현하는 기술적 용어는 젠더본질주의이다. 본질주의적 관점에서 젠더의 차이는 보편적이고 내재적이며 불변한다.

아주 오랫동안 우리는 이것이 세상의 이치인 듯 굴며 살았다. 남성은 화성에서, 여성은 금성에서 온 것이다. 젠더본질주의는 서구 문명 만큼이나 오래되었다. 고대 그리스의 문헌에서도 찾아볼 수 있다. 기독교의 전통은 고대 그리스와 유대교 전통으로부터 바로 이 여성 혐오적 요소들만 선택적으로 골라서 아담과 이브의 이야기로 구성해냈다. 신이 불변적이며 확실히 구분된 양성을 창조했다는 신학적 교리는 다윈이 19세기 중엽 진화론을 펴낼 때까지 지배적인 관점으로 자리 잡아 왔다. 심지어 다윈의 진보적인 과학적 교리도 남성과 여성이 근본적으로 다르다는 믿음은 건드리지 않았다. 단지 양성의 본질적인 차이가 어떻게 발전되어왔는지에 대해 기존과는 다른 이야기를 전해주었을 뿐이다. 이처럼 서로 연관된 정통교리들은 지속적으로 섹스와 젠더에 대한 우리의 사고방식에 영향을 미치고 있다.

섹스와 젠더의 역사적 뿌리

고대 그리스는 아주 심각할 정도로 성교육에 관한 기묘한 믿음을 갖고 있었다. 오늘날 당연하게 받아들여지는 과학적 지식이 결여된 고대에는 양성을 둘로 나누지 않았다. 대신 인간 본성을 이해할 때 남성을 온전한 인간으로, 여성은 이 온전한 원본을 변형시키거나 절단시킨 형태로 묘사한다. 아리스토텔레스는 여성이 천성적으로 결함이 있고 열등하다고 주장했다. 그는 여성이 남성과 동일한 성기를 갖고 있는데 여성의 난자는 남성이 여성의 몸에 들어가서 변형된 고환이라고 생각했다게다가 여성은 치아의 수도 적다고 한다. 여성이 정자를 생산하는 데 필요할 만큼 충분한 "생명의 열"을 갖고 있지 못하기 때문에 남성의 씨앗에서 증식하는 새끼를 자라게 하는 용기로서만 기능한다고 믿었다. 여성은 재생산을 위한 "물질"을, 남성은 "형태"를 제공한다. 여성이 생명의 열을 결핍했기 때문에 자연적으로 남성보다 지능이 떨어지고, 수동적이다.

> [여성들은] 좀 더 심술궂고, 덜 담백하고 더 충동적이다……. 더 공감을 잘하고…… 더 쉽게 눈물을 흘린다……. 질투심이 많고, 말이 많으며, 쉽게 남을 비난하고 공격한다……. 쉽게 낙담하고 희망을 품지 못한다……. 수치심이나 자기존중감이 덜하고, 말을 거짓으로 꾸며대고, 교활하며, 기억력이 좋다……. 또 남자보다 더 일찍 잠에서 깨고, 더 움츠러들며, 행동력이 떨어진다.[3]

여성의 본성에 대한 이런 견해는 말 그대로 수천 년이나 지속되어왔다. 그런데도 마치 지금도 어디서나 읽을 수 있는 내용처럼 들린다. 웹사이트 레딧의 비독incels[4]에서만 읽을 수 있는 내용이 아니다.

고대 그리스시대 이래 생물학에 대한 지식이 발전되어왔다. 그래도 여성의 생물학이 선천적으로 남성보다 열등하다는 본질주의적 믿음은 끈질기게 남아 있다. 여전히 여성이 남성과는 다른 방식으로 생물학적 영향을 받는 듯이 생각하는 경향이 있다. 여성은 호르몬에 인질로 붙들린 상태여서 생리 전 징후인 비이성적인 변덕을 통제할 능력이 없다. 힐러리 클린턴이 생리주기 탓에 아마도 3차 대전을 일으킬 거라고 걱정한 나머지 표를 주지 않았다고 인정한 사람들이 한두 명이 아니다힐러리의 남편이 호르몬 충동을 자제하지 못해서 거의 대통령직을 잃을 뻔했다는 사실을 떠올리면 이런 이야기는 정말 어처구니없다. 그럼에도 불구하고 아무도 남성이 바지 속 물건을 가만히 둘 능력이 없다고 해서 선출직을 얻지 못하게 자격 박탈시킬 가능성은 추호도 상상하지 않는다. 시몬 드 보부아르는 유독 여성만이 "분비선을 통해서 생각한다"고 묘사되는 경향을 비판했다. "남성은 자신의 해부학에 분비샘, 가령 고환 같은 것도 포함되어 있다는 사실은 멋지게 무시해 버린다. 남성도 여성처럼 호르몬을 분비한다는 사실은 떠올리지 않는다. 남성은 자신의 몸이 세상과 직접, 그리고 정상적으로 연결되어 있다고 생각한다. 또 자신이 세상을 객관적으로 이해할 수 있다고 생각한다. 반면 여성의 몸은 방해물이고 감옥이며, 여성에 관한 모든 것이 이 몸과 긴밀하게 연결되어 있어서 그 무게에 눌려있다고 생각한다."[5]

젠더본질주의의 음험함은 따라서 그저 양성을 본질적으로 다르게 묘사하고 있기 때문만이 아니라, 애초부터 여성의 성을 열등하게 그려왔다는 데 있다.

종교적 교리

유대교와 기독교의 전통은 여성과 남성에 관해서 고대의 사상을 활용했다. 그 과정에서 좀 더 불쾌한 사상들이 덧붙여진 결과, 여성은 인간의 몰락을 가져온 성적 유혹자가 되었다. 신학자들이 부린 마술쇼가 끝나고 나면 여성의 열등한 사회적 지위는 더 이상 생물학적 불가피함 때문이 아니라, 신성에 의해 부여된 질서의 일부로 공고해진다.

창세기에서 제시된 창조신화에 따르면 신은 아담을 창조해서 자연을 지배하도록 했고, 이브를 그의 내조자로 만들었다. 여기에는 확실한 위계질서가 담겨있다. 아담은 우두머리인 신의 보좌관이고 이브는 보좌관의 비서이다. 그 외 다른 생명체들은 이들의 관리대상이다.[6] 신의 숨결로 만든 아담과 달리, 아담의 갈비뼈로 만들어진 이브는 여성의 열등성을 상징하게 되었다. 아담보다 신으로부터 한 발자국 멀리 떨어져 있는 이브는 신성으로부터 그만큼 멀리 있다. 여성이 불완전하다는 믿음은 창조신화에 이처럼 직접 설계되어 있다. 남성은 신의 이미지로 창조되어 있고, 여성은 싸구려 모조품에 불과하다.

또한 아담과 이브가 에덴동산에 있을 때 벌거벗은 상태였고 수치심을 느끼지 않았다는 사실을 지적할 필요가 있다. 벌거벗은 상태는 그들의 순수성을 상징한다. 어린아이들처럼 그들은 성에 대해 무지했다. 따라서 선과 악의 차이도 인지하지 못한다. 물론 이브가 뱀과 이야기를 나눈 후 상황은 완전히 변한다. 뱀은 이브를 설득해서 금지된 선악과를 따먹게 했다. 이브는 아담을 설득시켜 선악과를 먹게 했고, 이 숙명적인 열매를 한 입 베어 물자 상황은 종료되었다.

이 몰락의 서사에서 여성은 잘 속아 넘어가고 조종당하기 쉬우면서도 위험할 뿐 아니라 직접 상대를 조종하는 존재로 그려진다. 뱀은 이브를 표적으로 삼았다. 아담은 너무 똑똑해서 뱀의 속임수에 넘어가지 않을 것을 알았기 때문이다. 하지만 아담은 뱀의 교활함을 꿰뚫어 봤을지 몰라도, 아내의 책략을 견뎌 낼 수는 없었다. 여기서 유혹자로서의 여성이라는 원형이미지가 등장한다. 여성의 제어할 수 없는 섹슈얼리티는 남성의 타락을 초래할 만큼 위협적이다. 여성의 섹슈얼리티는 남성에게 위험할 정도로 유혹적이기 때문에 남성의 통제가 필요하다는 관념이 여기 내포되어 있다. 이런 시각은 여성적 겸양과 정숙함을 높이 평가하는 여러 종교적 관행 이면에 도사리고 있다. 남성의 욕정은 여성 탓이므로, 여성은 머릿결을 베일이나 가발로 가리고 몸은 정숙한 옷으로 덮어서 남성의 시선을 피하도록 해야 한다.

이브는 자신이 신과 동등할 수 있다는 생각을 품어 허영심의 죄를 범했다. 이브는 신과 남편에게 불충했다. 그 결과, 이브 이후의 모든 여성은 건방지다는 이유로 그녀보다 우월한 이들로부터 훈육을 받아야 한다. 이브는 자신의 본분을 저버렸고, 신은 그녀에게 절대 잊을 수 없는 벌을 내린다. 이브는 아담의 내조자로 창조되었으니 그녀에게 내려진 벌은 전보다 더욱 아담에게 복종하고, 그의 아이를 낳는 것이었다**출산의 말할 수 없는 고통을 경험한 사람이라면 이 오만했던 최초 여성이 불복종을 이유로 신으로부터 받은 벌이 출산이라는 논리가 역사적으로 날조된 모든 종교적 교리 중 단연코 최악의 것임을 의심의 여지없이 인정하게 될 것이다. 솔직히 말해서 진짜 이런 방식으로 여성의 출산을 이해해야 하겠는가? 자신의 본분을 몰랐던 불충한 문제아여서 여성이 출산이라는 고통과 불편함을 감당하게 되었다고 진정 말하려는 것인가? 게다가 남편의 지도를 받도록 신이 명령을 내렸다고 주장함으로써 모욕을 더 가중시킬 셈인가?**

이와 대조적으로 아담은 중형을 모면했다. 불멸을 잃고 고통으로 점철된 생의 선고를 받은 것은 물론 딱하다. 하지만 여성은 가중처벌을 받았다. 아담이 부모의 지하실에서 쫓겨나서 이제 어른답게 직장을 구하라는 말을 들었다면, 이브는 이 한심한 낙오자에게 복종하면서 그의 아이들을 낳아 기르고 뇌가 녹아내릴 정도의 고통을 겪는 수모를 겪는다.

이 이야기는 에덴동산에서 아담과 이브가 쫓겨나는 것으로 끝난다. 아담은 리더십의 망토를 입고 모든 신의 창조물 - 여기에는 아내도 포함된다 - 을 책임지고 지배해야 한다. 이브는 닥치고 복종하며 아이를 낳아 길러야 한다. 이런 성역할은 가부장제적 가족구성에 반영되었다. 남성은 가장이 되어 아내와 자녀를 이끌 권위를 누리며 책임 있는 자리를 차지한다. 성역할의 불균형은 남성이 천성적으로 지도자에 어울리고 여성은 천성적으로 남자를 따라야 한다는 본질주의적 세계관을 통해 정당화된다. 이브가 신이 절대 건드리지 말라고 했던 유일한 금기에 손을 대서 신뢰를 잃었듯이 여성은 자신이나 자녀를 책임질 만큼 신뢰를 얻지 못해 남편의 지도를 받아야 한다.[7]

흥미롭게도 또 다른 아브라함계 종교인 이슬람교는 이 이야기를 유대교와 기독교의 전통적 해석보다는 여성에게 우호적으로 해석한다. 이브에게 인간의 타락에 대한 모든 책임을 전가하는 대신 이슬람교도는 아담과 이브가 똑같이 오만함의 죄를 지은 책임을 갖고 있다고 믿는다. 이것은 분명 유대교와 기독교가 이브**그리고 그 후손인 모든 여성들**를 희생시키려고 했던 것에 비하면 의미 있는 개선이다. 하지만 비교적 공평했음에도 불구하고, 이슬람교 역시 신이 양성의 본성을 다르게 창조했다는 신학적 교리를 반복한다. 이렇게 아담은 인류의 '아버지,' 이브는 '어머니'가 되었다.

성경의 창조서사는 젠더본질주의를 만들어 유포했다. 물론 내가 여기서 제시한 표준적인 이야기보다는 덜 퇴행적인 해석들도 존재한다. 다양한 진보적 신학자들이 용감무쌍하게 이 종교적 서사를 양성 평등을 지지하는 데 사용할 방법을 제시해왔다. 이런 시도가 궁극적으로 성공했는가의 여부와 무관하게 종교 전통은 역사적으로 오랜 영향을 미치고 있어서 페미니즘의 입장에서는 여전히 암울하다. 가장 진보적인 신학자라도 끈질기게 설득해서 섹스와 젠더 사이의 등가적 관계를 명시적 또는 암시적으로 구성하지 않는 해석을 제공하도록 요구해야 한다. 창조서사에 등장하는 성차는 절대 우연이 아니다. 신은 의도적으로 인간을 남성과 여성의 형태로 만들어서 지구상에 살도록 했다. 따라서 섹스와 젠더에 관한 전통적 이해 방식이 종교 서사에 근본적으로 작동해서 인간의 본질을 의도적으로 규정하고 있다.

우리는 여전히 이 서사의 영향력 속에서 살고 있다. 이분법적인 양성을 구성한 종교 서사를 현대과학이 이어 받아 안착시켰기 때문이다.

과학적 정통교리

19세기 찰스 다윈의 진화이론은 성공적으로 종교적 교리를 전복시켰다. 그의 이론은 자연선택 과정과 성적 선택이라는 두 가지 혁신적 개념을 제공했다. '자연선택'은 어떻게 종이 성공적으로 환경에 적응하는가를 설명한다. '적자생존'은 환경에 최적한 개별인자가 살아남을 가능성이 높고, 또 그 형질을 다음 세대에게 물려준다는 개념이다. 이와 반대로 '성적 선택'은 성공적인 짝짓기 전력에서 비롯된 특수한 적응방식에 초점을 둔다. 성적 파트너를 많이 유혹하는 성질을 띤 개체가 더 많은 후손을 양산할 가능성이 있고, 따라서 재생산의 성공을 도울 성질이 세대를 가로질러 전해진다는 개념이다. 진화론에 의하면 인간 종의 선조들이 수천 년 동안 애써 좋은 형질을 골라 남겨주었기 때문에 현재의 우리가 된 것이다**호모 에렉투스, 고마워, 직립보행은 정말 멋져**.

다윈의 이론에서도 역시 그 나름의 방식대로 성차가 인간 종의 근본적 차이로 제시된다. 즉 남성과 여성은 본질적으로 다르다. 특히 재생산 역할이 다르다. 다윈의 진화론은 일부 논쟁을 야기했었다. 현재 인간의 형태가 필연적이며 신학적으로 부여된 것이라는 종교적 사고방식에 도전했기 때문이다. 인간은 신의 이미지로 빚어진 대신 다른 여타 생명체와 마찬가지로 무작위적 우연에 따른 결과가 되었다. 진화론이 인간존재를 이해하기 위해 우발성이라는 색다른 요소를 도입했음에도 불구하고, 어떤 요소는 다른 요소보다 더 우발적인 듯 보인다. 가령 직립보행이나 열 개의 손가락과 발가락 등의 성질들에서 분산적 방식으로 진화했던 반면 성적으로 재생산하지 않는 종으로 진화될 가능성을 상상하기란 쉽지 않아 보인다.

고등학교 생물학 시간을 넘어 더 거슬러 올라가 어린 시절 부모님으로부터 성에 대한 아주 불편하고 기이한 이야기를 듣던 때로 가보자. 당시 꽤나 심각하게 다루어진 그 성차 말이다. 처음에는 이야기가 단순해 보인다. 남자아이는 선 채 음경으로 소변을 보지만 여자아이는 앉아서 음부로 소변을 본다. 나이가 들어갈수록 여기에 세부사항이 덧붙여진다. 성인 남성의 몸은 음경, 고환, 크게 불거진 근육, 낮은 목소리와 체모를 갖는다. 성인 여성의 몸은 음부와 유방, 자궁과 난소 같은, 아이를 만드는 기관들이 있고, 근육이 덜하고 지방이 많으며 높은 톤의 목소리를 갖고 있고, 체모가 적다. 이런 종류의 성차는 유전적이다남성은 XY성염색체, 여성은 XX성염색체를 갖는다. 또 호르몬에 따라 결정된다남성은 테스토스테론이 많고 여성은 에스트로겐과 프로게스테론이 더 많다. 재차 말하면, 우리는 이런 식으로 다르게 만들어져왔다. 수백만 년 동안 앞서 존재했던 인간 종이 성차를 인간 종의 수를 늘리는 유일한 방식으로 받아들였기 때문이다.

만일 우리가 심리학적으로 복합적인 사회적 인간 종이 아니었다면 이게 전부였을 것이다. 젠더는 존재하지 않을 것이며, 인간은 그저 두 개의 성으로 존재해서'동종이형'이라고 불린다 가능하면 많은 수의 파트너와 짝짓기를 해서 유전자를 널리 퍼뜨릴 목적으로 종횡무진 했을 것이다. 이는 야생동물이 정글에서 존재하는 방식이다. 아주 오랫동안 과학자들은 섹스와 젠더를 나눌 생각이 없었다. 그들 모두 섹스와 젠더는 결국 같은 것이라고 믿었다. 그러다가 1960년대 심리학자들이 성전환자들을 연구하면서 '젠더'라는 용어과거의 젠더는 양성표현이 있는 이탈리아어의 lui, lei 같은 단어를 언급하는 용어로만 사용되었다[8]에 집중하게 된다. 이 용어는 성전환자들이 종종 "잘못된 몸에 붙들렸다"고 느낀다고 말할 때 설명하는 개념 도구였다. 그들의 젠더는 섹스와 일치하지 않는다.[9] 이제 과학자들은 문화적인 것과 생물학적인 것을 분리해서 분석할 수 있다고 인정하게 되었다. 과학적 교리는 섹스와 젠더가 개념적으로 구별되지만 대체로 일대일 대응관계에서 서로 상응하는 것으로 다룬다. 이 과학적 이론에는 두 가지 부류가 있다. 결정론자와 상호관계이론이다.

결정론에 의하면 섹스는 젠더의 직접적 원인이다. 재생산적 기능의 차이에 따른 생물학적 차이는**성차** 심리적이며 사회적인 차이를 낳게 되어 우리가 행동하고 상호 관계하는 방식**젠더 차이**에 영향을 준다. 따라서 생물학적 남성은 필수적으로 남성적 성격을 띠고, 생물학적 여성은 필수적으로 여성적 성격을 띠게 된다. 결정론은 오랫동안 받아들여진 견해였지만 지금은 거의 어떤 과학자도 인정하지 않는다. 결정론을 부정하기 위해서는 단 하나의 반례 - 가령 남성적 여성이거나 여성적 남성 - 만으로도 충분하다.

상호관계이론은 좀 더 일반적인 과학적 견해로서, 생물학과 문화가 상호작용해서 인간의 행동을 지배한다는 이론이다. 결정론은 설명의 방향이 일반적으로 한쪽으로만 향해 있어서, 생물학적 성차가 젠더 차이를 초래한다고 주장하지만, 상호관계이론은 쌍방향으로 설명하기 때문에 젠더본질주의에 대한 페미니즘의 입장으로 활용될 수 있다. 가령 페미니스트 상호관계주의자이며 신경과학자인 리즈 엘리엇[10]은 성차가 생물학에서만 기인한다는 가정을 쉽게 받아들이지 말라고 경고한다. 그녀는 이렇게 묻는다. "성차가 학습되는 것이 아니고 자연적으로 타고난 것이라고 누가 말하는가? 연구자라면 틀림없이 MRI 스캐너에 집어넣게 될 남성이나 여성으로 살아온 30여 년의 시간은 어떤가?"[11] 코델리아 파인[12]과 같은 페미니스트 상호관계심리학자는 남성과 여성의 두뇌 사이에 확고한 차이가 있다는 가정을 거부한다. 어린 자니가 트럭을 가지고 놀고 어린 수지가 인형을 가지고 노는 것이 생물학적으로 결정되었다고 판단하는 사고방식은 어처구니없이 단순하다. 과학은 지금껏 환경에 따라 반응하는 두뇌의 가변성을 밝혀냄으로써 이를 증명했다.[13]

상호관계주의의 부상에 따라 수많은 과학자들은 페미니스트들이 수십 년간 떠들어왔던 것을 실현해 냈다. "인간의 몸은 사회화에 따라 형태를 갖춘다"고 마릴린 프라이는 1983년에 썼다. "문화적 응은 뼈, 근육, 중요 신경체계를 구성한다. 성별화된 성인이 되면 남성성과 여성성이 '생물학적'이 된다. 남성성과 여성성은 몸을 구성하는 구조이며 물질적 성질이다."[14] 섹스와 젠더의 관계는 흔히 생각해 왔던 것보다 훨씬 복잡하다. 하지만 불행히도 모든 사람이 이 사실을 이해하는 것은 아니다. 과학자들은 아직도 종종 우스울 정도로 단순한 수준의 젠더본질주의를 내세우곤 한다. 예를 들어 너무도 많은 진화심리학자들은 '만약이라면' 서사에 매달리는 경향이 있다. 남성이 가능하면 수많은 매력적인 여성과 부담 없는 섹스를 원하는 것처럼 여성은 가능하면 사회적 지위가 높은 **다시 말해 돈이 많은** 독신남과 의미 있는 관계를 갖고 싶어 한다고 주장한다. 재생산에서 담당하는 생물학적 역할에 따라 구별되는 두 존재에 대한 가장 건전한 진화론적 전략을 묘사하고 있을 뿐이라고 주장하지만, 진화심리학자들은 너무도 자주 가부장제적 현존질서와 맥을 같이하면서 이 질서를 정당화하기 위한 데이터만 선별하고 있다.[15]

우리가 진보의 과정에 있다고 해도 사람들의 '상식'은 여전히 고집스럽게 여성과 남성 사이의 근본적이고 변화 불가능한 차이가 실제보다 훨씬 더 많다고 주장하고 있다. 이렇게 뿌리 깊은 고정관념은 아무리 많은 반증을 제시해도 지속되고 있다. 우리는 지금까지 이 잘못된 믿음의 널리 알려진 오랜 역사를 잠시 들여다봤을 뿐이다. 젠더본질주의는 서구 사회에서 너무도 당연시되어서 20세기 중엽에서야 보부아르가 "여자는 태어나지 않고 다만 여자가 된다"라고 쓸 수 있었고, "사회적 차별이 여성에게 매우 심각한 정도의 도덕적, 지적 결과를 낳아서 마치 자연적으로 일어난 것처럼 보인다"라고 했다.[16] 보부아르 이후에야 양성의 차이를 다르게 설명할 수도 있다고 생각하기 시작했다.

페미니즘과 젠더의 사회적 구성

보부아르의 발자취를 따른 수많은 페미니스트들은 특히 젠더본질주의에 비판적이었다. 페미니스트들은 남녀의 행동에서 나타나는 차이는 사회화에 따른 차이로 설명될 수 있다고 주장한다. 그동안 양성의 차이는 기꺼이 인정되어왔다. 물론 남녀 간에는 얼마간 생물학적 차이가 있다. 가령 대부분의 남성에겐 음경이 있고, 대부분의 여성에겐 음부가 있다. 하지만 페미니스트들은 어떤 행동의 차이라도 젠더화된 사회적 역할 때문이라고 주장한다. 또 우리는 선택의 여지없이 이런 사회적 역할을 수행하기 마련이다.

1949년에 보부아르의 『제2의 성』이 첫 페미니스트 저서로 남성성과 여성성의 사회적 구성에 관한 논의를 본격적으로 개진했지만, 실제로 이 책에 '젠더'라는 용어는 등장하지 않는다. 페미니스트 학자 게일 루빈[17]이 1975년에 "섹스/젠더 체계"라는 문구를 만들었다. 그녀는 "사회는 일련의 배치구조로서 생물학적 섹슈얼리티를 인간 행동의 산물로 바꾼다. 이렇게 사회구조를 통해 변형된 성적 욕구가 충족된다"고 정의한다.[18] 당시 저술 중이던 여러 연구자들에 기대어 루빈은 하나의 그림을 구성하게 되는데 - 인간의 성격이 생물학적으로 결정되었다는 생각을 거부하면서도 육체는 생물학적으로 주어진 것으로 보는 태도 - 이후 수십 년간 수많은 페미니스트들과 젠더 이론가들에게 큰 영향력을 미친다.

페미니스트 이론가 린다 니콜슨[19]은 이 기본적인 그림을 "자기정체성의 '코트걸이' 시각"이라고 묘사한다. "몸이 일종의 옷걸이로 보여서 다른 문화적 품목들, 특히 인성과 행동이 이 옷걸이에 걸리거나 포개 넣어진다."[20] 생물학과 사회의 관계를 담은 이 그림에서 생물학이 여성성을 완전히 결정하지 않는 이유를 찾을 수 있다. 여성이 유사한 생물학적 요구를 경험할 때도 마찬가지이다. 코트걸이의 형태는 그 위에 걸 품목을 제한하기 때문이다. 즉 모든 것이 코트걸이와 어울리진 않는다. 하지만 다양성의 여지는 상당히 크다. 페미니스트들은 이 코트걸이 시각에 매료되었다. 수용 가능한 방식으로 여성성을 재현할 수 있는 선택지들이 가부장제 사회의 성차별적 규범에 따라 형성된 방식을 이해하도록 해주면서, 사회를 더 낫게 바꾸면 여성의 인성과 행위도 바람직하게 바뀌게 될 가능성을 열어두기 때문이다.

그럼 이 사회화란 어떤 것인가? 성차 중 생물학적이라고 간주되는 것, 가령 남성은 신체적으로 여성보다 더 강하고 근육질이며, 여성은 남성보다 체모가 별로 없다는 주장을 생각해보자. 운동센터나 제모 스튜디오 등에서 5분 정도 관찰해보라. 얼마나 많은 사람들이 자신의 몸을 성별에 따라 타고났다고 간주되는 기준에 맞추기 위해서 수많은 시간, 돈과 에너지를 쏟아 붓는지를. 남성은 근육을 기르기 위해서 웨이트 룸에서 기를 쓰고 있고, 총기전시회에 가서도 짬을 내어 잊지 않고 다리운동을 한다. 여성들은 햄스터 바퀴 같은 심장강화 운동기구에서 잰 발걸음을 놀리고, 미셸 오바마의 멋지게 각진 팔을 모델삼아 무시무시하게 '벌크 업'되지 않도록 8파운드 넘는 웨이트는 애써 외면한다. 때로 나는 데이트 웹사이트나 사회관계망에서 여성들이 정말 솔직하게 인정한다면 다섯 손가락 안에 꼽을 수 있는 취미 중 하나가 '체모 제거'일 것이라고 생각한다. 장담컨대, 여성들이 체모 없이 태어났다는 환상을 유지하게 위해 수많은 시간과 에너지를 쏟아 붓고 있는 사실은 아무도 모를 것이다. 온갖 테크놀로지와 산업이 우리가 인지할 수 있는 영역 바깥에 존재한다. 하드 왁싱,[21] 소프트 왁싱,[22] 핫 왁싱,[23] 슈가링,[24] 트래딩,[25] 제모기술, 족집게, 면도, 레이저기술, 탈색기술, 그리고 당신의 음모를 거두어서 그들의 마술둥지에 하나하나 담아놓을 부지런한 작은 요정들 말이다물론 이 마지막 항목은 내가 꾸며 낸 이야기다. 여기서 핵심은 남녀의 생물학적 차이가 있긴 하지만, 그 차이를 과장하는 사회화라는 거대조직에 비하면 미미하다는 점이다.

이 사회화는 물론 아주 일찍 시작된다. 신생아의 성별을 알게 되는 순간 - 초음파, 유전자 테스트 혹은 아이가 태어나자마자 - 아이의 성별에 따라 아이를 대하는 방식이 결정된다. 이 점을 확인하고 싶다면, 신생아를 초록이나 노랑 옷을 입혀서 성별을 알리지 않은 채 아는 사람에게 안고 있으라고 해보라. 나는 딸아이가 어렸을 때 이 실험을 여러 번 시도했었다. 아이가 딸인지 아들인지 물어볼 때마다, 나는 "그럼!"이라고 대답하고 나서 팝콘 봉지를 손에 들고 자리 잡고 앉아서 눈앞에서 벌어지는 광경을 즐기곤 했다. 신생아를 다루는데 능숙한 사람들조차 당황해한다. 아이의 성별을 모를 경우 사람들은 아이를 힘껏 흔들어주면서 낮은 목소리로 "이봐, 친구!"라고 해야 할지, 아니면 부드럽게 두 팔로 그러안고 흔들면서 목소리를 높여서 애무하듯이 "오, 예쁜 아가!"라고 해야 할지 결정을 못 한 채 어쩔 줄 모른다. 대부분의 경우 우리 스스로가 성차별적인 행동을 부추기고 있다는 사실을 깨닫지 못한다. 적절한 젠더 신호를 받지 못하게 되면 비로소 우리 자신 그런 신호들에 얼마나 의존해있는지를 깨닫게 된다.

1978년 사회학자 낸시 초도로우[26]는 부모의 양육실천에 대한 반응으로서 젠더가 구성된다는 가설을 제시함으로써 사회적 구성에 관한 초기 페미니즘의 설명을 더욱 풍성하게 해주었다.[27] 남성이 아니라 여성이 거의 항상 핵심적 양육자라는 사실이 중요하다고 초도로우는 주장했다. 신생아는 양육자와 자신을 구분해서 사고하지 못한다. 개인성의 의식은 세 살이 되어서야 완성된다. 아이는 양육자와 자기 동일시를 하는 성향이 있는데 아이가 자신을 독립적 개체로서 이해하게 되는 과정은 성숙한 발달과정의 일부이다. 하지만 엄마가 아들보다 딸과 더 동일시할 가능성이 높기 때문에 아들은 엄마로부터 떨어져 나와 심리적으로 개체화되도록 독려되는 반면, 무의식적으로 딸의 개체화는 방해받는다. 이 과정에서 남자아이에겐 명확하고 확고한 자아 경계가 형성되지만, 여자아이의 경우 유동적이고 모호하게 경계가 설립된다. 성인이 되면 이런 상태는 전형적인 성별 행동으로 나타난다. 타자에게 매달리고 도움을 요구하는 여성은 자아경계가 혼란스러워 자신의 이해관계와 복지를 타자, 즉 자녀와 배우자의 것과 따로 구별하는 데 어려움을 겪는다. 한편 냉정하고 독립적인 남성은 자아경계가 뚜렷하게 설립되어 자신의 필요와 이해관계를 아무 문제없이 타자보다 더 우선시하게 된다. 초도로우의 설명이 제시하는 정신분석학적 세부 사실을 수용할 것인가의 여부와는 별도로 초도로우 이론은 상당한 정도로 프로이트적 개념으로 구성되었다 양육자와의 초기 관계가 영향을 미친다는 생각은 그럴듯하다.

아이가 자라면서 성별로 나뉜 반응은 지속된다. 여자아이의 머리칼은 길게 자라고 불편하기 그지없는 머리핀과 땋은 머리, 리본으로 장식된다. 여자아이는 여성성의 희생과 불편함을 받아들이도록 일상적인 훈육을 받으면서 광범한 관리체계에 놓인다. 이와 반대로 남자아이의 머리칼은 짧게 잘라 정리하기 쉽게 유지한다. 여자아이에게는 아기인형과 공주 옷, 장난감 부엌 세트가 주어지고 남자아이에게는 트럭, 공룡과 전투인형이 주어진다전투인형은 인형이 아니다! 전투인형의 손에는 살생무기 총이 들려있다!. 여자아이들은 까끌까끌한 레이스, 불편한 스커트를 차려 입고 얄팍한 구두를 신어야 하지만, 남자아이의 복장은 행동하기에 편하고 합리적이다. 여자아이는 달래고 어르고 과잉보호받는 반면 남자아이는 거칠게 다루어지고 울지 말라는 소리를 듣게 된다. 여자아이는 소란하면 조용하라는 주의를 듣고 남자아이의 소란은 어쩔 수 없다고 처리된다"남자애가 다 그렇지 뭐". 여자아이가 앞에 나서서 명령하려 들면 혼나지만 남자아이는 리더십이 있다고 칭찬받는다. 다시 말하지만, 당신이 사회화의 영향력을 충분히 인지한 계몽되고 의식 있는 페미니스트라고 해도 마찬가지다. 당신이 의식화되어 있어 이러한 문화적응과정을 잘 보여주는 최악의 사례들은 피할 수 있다고 해도 아이들을 다룰 때는 여전히 뿌리 깊게 내린 젠더인식에 따라 접근한다. 어쩔 수 없이 그렇게 된다. 젠장, 나는 내 고양이마저 성차별적으로 다루고 있었다.

젠더는 우리가 아이에게 제공하는 첫 번째 사회적 범주 중 하나이다. 아이들은 젠더를 잘 단속하도록 배운다. 성장의 서사는 우리가 생각하는 것보다 훨씬 더 여지가 많다. 아이들은 두서너 살 경부터 여자아이와 남자아이라는 정체성을 받아들이기 시작한다. 하지만 다섯 살이 되어서야 젠더정체성자신과 타인의 정체성이 고정되어야 한다는 것을 이해하게 되고, 젠더가 정말 중요한 범주라는 사실을 배우게 된다. 심지어 색깔, 형태, 가축, 그 외 아이들이 끊임없이 주입받고 훈육되는 어떤 것보다도 젠더가 더 중요하다고 인식하게 된다. 아이들은 머리가 좋다. 그들은 모든 사회적 신호들을 받아들인다. 그러므로 우리가 실제로 젠더에 신경 쓴다는 메시지를 받게 된다. 그래서 아이들은 이 젠더를 망치고 싶어 하지 않는다. 동시에 자신이 모든 걸 망칠 수도 있다고 생각한다. 아이들은 만일 다른 젠더로 잘못 인식되게 되면 자신의 젠더가 근본적으로 바뀔 수도 있다고 생각하게 된다. 하지만 다섯 살 전의 아이들은 가령 여자아이라면, 어른이 되어서 소방대원이나 트럭 운전사, 대통령이 될 수 있지만 결코 아빠는 될 수 없다는 사실을 이해하지 못한다.

남동생이 세 살쯤이었을 때 평소에 상냥했던 삼촌이 동생을 여자아이라고 부르면서 놀린 적이 있었다. 동생은 그때 몹시 언짢아했다. 동생보다 열 살 위인 나는 "뭐야, 왜 그렇게 예민해? 우리 모두 네가 여자가 아니라는 거 알고 있어. 정신 차려!"라고 생각했던 것 같다. 하지만 이 상황에서 남동생이 화를 낸 건 따지고 보면 이해할만하다. 왜냐하면 세 살 무렵 아이의 정체성은 아직도 형성과정에 있기 때문에 아이는 자신을 양육자와 구별된 독립된 개체로서 받아들이는 중이다. 자신이 누구인지를 이해하려고 하고, 이 정체성이 주변의 사람들과 어울리는 방식을 알아가는 과정에서 누군가 아직은 취약한 개념을 가지고 장난치는 것은 몹시 불쾌할 수 있다. 이 단계의 어린아이들은 마치 그들의 작은 인생 전체가 달려있는 듯이 젠더 범주에 매달리는 경향이 있다. 그들은 주변의 세상이 흑백으로 혹은 분홍과 파랑으로 나뉠 수 있기를 바란다. 이것이 어린아이들이 젠더에 강박적으로 몰입하는 이유이다. 그들은 또 젠더를 과장해서 수행하는 경향이 있다. 장난감 사업체들은 아동 심리발달 단계의 시장가능성을 포착해서 아이들이 자신이 여자아이이고 남자아이라는 것을 입증하고 싶어 한다는 점을 이용한다. 여자아이와 남자아이가 서로 상대방의 장난감을 가지고 놀기를 거부하게 되면 플라스틱으로 만들어진 쓰레기 따위를 두 배 이상 팔 수 있기 때문이다.[28]

어린아이들은 기본적으로 작은 주디스 버틀러들이다. 버틀러는 젠더가 근본적으로 퍼포먼스라고 주장했다. 아이들은 아마도 드랙 퀸이 수행하는 근사하게 과장된 패러디보다 더 철저하면서도 인위적인 퍼포먼스를 하고 있을지 모른다.[29] 젠더는 심오한 존재론적인 사실이 아니다. 젠더는 행동이고, 매너리즘이며, 의상과 태도 등을 통해 수행된다. 이 발달단계에 있는 아이들은 어린 젠더 경찰 같다. 피어오르는 연기와 거울 이면에 아무것도 없다는 것을 그들은 잘 알고 있다. 쇼를 보는 관객이 생각하는 것 이상, 또 그 너머에는 젠더에 관한 것이 전혀 없다는 것도 이해하고 있다.

버틀러는 이런 깨달음의 결과 젠더를 진지하게 다룰 필요가 없으며, 젠더의 범주와 경계를 흐트러뜨리는 데 즐거움을 느끼는 드랙 퀸으로부터 얻을 교훈을 발견한다. 그리고 젠더의 규칙 중 어느 것도 돌 판에 새겨진 불변의 원칙이 아니라는 것을 이해해야 한다고 제안한다. "이성애자와 동성애자를 구별하는 중요한 차이는 여장을 하는 동성애자가 젠더의 공연예술성을 잘 알고 있다는 사실이다. 그들은 자신이 젠더를 연기하고 있다는 것을 아주 잘 알고 있다"고 마릴린 프라이는 이와 유사한 발언을 했다.[30] 버틀러는 동성애자라면 이성 동형적 현존질서를 교란시키는 데 몰두하면서 젠더를 퍼포먼스로 드러내는 능력에 자부심을 가져야 한다고 했다. 버틀러는 이 세상을 젠더의 공연무대라고 봤지만, 이 무대에 참여하는 연기자들이 자신의 역할을 선택할 자유를 갖고 있다고 생각하지 않았다. 젠더 퍼포먼스는 사회적 구조에 뿌리 두고 있다고 버틀러는 지적한다. 젠더는 무의식적인 일상생활의 무수한 상호작용에서 비롯된다. 젠더게임에 아주 오래 참여해 온 결과 이제 게임이 현실이 되었다. 수십 번 퍼포먼스를 반복하면서 우리가 연기 중이라는 사실도 잊게 되었다. 이제 더 이상 게임으로 보지 않기 때문에 늘 그렇게 연기하는 이유를 생물학에서 찾아야 하고 몸과 관련된, 바꿀 수 없는 일련의 사실들과 관련이 있다고 생각하게 된다.

우리는 남자아이와 여자아이를 처음부터 다르게 대우한다. 하지만 그런 뒤 뒤돌아서서 기질적으로 불가피한 차이들은 타고난 것이라고 간단히 정리해 버린다. 여자아이는 그저 남자아이와 다르다고 생각한다. 남자아이와 여자아이는 그냥 다르다. 〈너와 나 자유롭게〉[31]를 보고 자란 자유주의자 친구가 있었다. 젠더중립성의 이상을 믿었던 그 친구는 아이를 갖고 나서 개인 성향의 차이가 태어날 때부터 나타난다는 사실을 깨닫게 되었다고 고백했다. 친구는 아들에게 장난감 부엌 용품을 사주면 주걱으로 총싸움을 하고, 딸에게 트럭을 사주면 굴착기를 아기인형처럼 다룬다고 했다. 젠더 중립적 양육을 시도했지만 실패했다는 것이다. 천성이야말로 젠더를 설명하는 준비된 대답인 것이다. 아니, 도대체 그것 말고 또 다른 이유가 있단 말인가?

다른 수많은 페미니스트들과 마찬가지로 나 역시 친구의 이런 추론과정에는 회의적이다. 우리가 남자아이와 여자아이를 다르게 대우하는 방식을 인식하기란 거의 불가능하다고 생각한다. 선의를 가진 부모라도 이해하지 못하는 것은 광범하게 편재한 사회화과정에 무의식적으로 참여하고 있다는 사실이다. 우리는 자궁에서부터 아이의 성별을 구분한다. 부모는 태아의 성기가 무엇인지 알게 되는 순간 아이의 미래를 성별화된 희망과 꿈으로 설계하고,[32] 유아가 태어난 지 24시간이 지나면 성별화된 수식어로 묘사하기 시작한다. 남자아이는 강하고, 기민하며 통합적인 반면, 여자아이는 작고 부드러우며 민감하다.[33] 연구자들은 유아기에 여자아이와 남자아이 사이의 소소한 신체적 차이들을 구별해내면서 - 남자아이는 여자아이보다 더 머리가 크고 분주하다 - 실제로는 존재하지 않는 차이를 부모들이 자주 목격하게 되는 현상을 발견하게 되었다가령 아들의 신체적 조숙성과 딸의 소심함을 거짓 예언한다.[34]

기억해야 할 또 다른 사실은 그들이 품고 있는 나르시시즘적 소망에도 불구하고 부모는 어린아이에게 영향을 미치는 유일하고 필수적이며 중요한 존재는 아니다. 아이들이 부모를 통해서 젠더 사회화를 겪지 않는다고 해도 여전히 아이들은 사회화되고 있다. 요즘엔 자녀들과 24시간, 일주일 내내 함께 보내는 부모는 거의 없다. 부모가 젠더와 관련해서 완벽하게 계몽되어 있다고 해도, 아이들은 계몽적인 부모와는 다른 가족구성원, 친구, 또는 양육자를 포함한 외부 세계의 영향권에 놓여있다. 할머니는 저녁시간에 아이스크림을 주고 잘 시간이 훨씬 지났는데도 재우지 않는 것만으로 아이를 망치는 것이 아니다. 퇴행적 젠더규범으로부터 아이들을 구해내려고 애써 노력했던 것이 할머니 때문에 수포로 돌아가기도 한다. 그리고 미디어도 있다. 우리 사회의 문화적 서사들에 차고 넘치는 젠더의 정형화된 표현물을 떠올려 보라. 책, TV쇼, 아이패드 애플리케이션과 영화 등에는 온통 정형화된 젠더 대본에 따르는 인물로 가득하다. 우리는 세상이 심각한 정도로 성별화되어 있다는 사실을 종종 잊고 산다. 토끼 굴 속 깊이, 지상으로부터 멀리 떨어져 있어 더 이상 굴속에 있다는 걸 눈치 채지 못하는 것이다. 이 굴속을 떨어져 내려가는 속도감에 휩싸여 우리가 어디에 있어야 할지 자문하기 위해 멈출 수도 없다.

규칙의 예외

페미니즘 연구의 지향점은 젠더본질주의의 소멸이다. 그런데 이 자리에서 언급할 만한 예외가 있다. 모든 페미니스트들이 젠더에 관한 전통적인 이해를 거부했던 것은 아니었다. 차이 페미니즘으로 알려진 입장은 여성과 남성이 서로 구별되는 성질을 갖고 있다는 견해를 수용한다.

차이 페미니스트들은 젠더본질주의를 고수하는 보수주의자나 전통주의자와는 다르다. 전통적 보수주의자들은 두 가지 젠더가 갖는 성격이 서로 보완적이어서 남성과 여성이 전통적인 가부장제적 사회역할을 수행함으로써 크게는 사회가, 좁게는 가족구성원 모두 각자의 자리를 지키고 자신이 잘하는 것에 충실함으로써 전체적으로 무리 없이 잘 진행되어 간다고 믿게 한다. 이와 달리 차이 페미니스트들은 수십 년 동안 수없이 많은 방식을 동원해서 남성성을 지나치게 높이 평가하고 여성성을 가치 절하해 왔기 때문에 세상의 모든 악이 생겨났다고 주장한다. 단지 성차별주의만이 아니라 전 지구적 빈곤, 전쟁, 환경파괴도 만일 우리가 머리를 맞대고 함께 힘을 모아 여성의 본성을 존중한다면 해결될 수 있다고 제안한다.

1980년대 페미니스트 윤리학자 캐럴 길리건과 넬 나딩스[35] 같은 학자들은 '보살핌의 윤리'라고 알려진 새로운 도덕이론을 구성했다. 보살핌의 윤리에 따르면 여성은 "다른 도덕적 목소리"를 갖고 있어서, 도움이 필요한 존재를 돕고 양육하는 일을 우선하고, 독립심을 페티시화 하는 대신 상호의존에 가치를 둔다. 또한 친밀한 관계의 근본적 중요성을 이해하고 있다.[36] 길리건과 나딩스는 둘 다 실제로 자신들의 초기 저작에 담긴 젠더본질주의에 대한 지원을 철회한 뒤 남녀의 도덕적 추론방식에서 발견되는 차이가 사회화의 차이를 낳게 된다고 주장한다. 1980년대에는 또한 수잔 그리핀, 메리 데일리, 스타혹[37] 같은 생태 페미니스트들이 등장해서 여성과 자연에 대한 남성 지배를 비판했다. 이들에게 자연은 상호 연계되어 있다. 재생산기능의 동물적 성격에 견주어서 여성들이 더 육체에 가깝고 비합리적이라고 규정되는 방식을 지적하면서 이들은 어머니 자연이 남성 중심적 문명의 이름으로 복종당하고 지배받는다고 보는 시각을 비판했다.[38] 수많은 보살핌 윤리학자와 생태 페미니스트들은 지속적으로 여성적 이상과 성질을 재전유하는 전략을 취한다. 이런 여성적 가치는 역사적으로 부정당해왔다. 이들은 성차별적인 현존질서를 유지하려는 목적이 아니라 여성이 늘 갖고 있던 지혜에 더 집중하려는 목적에서 양성 간의 차이와 다름을 강조한다.

그럼에도 불구하고, 대체로 페미니스트들은 젠더본질주의를 의심한다. 학교 운동장에서 따돌림을 행사하는 아이들이 언제나 좋은 장난감을 갈취한 뒤 누구도 손대지 못하게 하려는 것처럼 우리 문화가 좋은 것들을 사회적 권력과 최상의 인간다운 남성에게만 제공하고 있다는 현실 때문이다.

재생산의 상품 전략으로서의 젠더

대부분의 과학자들에게 영향을 준 상호관계주의자의 시각에서 젠더는 똑똑한 척하는 사람들이 생물학적 현실을 다루는 방식이며, 일정한 신체적 형질을 골라 사회적 세상을 만드는 것이며, 그 세상 안에 놓인 우리의 자리를 이해하는 방식이다. 심리적으로 세련되게 자신을 고유한 개체로서 인식하고 자기만족적인 견해를 형성하는 우리에게 젠더동일화는 우리가 누구이고 공동체 내 어느 곳에서 어떻게 어울려야 하는지를 파악하는 방식을 제공한다. 어린 시절 젠더 퍼포먼스를 통해 자신의 성기를 사회적으로 가장 수용 가능한 방식으로 타자에게 알리는 방식을 배우게 되고, 성인이 되면 이런 메시지는 아주 깊게 뿌리를 내리게 되어 상황이 전혀 다를 수도 있다는 생각이 떠오르지 않게 된다.

하지만 정말 무엇이 문제인가? 섹스를 토대로 사람들을 쉽게 분류하는 사회적 목적은 무엇인가? 왜 우리는 이렇게 신경을 쓰는가? 통상적인 과학적 **진화생물학과 진화심리학의 분과에서 비롯한** 대답은 젠더의 범주화가 가장 기본적인 생물학적 충동의 일부, 가령 성적 매력, 커플 관계 형성, 그리고 궁극적으로는 재생산을 촉진시킨다는 것이다. 즉 타인을 젠더에 따라 분류해서 모호함이 제거된 사회적 체계가 제공되면 잠자리 할 대상을 손쉽게 골라낼 수 있게 된다. 이 주장에 따르면 성적 파트너로 시장에 나서기 위해 젠더 역할을 수행하는 것이다.

젠더의 목적이 누가 잠재적인 재생산 파트너인지 사회적으로 표지하려는 것이라면, 결과는 처참하다. 고맙게도 젠더 체제는 재생산적으로 가용하지 않은 - 사춘기 이전이거나 폐경이거나, 불임이거나, 이미 임신했거나, 혹은 단순히 아이를 지금 가질 것처럼 보이지 않아서 - 사람들을 골라내는 작업에서 한 일이 전혀 없다. 샐리 해스랭거는 젠더가 재생산능력에서의 차이를 추적하기 위한 것이라면, 현재 젠더 범주를 처분하고 실제 연관성이 깊은 항목들, 가령 임신한 사람, 불임인 사람, 모유 수유하는 사람, 월경하는 사람, 아마 레즈비언이거나 게이인 사람 등을 추적할 수 있는 범주를 채택해야 한다고 말한다.[39] 이렇게 완벽하게 합리적인 제안이 말도 안 된다고 느껴진다면, 그건 뭔가 다른 일이 진행되고 있을지 모른다는 의미다.

그럼, 이제 솔직해지자. 젠더는 재생산과 관련되지 않을 때조차 우리에게 중요하다. 우리는 생물학적 성별을 모두에게 알리도록 기대 받는다. 성관계를 가질 의도가 없는 상대에게도 그렇게 해야 한다. 학생들은 교사에게 성별을 알려주고, 독신 성직자는 교구민에게 성별을 알려주어야 하며, 부모는 자녀에게 성별을 알려주어야 한다. 만일 단혼자이거나, 불임이거나 혹은 독신자라고 해도 젠더를 지나칠 수 없다. 너무 어려서 성적으로 왕성하지 않은 어린아이도 마찬가지다.

프라이는 사람들을 성별에 따라 손쉽게 범주화할 수 있는가의 여부에 집착하는 것은 이상하다고 지적한다. 젠더게임에서 자신의 성별을 밝힐 수 없거나 밝히려 하지 않는 사람들에게 퍼붓는 폭력이나 사회적 배척을 주목하라. 하지만 우리는 몸의 일부를 전시하는 것 - 이렇게 하는 게 실제로 쉬운 문제해결 방식인데도 - 에 대한 가혹한 사회적 터부를 고수한다.[40] 동물들은 어떤 개체가 소소하게 재생산 행위를 위한 게임을 하고 있는지 쉽게 알 수 있다. 부어오르고 색깔 있는 성기에서부터 교미울음과 춤에 이르기까지 대부분의 동물들은 언제 성적으로 흥분되는지를 드러내는 데 주저하지 않는다. 하지만 인간은 속마음을 마음속에 담아둔다. 가임상태를 쉽게 알려주는 눈에 띄는 신체적 표지를 갖고 있지 않을뿐더러 무엇보다도 성적 기관을 옷으로 감추고 정숙한 척한다. 모든 패를 내보이는 대신 우리는 가임상태를 약호화해야 하는 엄격한 사회적 규범을 채택하고 있다. 하지만 실제로는 이보다 더 많은 일이 벌어진다.

젠더의 위계질서

과학적 교리가 제공하는 믿음과 달리 젠더는 아이를 만들 때 필요한 신체 부분을 갖고 있는 사람을 표지하는 사회적 속기만이 아니다. 뭔가 다른 일이 진행된다. 대부분 페미니스트들이 믿듯이 젠더는 위계적이다. 음양의 합체, 분리되었지만 평등한, 차이 나지만 상호 보충적 본성 등 말도 안 되는 얘기는 잊어버려라. 우리 문화가 젠더를 이해하는 방식이라면, 여성은 본질적으로 열등하다.

이점에 관해서 어떤 것도 자연적이거나 불가피한 것은 없다는 점을 다시 한 번 강조해야 한다. 1869년 존 스튜어트 밀은 "현재 여성의 본성이라고 불리는 것은 분명 인위적이다. 일정한 방향으로 강요된 억압의 결과이고, 다른 방향으로는 본성적이지 않은 자극이다. 피부양자 중 주인의 이익과 쾌락을 위한……여성만큼 자연적 부분에서 완전히 왜곡된 성격을 가진 계층은 없다는 사실을 주저 없이 주장할 수 있다"라고 했다.[41] 밀은 여성이 남성에게 이롭거나 기쁨을 주는 성질만을 근본적으로 지나치게 배양시킨 차 식물이라고 생각했다. 과도하게 번식시킨 후 나머지는 "바깥의 겨울 대기 속 가득 쌓인 얼음과 함께 버려져있거나……불 태워진다."[42] 따라서 여성이 남성에게 이롭지 않고 남성을 즐겁게 해줄 목적을 갖지 않는 환경에는 적응하지 못한 채 기이한 본성을 띠게 된 것도 놀랍지 않다. 가장 가치 있는 여성성의 두 가지 원형이 위협적이지 않고 매력적인, 팔에 걸고 다닐만한 여자와 정 많고 보살펴주는 어머니라는 것은 아주 대단한 우연의 일치이다. 남성은 자신의 에고를 부추겨주고, 자신과 자신의 아이들을 잘 돌봐줄 누군가가 필요하다. 하지만 어느 쪽이든 남성은 원하는 것을 얻게 된다.

페미니스트 이론가 케이트 밀레트는 1969년『성의 정치학』이라는 영향력 있는 책에서 이 충격적인 불균형을 짚어 냈다. "인간의 성격은 성 범주의 정형화된 선을 따라 '남성적'과 '여성적' 구성된다. 이 정형화는 지배집단의 요구와 가치에 토대를 두고 있으며, 집단의 구성원이 자신에게 소중하다고 생각하는 것과 하위 집단으로부터 편리하게 찾아 낼 수 있는 것에 따라 좌우된다. 따라서 침략, 지적 능력, 힘, 효율성은 남성적이고, 수동성, 무지와 순종, '덕목'과 비효율성은 여성적이다."[43] 그저 남성과 여성이 서로 다른 역할로 사회화되는 것만이 문제는 아니라고 밀레트는 주장했다. 여성은 종속적 역할로 사회화된다. 여성은 순종적이고 무지하며, 남성에게 복종하며 보조역할을 하라고 학습된다. 다시 말해서 여성이 훈련된 방식으로 행동할 때 남성지배는 재강화된다.

사실상 가부장제사회에서 여성이 된다는 것의 의미는 남성보다 열등한 위치에서 남성의 권력에 종속되는 것이라고 해스랑거는 주장한다. 여성은 경제적, 정치적, 법적이고 사회적 차원에 따라 체계적으로 종속된 상태에서, 실제적 혹은 상상된 재생산의 성격에 따라 억압적인 처우를 받도록 '표지'된다. 남성은 이와 달리 경제적, 정치적, 사회적 차원에 따라 체계적으로 특권이 부여된 존재이고, 실제적 혹은 상상된 재생산 성격에 따라 이롭게 처우 받도록 '표지'된다.[44] 남성성과 여성성이라는 개념에는 여성이 자신보다 우월한 위치의 남성으로부터 특별대우를 받을 만한 존재라는 생각이 담겨있다. 이 성별화된 취급방식 중 일부는 기사도의 보호정신에서 보이듯 세심하며, 일부는 다양한 종류의 포르노그래피에서 보이듯 모욕적이다. 하지만 드러나는 방식과는 무관하게 어느 쪽이든 서로 동등하고 존중하는 사람들 사이에서 진행되는 관계는 절대 아니다.

캐서린 매키넌은 남성성과 여성성의 성별화된 범주들을 제거하려는 해스랑거와 목표를 공유하지만, 범주의 기원과 오류를 이해하는 방식은 다르다. 맥키넌의 설명에 따르면 젠더는 우리 문화의 이성애적 섹슈얼리티 개념에 뿌리를 둔다. 이성애는 근본적으로 지배와 종속의 성별화된 관계와 관련된다. 남성성은 성적 지배로 규정되고, 여성성은 성적 복종으로 규정된다. 남자가 된다는 것은 지배적인 성적 파트너가 되는 것이고, 여자가 된다는 것은 복종하는 성적 파트너가 되는 것이다. 젠더는 "지배와 복종의 성애화를 통해서 구성된다. 남자와 여자의 차이, 그리고 지배와 종속의 역학은 상호 규정의 방식으로 작동한다. 이것이 생물학적 성별이 갖는 사회적 의미이다."[45]

남성은 여성의 복종을 섹시하다고 느끼고, 여성은 이런 동일한 이미지를 - 남성이 여성을 종속시키면서 흥분을 느낀다 - 역시 섹시하다고 느끼도록 훈육된다. 남녀의 섹슈얼리티는 남성적 관점에서 규정된다고 매키넌은 생각했다. 이 남성적 섹슈얼리티의 개념화가 여성에게 부여되는데, 필요하다면 강제된다. 하지만 양성 공히 젠더를 따라 작동하는 가장 근본적인 인센티브는 성애화이다. 누구에게나 섹스는 효과적 인센티브라는 것은 이제 뉴스거리도 아니다. 누구나 섹스를 할 수 있다면 기꺼이 어떤 일도 마다하지 않게 강하게 동기부여되어 있다는 것도 새롭지 않다. 심지어 우리는 섹스를 위해 기꺼이 복종하기도 한다. 매키넌에게도 젠더의 문제는 그저 위계적인 것만은 아니다. 전통적인 젠더구성에서 발견되는 특별한 종류의 위계질서는 성폭력과 불가분하게 연결되어 있다.[46]

이런 사실이 과장된 것이라고 생각한다면 - 아마도 30년, 50년, 100년, 혹은 2천 년 전에는 그랬어도 확실히 오늘날에는 더 이상 적용되지 않겠지만 - 최근까지도 서구의 성인 여성들은 처음에는 아버지, 나중에는 남편의 법적 피보호자로 간주되었다. 이류 계층으로서 여성의 지위는 수많은 여성들이 태어나서 아버지의 성을, 결혼하고는 남편의 성을 따르는 관행을 통해서 상징화된다. 이것은 역사적으로 여성이 사유재산을 갖지 못했고, 투표를 할 수 없었고 가장의 역할을 맡지 못했다는 것을 의미한다. 현재 상황은 어느 정도 진보했다. 하지만 이 부분까지 읽은 독자라면 지금까지는 모든 것이 괜찮았고 아무렇지도 않다는 듯 생각할 마음을 먹었을 리 없다.

페미니즘의 목표가 만일 젠더정의를 이루는 것이었다면, 젠더는 이미 사라졌을 것이라고 해스랑거는 주장한다. 섹스로 표지된 억압과 특권을 만들어낸 성차별적 사회구조의 폐지는 성별화된 남성과 여성이 더 이상 존재하지 않는다는 것을 의미한다. 이 포스트페미니즘의 유토피아에서 생물학적 남성과 여성그리고 양성 사이에 놓인 사람들이 존재할 것이지만, 재생산 범주들은 더 이상 현재와 같은 사회적 중요성을 갖지 못할 것이다. 이 범주들은 신발 크기나 혈액형과 같은 사소한 문제들 - 말하자면 한 사람의 신체에 대한 객관적 사실 - 처럼 처리될 것이다. 하지만 우리는 이런 것들을 매력적이거나 사회적으로 중요하다고 생각하진 않는다.

젠더를 내재적으로 계층화된 개념으로 이해한다면, 많은 페미니스트들이 희망하는 세상에는 젠더의 전통적 구성 - 즉 남성성과 여성성 - 이 궁극적으로 철저히 사라지게 될 것이다. 어떤 의미에서 이제 이런 변화가 일어나기 시작하고 있다. 지금까지 수세대를 거쳐 전통적인 젠더범주들의 손아귀는 느슨해지고 범위는 넓어졌다. 오늘날 사용가능한 젠더표현의 선택지가 충분히 다양해지고 있어서 몇몇 보수주의자들은 혀를 끌끌 차거나 머리가 아찔해지는 경험을 하게 된다. 우리 앞에 가야 할 길은 멀다. 해스랑거와 맥키넌 같은 페미니스트들이 해야 할 말이 아직도 남아있다면, 이제 겨우 시작일 뿐이다.

1 성기는 종종 생물학적 성과 등가인 듯이 간주되지만 문제는 좀 더 복잡하다. 성염색체와 성기는 언제나 일치하지 않는다. 일반적으로 섹스의 의미로 알려진 것은 특정 부류의 사람들을 배타적으로 제외시키려는 목적에서 종종 의미가 달라진다. 확실히 '섹스'는 성별을 밝히는 데 성염색체를 따지지 않는다. 대부분 사람들은 어린이의 성염색체가 실제로 이 시점에서 무엇인지를 모르기 때문이다(체외수정[IVF], 비침습적산전검사[NPT]나 양수검사 이전에 착상 전 유전진단과 같은 일상적 절차를 선택한 사람의 경우는 예외이다. 이런 검사들은 부모에게 그들이 기다리는 아이의 '유전자 프로파일'에 대해 일정한 정보를 제공한다). 하지만 가령 운동경기에서 성전환자나 간성(intersex) 여성을 배제하기를 원하는 사람들은 비록 문제되는 운동선수가 여성 성기를 가졌다고 해도 '섹스'가 실제로 성염색체나 호르몬으로 식별된다고 말할 수도 있다. Rachel McKinnon, "Participation in Sport is a Human Right, Even for Trans Women," *APA Newsletter on LGBTQ Issues in Philosophy* 19, no.1 (2019):10-14쪽.

2 아주 오래전이라 기억이 가물가물할 때 관용적으로 쓰이는 표현이다(역주).

3 Aristotle, *Historia Animalium*. A. L. Peck 편역 (Cambridge: Harvard University Press, 1970), 608b 1-14.

4 웹사이트 레딧에서 사용되는 표현으로 영어로 "비자발적인 독신"에 해당하는 어구를 줄여 부른 것이다. 이들은 연애를 하고 싶지만 하지 못한다고 자처하면서 여성에 대한 혐오나 분노를 표현하고, 나아가 인종차별주의, 인간혐오, 그 외 반사회적인 발언을 일삼고, 특히 여성을 향한 폭력을 정당화하고, 성적으로 활발한 사람들에 대한 증오를 표현한다(역주).

5 Simone de Beauvoir, *The Second Sex*. H. M. Parshely 편역 (New York: Vintage, 1989[1949]), xxi.

6 여담이지만 모든 기후변화와 환경파괴, 대량 멸종 등이 관리인으로서 인간이 일을 망쳤다는 사실을 가리킨다.

7 이 부분에 대해 어떤 의구심이 있을지 몰라서 바울은 디모테오에게 쓴 편지에서 이렇게 쓴다. "여자들이 침묵으로 복종하게 하라. 어떤 여자도 가르치려 들지 말고, 남성의 권위를 손상시키지 말아야 한다. 그저 침묵해야 한다. 아담이 먼저 창조되었고 이브는 나중에 창조되었다. 아담은 속임을 당하지 않았지만, 여자는 속임을 당해 죄를 지었다"(디모테오서 2:11-14).

8 Linda Nicholson, "Interpreting Gender," *Signs* 20, 1호(1994), 79-105쪽; Linda Nicholson, "Gender," *A Companion to Feminist Philosophy*. Alison Jaggar and

Iris Young 편집 (Malden, MA: Blackwell Publishers, 1998), 289-98쪽.

9 R. J. Stoller, *Sex and Gender: On the Development of Masculinity and Femininity* (New York: Science House, 1968).

10 시카고 의과대학의 신경과학 교수로, 남자아이와 여자아이의 두뇌연구로 유명하다(역주).

11 Lise Eliot, *Pink Brain, Blue Brain: How Small Differences Grow into Troublesome Gaps —And What We Can Do About It* (New York: Houghton Mifflin Hartcourt, 2009), 10쪽.

12 캐나다 출신 영국의 철학자이자 심리학자. 호주의 멜버른 대학 역사철학과 교수(역주).

13 Cordelia Fine, *Delusions of Gender: How Our Minds, Society and Newrosexism Create Difference* (New York: W. W. Norton & Co., 2010); Cordelia Fine, *Testosterone Rex: Myths of Sex, Science, and Society* (New York: W. W. Norton & Co., 2017).

14 Marilyn Frye, *The Politics of Reality* (Berkeley: Crossing Press, 1983), 37쪽.

15 T. D. Conley, A. C. Moors, J. L. Matsick, A. Ziegler, and B. A. Valentine, "Women, Men and the Bedroom: Methodological and Conceptual Insights That Narrow, Reframe, and Eliminate Gender Differences in Sexuality," *Current Directions in Psychological Science* 20, 5호 (2011), 296-300쪽.

16 de Beauvoir, *The Second Sex*, 267쪽. 강조 부분은 필자 첨부.

17 문화인류학자로, 성과 젠더정치 이론가이자 운동가(역주).

18 Gayle Rubin, "The Traffic in Women: Notes on the 'Political Economy' of Sex," *Toward an Anthropology of Women*. Rayna R. Reiter 편집 (New York: Monthly Review Press, 1975), 159쪽.

19 페미니즘 연구자로 젠더와 역사 관련 저술과 페미니즘과 포스트모더니즘 연구서로 알려져 있다(역주).

20 Nicholson, "Interpreting Gender," 81쪽.

21 털을 굳혀서 제거하는 방법(역주).

22 왁싱 종이를 사용해서 털을 포함 피부까지 제거하는 방법(역주).

23 하드 왁싱의 일종(역주).

24 전통적인 왁싱 방법과 달리 설탕을 주재료로 하는 반죽을 사용한다(역주).

25 실을 사용한 왁싱 방법(역주).

26 심리주의 사회학자로, 모성과 정체성발달과정 연구로 알려져 있다(역주).

27 Nancy Chodorow, *The Reproduction of Mothering: Psychoanalysis and the Sociology of Gender* (Berkeley: University of California Press, 1978).

28 가령 Peggy Orenstein, *Cinderella Ate My Daughter: Dispatches from the Front Lines of the New Girlie —Girl Culture* (New York: Harper Collins, 2011); Eliot, *Pink Brain, Blue Brain*; Fine, *Delusions of Gender* 그리고 *Testosterone Rex* 등을 보라.

29 Judith Butler, "Performative Acts and Gender Constitution: An Essay in Phenomenology and Feminist Theory," *Theater Journal* 40, 4호 (1988), 519-31쪽; Judith Butler, *Gender Trouble: Feminism and the Subversion of Identity* (New York: Routledge, 1990).

30 Frye, *Politics of Reality*, 29쪽.

31 말로 토마스가 만든 어린이 오락 프로젝트(역주).

32 Fine, *Delusions of Gender* 그리고 *Testosterone Rex*.

33 Claire Renzetti and Daniel Curran, "Gender Socialization," *Feminist Philosophies: Problems, Theories and Applications*. Janet Kourany, James Sterba and Rosemarie Tong (London: Prentice Hall, 1992), 31-48쪽.

34 Eliot, *Pink Brain, Blue Brain*; Fine, *Delusions of Gender* 그리고 *Testorosterone Rex*.

35 캐럴 길리건: 페미니스트 심리학자로, 여성적 도덕성발달 연구로 유명하다. 넬 나딩스: 페미니스트 교육학자이자 철학자로, 배려교육론으로 유명하다(역주).

36 Carol Gilligan, *In a Different Voice: Psychological Theory and Women's Development* (Cambridge: Harvard University Press, 1982); Nel Noddings, *Caring: A Feminine Approach to Ethics and Moral Education* (Berkeley: University of California Press, 1984).

37 수잔 그리핀: 생태페미니즘의 대표 이론가. 메리 데일리: 급진주의 페미니즘 철학자이자 신학자이며 생태페미니스트이다. 스타혹: 페미니스트 신 이교주의와 생태페미니즘 이론가이자 운동가(역주).

38 Susan Griffin, *Made From This Earth: An Anthology of Writings* (New York: Harper & Row, 1982); Mary Daly, *Gyn/ecology: The Mataethics of Radical Feminism*, 2nd ed. (Boston: Beacon Press, 1990[1978]); Starhawk, *The Sprial Dance: A Rebirth of the Ancient Religion of the Great Goddess* (San Francisco: Harper & Row, 1979).

39 Sally Haslanger, "(What) Are Race and Gender? (What) Do We Want Them to Be?" *Resisting Reality: Social Construction and Social Critique* (Oxford: Oxford University Press, 2012), 221-47쪽.

40 Frye, *Politics of Reality*, 22ff.

41 John Stuart Mill, "The Subjection of Women," John Stuart Mill and Harriet Taylor Mill, *Essays on Sex Equality*. Alice Rossi 편집 (Chicago: University of Chicago Press, 1970[1869]), 451쪽.

42 Mill, "Subjection of Women," 451쪽.

43 Kate Millett, *Sexual Politics* (New York: Columbia University Press, 1969), 26쪽.

44 Haslanger, "Race and Gender", 230쪽.

45 Catharine MacKinnon, *Toward a Feminist Theory of the State* (Cambridge: Harvard University Press, 1989), 113쪽.

46 이 모든 것을 이해하기 조금 어렵다면, 잠시 기다려보자. 다음 장에서 성폭력에 관한 매키넌의 매우 영향력 있는 논의를 살펴볼 것이다.

4장

섹스의 사회적 구성

Think Like a Feminist

The Philosophy Behind the Revolution

페미니스트들은 인간 본성에 대한 지나치게 환원주의적인 관점을 비판하기 위해 20세기 중반부터 쉬지 않고 노력해왔다. 그리고 어느 정도 성과를 이루었다. 시몬 드 보부아르 이전에도 여성이 아이 만드는 기계로서 이등시민의 삶을 살기보다 좀 더 나은 운명을 타고 났다는 확신이 일말 존재했다. 하지만 보부아르가 "여자는 태어나는 것이 아니라 만들어진다"고 주장했을 때 비로소 이런 사유가 시작되었다.[1] 페미니스트로서 우리는 보부아르의 주장에 담긴 내용을 사유하고, 생물학에 토대를 둔 젠더본질주의를, 성별화된 사회역할이 탈 학습화되어 더 평등한 세상이 올 거라는 믿음으로 대체시킴으로써 각성된다. 반드시 생물학적 성과 사회적 젠더는 구별되어야 한다. 확실히 지난 50년간 **우발적인** 문화적 규범의 손아귀에 잡힌 **필수적인** 몸의 '코트걸이 시각' 문화가 생물학적으로 주어진 몸에 다양하게 성별화된 옷비유적이고 문자 그대로을 걸어 장식한다는 생각이 확산되었다.

페미니스트들은 코트걸이 시각을 받아들였다. 이 시각이 생물학적 조건을 운명으로 받아들이는 생물학적 결정론에 대항하는 가장 최상의 방법이라 생각했기 때문이다. 남녀의 차이가 타고난 것이 아니라 양육된 것이라면 종이카드로 만든 가부장제의 집 전체가 언젠가는 무너질 것이라고 생각했다. 하지만 코트걸이 시각은 그 자체로 문제를 노정하고 있었다.

본성과 양육 이원화의 페미니스트적 문제 지형

코트걸이 페미니스트들은 사회화를 담당하는 세력이 현재 이 열악한 상황의 책임을 져야 한다는 생각에 수많은 사람들을 동참시켰다. 하지만 남성은 화성에, 여성은 금성에 놓아두고 주소록도 업데이트하지 않으면서 참여하기 꺼리는 사람들이 있었다. 이런 류의 생각을 반박할 수 있는 과학적 연구는 상대적으로 쉬어 보였다. 태어날 때부터 영아들을 완전히 통제된 환경에서 길러보면 된다. 마치 짐 캐리의 영화 〈트루먼쇼〉에서처럼 말이다. 생물학적으로 남성인 사람 일부에게 남성적 젠더를, 나머지 남성들에게 여성적 젠더를 부여하고, 생물학적 여성인 사람에게도 각각 젠더를 부여한다. 다양한 인종집단에서 아이들을 골라서 다양한 문화적 상황에서 양육한다. 이제 자리 잡고 앉아서 결과를 기록해보자.

물론 이 실험을 실제로 하려면 인문사회과학 연구에 반드시 필요한 IRB학술연구감사원의 허가[2]를 받지 못할 것이다. 윤리위원회는 연구대상의 동의를 얻지 않은 채 인간존재에 체계적으로 개입하는 것에 대해 눈살을 찌푸리는 경향이 있다.

"위협받거나 왕따를 당하지 않는다면 인간의 행위 패턴이 성염색체에 따라 동종이형이 될지는 알 수 없다. 또 동종이형이 되더라도 어떻게 될지, 즉 어떤 성질과 경향의 성좌가 유전적 형질에 따라 나타날지 알 수 없다. 어쨌든 이건 기이한 문제다. 인간은 문화 없이 양육될 수는 없지만, 남성성과 여성성을 익숙하게 훈육시키지 않는 문화에서는 어떤 문화적 변이들이 작동할지를 상상하기 어렵다"고 마릴린 프라이는 지적한다.[3]

그렇다면 좀 더 솔직해져서 본성인지 양육인지 알 수 없다는 사실을 이미 인지하고 있음을 인정해야 한다고 치자. 이제 어떻게 해야 할까? 다른 사람들은 몰라도 내 경우에는 이런 상황이 닥치면 기질적으로 큰일 난 듯이 수선을 부리는 경향이 있다. 최악의 경우를 대비해 놓았다면, 물론 그저 기분 좋게 놀라기만 하면 되겠지만 말이다.[4]

코트걸이 페미니스트들은 묻는다. 좋다, 사회적 차이를 본성이라고 한다면 어떤 최악의 상황이 벌어질 것인가. 글쎄, 아마도 사람들을 원치 않는 방식으로 살도록 강요하면서 그들이 전혀 행복해하지 않을 구두 상자 속으로 억지로 밀어 넣게 되지 않을까. 또 사람들을 인위적인 경로로 이끌어서 타인을 희생시켜 그들이 실제 잘하는 일이 뭔지 개의치 않고 특정한 재능을 계발시키도록 요구할 위험이 있다. 그렇게 해서 사람들이 각자 할 수 있는 것을 성취하면서 충만하고 번영된 생활을 영위할 가능성을 막을 수 있다. 당연히 특정한 종류의 사람들에게는 이롭고 다른 사람들에겐 불이익을 주는 체계적으로 불공정한 위계질서를 심어놓을 수 있다. 간단히 말해 인간 종에게 부여된 온전한 잠재성을 놓쳐버린 수많은 개인들이 해로운 상황에 처할 위협을 받게 된다.

다시 말해서, 정확히 우리가 수 세기 동안 해왔던 일을 계속하게 될 위험을 초래한다.

한편 코트걸이 페미니스트들은 다시 이렇게 묻는다. 방향을 바꾸어서 실제로 차이가 본성적인데도 사회적인 것으로 취급한다면 어떤 최악의 상황이 벌어질까? 글쎄, 아마도 불평등을 보상하는 일에 불가피하게 시간과 에너지를 낭비하면서 사회적 자원을 잘못 배분할 위험이 있다. 솔직히 말해, 고작 그뿐이다. 성차가 불가피하다면, 그것을 바꾸려는 시도는 창을 들고 풍차를 향해 달려가는 것이다. 하지만 누구도 해를 입지 않는다.

19세기의 스나크[5]를 진정 고무적으로 제시한 글에서 존 스튜어트 밀은 이 점에 대해 지나치게 놀란 척하는 사람들을 향해 허튼소리라고 일축한다.

> 우리가 확실하게 알고 있는 한 가지는 여자들의 본성을 자유롭게 풀어 준다고 해서 결코 그들이 본성에 반해서 행동하게 만들 수는 없다는

사실이다. 본성의 목적을 달성하는 데 성공하지 못할까 우려되어 본성의 문제에 인간이 개입할 때 느끼는 불안감은 전적으로 불필요하다. 여성들이 본성상 할 수 없는 것을 금지할 필요는 없다.[6]

정말 그렇다. 어쨌든 하게 될 일을 사람들에게 강제로 시킬 이유가 있을까? 그들 자신이 할 수 없다고 생각하는 것을 하지 못하게 할 이유가 있을까? 여성을 남성에게 복종시키기 위해 현존하는 전통적 성역할의 세계관에 헌신하는 사람들은 이런 내용이 실제 우주의 구조에 새겨져 있다고 믿는 것처럼 보이지는 않는다. 그보다 이들은 여성이 주어진 상황을 참아내는 이유는 다른 선택지가 없기 때문이라는 사실을 잘 알고 있다. 이 점에 대해서 밀은 역시 미묘한 뉘앙스를 담아 이렇게 말한다.

일반적으로 남성은 여성이 아내와 엄마의 일을 하도록 태어났다고 생각해야 한다. 나는 해야 한다, 고 했다. 실제 행동을 통해 현재 사회가 구성된 방식 전체를 보아 판단컨대 그들의 의견은 이와 정반대였다고 추론할 수 있다. 여성이 천성적으로 할 수 있는 일로 알려진 것은 무엇보다도 여성이 본성상 매우 혐오스러워했던 것이었다고 남성들은 생각했을지도 모른다. 여성에게 다른 일을 할 기회가 주어진다면 - 다른 방식의 생활 혹은 자신의 시간과 재능을 사용할 직업의 기회가 주어지거나, 또 그들이 고대했던 기회가 온다면 - 여성에게 본성적인 것이라고 말할 상황을 기꺼이 받아들일 사람은 적을 것이다. 이것이 일반적인 남성의 실제 견해라면 발언되어야만 한다. 나는 누군가 이런 교리를 드러내놓고 발언하는 것을 듣고 싶다이 주제에 대해 쓰인 수많은 글에 이미 함축된 내용이다. "여성이 결혼해서 아이를 낳는 일은 사회에 필요하다. 강요받지 않으면 여성은 그 일을 하지 않을 것이 분명하니, 강제로 시켜야 한다."[7]

밀이 이 글을 쓴 이래 한 세기 반이 지난 후 상황은 많이 달라졌다. 여성은 의심할 여지없이 당시보다 현재 사회적 자유를 더 누리고 있다. 하지만 코드걸이 페미니스트들은 이렇게 주장한다. 만일 우리가 여전히 성별화된 행동을 강요하는 사회적 규범을 단속하기 위해 수많은 시간과 에너지를 쏟지 않는 척 군다면 우리 자신을 속이는 것이라고.

젠더본질주의를 잘못 이해할 때 발생하는 위험은 두 가지 범주로 나뉜다고 코트걸이 페미니스트들이 지적한다. 바로 비효용성과 불의이다. 젠더 차이가 사실은 본성적인데 사회적이라고 잘못 알고 있다면, 몇 가지 비효율성이 초래된다. 한편, 만일 젠더 차이가 사실은 사회적인데 본성적이라고 본다면, 사람들이 불행한 삶을 살도록 강요하게 되고 다수의 사람을 희생해서 몇몇 사람을 이롭게 하는 불공정을 낳게 된다. 결과적으로 인간 종의 잠재력을 제한하게 되어 심각한 부정의를 초래하게 된다. 가장 효과적인 것이 가장 정당한 것은 아닐 수도 있기 때문에 이런 문제들에 노정된 애매함을 걷어내야 한다.[8] 완전한 바보가 아니라면 일반적으로 정의가 효율적이어야 한다는 것에 동의할 것이다. 그래서 밀고 당기는 식이라면 정의라는 이름으로 비효율성을 감내하기를 원할지도 모른다. 하지만 그렇게 될 것 같진 않다. 왜냐하면 양쪽 모두 효율성의 잠재적 상실을 초래하기 때문이다. 하지만 사회적 차이를 본성적인 듯이 처리할 때만 유일하게 정의의 잠재적 상실이 발생한다.

최후의 심판 식 추론을 좀 더 해보자. 우리의 무지를 인정한다면 성차는 본성이 아니라 양육의 결과라고 가정하는 것이 최선이다. 이렇게 가정하면 보부아르의 반본질주의적 주장에 수십 년 동안 올라탔던 그 모든 코트걸이 페미니스트들은 옳다. 이들은 여성이 본성적으로 종속상태에 적합하다는 믿음을 갈기갈기 찢어놓는다. 그러므로 성차별적 사회화의 세력들을 심판대에 올림으로써 성차별주의와 싸우는 페미니스트의 전략이 강화된다.

아니, 정말 그럴까? 우리가 본성/양육 논쟁을 아주 좋아해서 그것이 실제로 골치 아픈 문제를 해결해 줄 수 있을 것이라고 생각한다면 어떤가? 루이즈 앤토니[9]는 정확히 이런 가능성을 의심했다.[10] 그녀는 우리가 본성/양육의 문제에 고착되어 있다고 생각했다. 이 문제의 답을 찾게 되면 성차를 어떻게 다룰지 알게 될 거라고 믿기 때문이었다. 하지만 그건 실수였다. 젠더 차이가 본성적이라면, 본성적 차이는 우리에게 이로울 것이며, 따라서 그 차이에 묶여 있다고 생각하는 방식이 잘못이라고 앤토니는 경고한다. 반면 만일 젠더 차이가 사회적이라면 그 차이는 바뀔 수 있거나 손쉽게 획득할 수 있다고 믿는다는 점에서 실수를 저지르게 된다.[11] 결국 '본성적'이란 말은 몹시도 불안정한 표현임이 분명하다.

'본성적'이란 말은 다수의 의미를 담고 있다. 뭔가가 '본성적'이라고 하는 것은 인간의 개입 없이 객관적 상황이 존재한다는 것을 의미할 수 있다. 마치 우리가 '자연'세계의 더럽혀지지 않은 야생을 사악한 개발업자들로부터 보호하려고 할 때 떠올리는 '자연'의 의미처럼 말이다. 뭔가를 '자연적'이라고 부르는 것은 우리에게 좋다는 의미를 함축한다. 마치 홀 푸드[12] 가게의 상품에 '자연적'이라는 표지가 붙어있기만 하면 기꺼이 두 배 이상의 가격을 지불하는 것과 마찬가지다. 뭔가를 '자연적'이라고 부를 때는 변화되지 않는다는 것을 의미한다. 마치 망아지가 새끼를 못 낳는 것이 망아지의 '본성'이라고 말할 때처럼 말이다. '본성'이란 기능적인 생태체계의 필수적인 부분을 의미한다. 마치 고양이는 '본성적으로' 천적이 없다고 말할 때의 의미와 같다. 뭔가를 '본성적'이라고 부르는 것은 정상적이고 해당 종족의 전형적 방식으로 기능한다는 의미이다. 마치 인간이 두발로 걷고 날 수 없는 것이 '본성적이어서 자연스러운' 것처럼 말이다. 뭔가를 '자연적'이라고 말하면 그것이 사물의 이치라고 생각하는 것이다. 마치 술주정뱅이 삼촌이 게이 섹스가 '자연스럽지 않다'고 단정할 때처럼 말이다.

이렇게 '본성'이라는 말의 다양한 의미는 상호연관되어 있고, 이 말을 사용할 때 우리는 서로 다른 의미 사이를 오락가락하는 경향이 있다. 하지만 각각의 의미는 개념적으로 다르다는 사실을 기억해야 한다. 어쨌거나 보통 수준의 내 시력은 적어도 한 가지 의미에서 자연적이다. 내 눈이 아무런 방해도 받지 않고 매우 저질이지만 작동하는 방식이다. 하지만 내가 운전할 때 교통신호를 읽을 수 없어서 좋다고 말하지는 않는다. 내 시력은 그런 의미에서는 자연스럽지 않다. 또 근시는 안경으로 쉽게 교정되므로 내 시력은 '변하지 않는다'는 의미로서 '자연적'인 것은 아니다.

아마도 젠더 차이의 기원은 생물학에 가깝지만 사회화의 공동 캠페인을 통해서 비교적 쉽게 변화될 수 있을지 모른다. 혹은 역으로 젠더 차이의 기원은 사회적이지만, 젠더를 구성하고 관리해 온, 역사적으로 뿌리 깊은 규범과 제도를 변화시키는 일은 와비 파커스[13] 신상품을 온라인으로 구매하는 것보다 훨씬 더 어려운 일이 될지 모른다. 앤토니는 이 본성/양육의 문제를 궁극적으로 해결할 수 있다고 해도 젠더와 관련해서 우리가 할 수 있는 일이 뭔지 알 수 없다는 통찰을 제시한다. 사물의 이치를 세세하게 설명해주는 사실 자체로는 마땅히 따라야 할 규범을 제공할 수 없기 때문이다**철학자들은 이것을 존재/당위의 구분이라고 부르고, 일반인들이 이 구분을 엉망으로 만들면 몹시 역정을 낸다**.

비록 성별에 따른 행동의 차이가 본성적이라고 해도 그것 자체로는 무엇을 해야 할지 알 수 없다. 아마도 양성의 부적절한 측면을 보충하기 위해서 가능하면 성차의 극소화를 목표로 삼는 교정교육을 대대적으로 벌여야 할지 모른다. 아마도 성차를 포용하면서도 수천 년 동안 체계적으로 남성적이라고 간주된 성격들, 가령 독립심과 합리성을 지나치게 높이 평가해온 가치관을 보상하기 위해서 진자의 추를 반대 방향으로 돌려서 여성적이라고 알려진 성격, 가령 관계성과 수용성에 가치를 부여해야 할지도 모른다. 젠더 차이가 본성상 생물학적이라는 사실을 알게 된다고 해서 마땅히 해야 할 일을 선택할 만한 어떤 결정적 이유는 될 수 없다.

마찬가지로 젠더 차이가 본성상 사회적이라고 해도, 여전히 무엇을 해야할지 결정내릴 수 없다. 아마도 선조들이 따라야 했던 관례적인 젠더 역할은 실제로 인간 종을 구성하는 최선의 방식이라고 판명될 수도 있다. 아마도 대부분의 사람들은 자신에게 친숙한 젠더 역할을 고수하기를 원할 것이고, 그것을 바꾸려고 시도하면 너무도 많은 사회적 격변의 위험을 감수하게 될지 모른다. 혹은 젠더가 사회적 구성물이라는 깨달음이 생기면 성별화된 역할을 대대적으로 거부하게 되고 젠더의 유동성이라는 놀랄 만큼 찬란한 삶이 시작될 수도 있다.[14] 여기서 핵심은 본성/양육의 딜레마를 확실하게 해결한다고 할지라도 남성과 여성의 행동방식과 관련된 문제에서 어떤 실제적인 발전은 없을 것이며, 성차별주의 문제에 대해서도 여전히 오리무중 상태일 것이라는 사실이다.

앤토니가 옳다면 젠더 차이가 사회적인지 생물학적인지는 중요하지 않다. 문제는 성차는 바뀔 수 있고 바뀌어야 하는지의 여부이다. 본성/양육의 논쟁 탓에 우리는 장시간 한눈팔아 온 셈이다.

섹스와 젠더 구별에 관한 페미니스트의 복합적 문제제기

이제 구도가 좀 더 복잡해졌다. 수많은 페미니스트들은 본성/양육의 구별이 별 도움이 되지 않는다고 판명되었으니 섹스/젠더의 구분 역시 무용해졌다고 믿는다. 현대 페미니스트들은 섹스와 젠더를 혼합하는 경향이 잘못되었음을 지적할 뿐 아니라 섹스와 젠더의 범주 자체가 일반적인 견해와 달리 선명하게 구별할 수 있는 것이 아니라는 사실을 지적하게 되었다. 섹스와 젠더에 관한 낡은 코트걸이 관점이 여러 방식으로 문제를 노정하고 있다는 사실은 잘 알려져 있다. 몇몇 페미니스트들은 이제 모든 여성이 똑같은 방식으로 젠더를 경험한다고 가정하는 것은 오류라고 비판한다. 또 일부 페미니스트들은 섹스를 문화적이거나 역사적 차원의 개입 없이 순수하게 생물학적 범주로 이해하는 데 아무 문제없다고 가정하는 것이 틀렸다는 이유로 코트걸이 관점을 비판한다. 여전히 여타 페미니스트들은 섹스와 젠더의 구별이 페미니스트의 목적에 정치적으로 유용하다는 생각은 틀렸다고 주장한다.

그럼 정확히 우리는 어떤 여성에 대해서 말하고 있는가?

젠더의 코트걸이 관점에 노정된 첫 번째 문제는 그 주창자들이 여성들 사이에 존재하는 인종적, 문화적, 사회경제적 차이들을 고려하지 못했다는 점이다. 어쨌거나 젠더가 문화적 구성물이라고 말할 수 있다. 보부아르가 '여자는 태어나지 않고 여자로 만들어 진다'고 말한 진술에 동의한다. 하지만 여기서 더 나아가 문화가 모든 사람들에게 동일한 방식으로 젠더를 구성한다고 간주하는 것은 잘못이다. 자매애를 말하면서 모든 자매들의 경험을 동등하게 고려한 적이 없다는 것을 인정하자. 하지만 상호 교차성 페미니즘 덕분에 마침내 유색인종 페미니스트들이 적어도 소저너 투르스가 자신도 여자가 아니냐고 물어야 했던 때부터 발언해왔던 것에 집중하게 되었다. 이들은 '여자로 만들어진다'는 의미는 인종, 계급, 신체장애 등등을 급격하게 가로질러 천차만별이며, 만일 우리가 이와 다르게 생각한다면, 부자이고 백인이며 이성애자이자 비장애자 신체로 태어난 여성의 경험을 여타 여성들의 경험보다 더 특권적으로 다루게 된다고 말해왔다.

베티 프리던은 이 맹목적이고 무역사적인 페미니즘의 대표자로 자주 꼽히는데, 엘리자베스 스펠만이 "백인 유아론"[15]이라고 불렀던 것에 빠져있다는 비판을 받았다. 이 용어는 삶에 시들해진 교외지역 백인 여성이 감당해야 했던 "이름 없는 문제"를, 저임금 가사노동을 대신하기 위해 이들이 고용한 가난한 유색인종과 공유한다는 듯이 여기는 태도를 의미한다매 끼니 식탁에 음식을 가져다 놓아야 하는 여자들에게는 중산층 가정주부의 무감각한 권태는 그저 사치에 불과하다. 프리던과 같은 백인 페미니스트들이 인종, 계층과 무관하게 모든 여성에게 해당하는 "여성성이라는 황금 덩어리"가 있다고 생각한다면, 실제 그들은 "흑인 여성의 피부 아래에 있는 여성성은 백인 여성의 것이며, 라틴 여성 몸속 깊숙이 뿌연 문화적 천 가리개를 뚫고 나오려고 기다리는 앵글로 여성이 있다"고 가정한다고 스펠만은 주장한다.[16]

여성의 경험이라는 하나의 본질이 있다는 전제를 넘어서야 할 필요가 있다고 생각할 수도 있다. 가령 모든 여성들이 기저귀를 찰 때부터 무덤에 이르기까지 인생의 여정에서 만나게 되는 모험과 그들이 이룩한 성취를 일정하게 서로 공유한다는 가정이다. 이렇게 여성 경험의 공통성을 찾는 일은 기껏해야 예측 불가능하며, 코드걸이 페미니스트들이 저지른 너무도 많은 오류와, 특권을 누리지 못한 여성들의 상황을 열악하게 만들었던 역사적 선례들로 넘쳐난다. 극단적인 경우 결국 '여성성'이라는 범주 자체는 근본적으로 혼란스러워서 전적으로 폐기하는 것이 낫다는 견해를 낳게 된다.

주디스 버틀러는 이런 견해를 지지한다. 버틀러는 스펠만의 문제의식에 동의하면서 생물학에 뿌리를 둔 젠더본질주의를 무화시키려고 시도했던 코트걸이 관점의 페미니스트 주창자들은 여성 간의 차이를 고려하지 못했고, 따라서 부주의하게 여성성이라는 새로운 사회적 토대의 개념을 만들어냈던 것이 그 자체로 문제적이었다고 주장했다. 여기서 단지 여성이 되는 다양한 방식이 있다는 포섭주의로는 문제를 해결할 수 없다고 버틀러는 지적한다. 더욱이 페미니스트이며 반식민주의자 찬드라 모한티가 "더하고 휘젓기"라는 접근법이라고 한 것으로도 해결될 수 없다. 모한티의 방법은 코트걸이 페미니즘이 수많은 여성들을 역사적으로 배제했던 문제를 다루지만 여전히 태어나면서부터 여성이고 백인이며 이성애자로서 신체 정상인 중산층 여성의 경험을, 더 많은 수의 이방인 타자들의 경험을 간헐적으로 가미시켜 놓은 핵심적 여성 경험으로 간주하는 것이다.[17]

여기서 한 발 더 나아가, 버틀러는 젠더가 근본적으로 연극적 퍼포먼스라고 묘사한 뒤 사람들에게 대본을 엉망으로 만들어서 젠더가 아이러니한 패러디 이상 아무것도 아닌 듯 굴라고 조언했는데, 여기에는 그럴 만한 이유가 있다. 버틀러는 젠더 범주가 한 수준 강등되어야 할 필요가 있다고 생각했던 것이다. 하지만 젠더가 코트걸이 페미니즘이 많은 시간을 들여 주장했던 방식으로만 해롭기 때문은 아니다. 버틀러는 코트걸이 페미니즘이 성별화된 사회화의 폐해를 제시하는 데 집중하려다가 의도치 않게 비판대상을 물화[18]시켰다고 지적한다. 페미니즘의 주요 의제를 규정하는 과정에서 페미니스트의 관심을 받을 만한 폐해의 범주를 절합시키는 과정에 코트걸이 페미니스트들은 여성으로 만들어지는 데 옳고 그른 방식이 있다는 식으로 여성성을 부주의하게 규정하게 되었다.

"정체성 범주들은 단지 설명을 제공하는 게 아니라 언제나 규범적이며, 따라서 배타적이다"라고 버틀러는 주장한다.[19] 여성 간의 공통성을 목록화 하려는 어떤 시도도 여성으로 젠더화되는데 옳은 방식이 있다는 불가피한 결과를 낳게 된다. 이런 시도는 특정한 젠더의 경험과 퍼포먼스를 어쩔 수 없이 조장하고 합법화할 것이며, 그 외 경험과 퍼포먼스는 낙오시키고 탈법화 시키게 된다. 이로써 페미니스트들이 비판해 마지않는 사회화세력들의 일부를 은밀하게 강화시키고 단단히 굳히게 된다. 그 결과 특정 사람들은 제외된다. 이로써 페미니즘이 관심을 가져야 할 '진짜' 여성들이 있고, 페미니스트의 재현정치에 적절치 않은 '가짜'가 있다고 믿게 된다. 이 가짜들은 여성성을 옳은 방식으로 행하지 않는 이들이다. 성격이 여성답지 않거나너무 고집이 세거나 거칠고 양육에 관심이 없다, 아니면 그들의 신체가 여성에 적합하지 않거나성전환자, 간間성 혹은 여러 가지 다른 이유로 주류사회에서 여성성이라고 받아들여지는 것으로부터 멀어진 경우, 혹은 어떤 식으로든 성차별주의의 전반적인 폭력을 피할 수 있어서 실제로 억압받지 않는 경우유니콘 같은 존재이다.[20] 현실적으로 우리는 유니콘을 걱정할 이유가 없다. 하지만 다른 두 유형은 확실히 페미니즘의 보호를 받아야 한다. 코트걸이 관점을 옹호하는 페미니스트들의 실수는 여성성의 잘못된 견해를 제시했기 때문이 아니라고 버틀러는 주장한다. 애초부터 여성성을 정의하려고 한 게 문제였다.

이런 상황이 아무려나 괜찮다고 생각할지도 모른다. 하지만 만일 여성이라는 존재가 아예 없다면, 즉 실제로 존재하지 않는다면, 페미니즘의 기획 전체가 무너지는 것은 아닌가? 페미니즘은 결국 집단으로서의 여성이 당면하는 억압을 종식시키는 것을 목표로 삼는 운동이다. 이 집단에 누가 속하는지 골라내어 제한하지 않는다면 집단의 대표성에 근간한 정치적 요구를 할 수 없다.[21] 게다가 버틀러식 접근법이 학술적 전문용어로는 후기구조주의 페미니즘 이론의 범주에 속한다 세상에는 현실적 부당함을 겪고 있는 실제 사람들이 존재한다는 사실을 망각하게 만드는 아이러니한 정적주의[22] 등을 조장하게 될 문제가 있다. 너무도 많은 곳에서 버틀러와 그 추종자들은 유일한 희망이라면 눈을 찡긋거리고 옆구리를 찌르면서 퍼포먼스를 펼치고 젠더를 조롱하는 것이라고 제안하는 듯하다. 철학자 마사 누스바움이 버틀러의 접근법을 비난하면서 지적했듯이, 만일 "우리 모두 어느 정도는 권력구조에 수감되어 있고, 여성이라는 정체성으로 규정되고 있어서 결코 대규모적으로 이 구조를 바꿀 수 없고 결코 벗어날 수 없다"[23]면 정치적 행동에 필요한 에너지를 모으려 애써봐야 소용이 없다. 성차별주의의 문제들이 언어와 문화에 대한 언쟁으로 국한된다면 구체적인 사회경제적 문제, 가령 임금격차, 여성빈곤, 성폭력 등은 페미니스트의 집단적 레이더망에서 멀어지게 된다.[24]

따라서 그렇게도 많은 페미니스트들이, 페미니즘의 핵심은 세상을 실제 현실 속 여성들을 위해 더 나은 곳으로 만들려는 것이라는 확신에 따라 행동하면서, 역사적으로 배제된 존재들을 마땅히 고려해야 함에도 불구하고 여성 모두에게 공통적인 몇 가지 사항들에 매달리고 있다. 하지만 여성의 공통점이 무엇인지를 정확히 짚어내기란 놀랍게도 어려운 일임은 이미 밝혀졌다. 이 문제를 다루려면 언어철학이라는 진흙탕 속으로 빠져 들어가게 될 상황이 심히 우려된다.

내 소견으로는 여성성을 규정할 때 가장 전망 좋은 방법은 철학자들이 가족상동성이라고 부르는 개념으로 '여성'을 접근하는 것이다. 20세기 전반기에 오스트리아 출신 영국 철학자 루트비히 비트겐슈타인[25]은 일정한 개념들은 고정된 결정성을 결여하고 있어서 개념의 특수한 필요조건과 충분조건을 규정할 수 있다고 제안했다.[26] 비트겐슈타인은 '게임' 개념을 제시한다. 우리가 게임으로 지정하는 것을 살펴본다면,

> 우리는 모두에게 공통된 어떤 것을 보는 게 아니라, 유사성, 관계, 그리고 전체 계열을 본다…… 가령 보드게임을 보자. 그 안에는 다종다기한 관계가 존재한다. 이제 카드게임으로 넘어가 보자. 여기서 첫 번째 집단과의 상동성을 많이 발견하게 되지만, 좀 더 많은 공통성은 없어지고 다른 요소들이 나타난다. 구기 종목으로 넘어가면, 공통적인 것들이 많이 유지되고, 다른 것들은 많이 상실된다……. 이렇게 검토해 본 결과 유사성의 복잡한 망이 중첩되고 교차된다는 것을 알게 된다. 때로는 전체적으로, 때로는 세부적으로 유사성이 나타난다……. 이런 유사성들을 표현하기 위해 '가족상동성'이라는 말 이외에는 더 좋은 표현을 찾기 어렵다. 마치 가족 구성원 사이에 닮은 모습, 체구, 체형과 생김새, 눈의 색깔, 걸음걸이, 기질 등등이다. 이런 요소들은 중첩되고 교차된다.[27]

게임으로 간주된 것에 필요조건과 충분조건을 제공할 수 없지만, 여전히 우리에겐 그것을 보면 알아보는 경향이 있다. 핵가족의 구성원 중 개개인이 정확히 동일한 성질을 갖지 않는다고 해도 여전히 모두 어떤 식으로든 연결되어 있는 것과 마찬가지다. 가족상동성과 같은 개념을 생각해보면 핵심은 필요조건과 충분조건 찾기로부터, 충분하지만 개인적으로 그것을 만족시키기에 필요한 성질들

을 결합하는 방식으로 변한다.

'여성'이 가족상동성 개념이라면, 코트걸이 관점이 전통적으로 섹스와 젠더 공히 나열했던 성질의 모음으로 가장 잘 이해될 수 있다.[28] 대부분의 여성 신체가슴, 클리토리스, 음부, 난소와 자궁 등 성 기관과 재생산기관가 공유하는 신체적 특성이 있다. 그리고 신체에서 일어나는 생물학적 과정들사춘기, 월경, 클리토리스 자극으로 인한 성적 흥분, 임신과 출산, 수유와 폐경이 있다. 이런 신체적 특성과 연결된 심리적이고 사회적인 함의밤에 혼자 다닐 때 느끼는 두려움, 강간의 공포와 기사도식 보호에 의존하거나 저항하기가 있고, 그에 따른 생물학적 과정월경에 관련된 의례절차와 터부, 처녀성에의 집착, 수유를 둘러싼 기대감이나 터부, 육아휴가 유무이 있다. 젠더로 약호화된 한 무리의 사물옷, 화장품, 보석, 헤어드라이어와 믹서기를 포함한 일체의 기계와 도구, 행위겸양, 겸손, 조용함, 정서적 표현, 억제된 신체적 자세, 그리고 사회적 실천대명사 등 언어의 성별화적 사용, 미용법, 가사노동과 양육, 기사도이 있다.[29] 마지막으로 성별에 따른 구분이 있다여성 정체성의 동일화, 타인으로부터 여성으로 인식되기. 이런 성질의 집합은 고정되지 않는다. 성질은 더해지거나 빠지기도 한다. 혹은 시간이 지나면서 더 중요해질 수도 있다. 하지만 이 모든 것들을 한데 모으면 '여성'이 무엇인지 구성할 수 있다.

여성성의 모델과 충분히 유사하다면, 당신은 여성으로 간주된다. 위 목록에 다 해당된다면 당신은 분명 여성이다. 어느 항목에도 해당되지 않는다면 확실히 여성이 아니다. 목록의 일부만 충족시킨다면, 관례상 여성으로의 동일화가 인정된다. 이런 식으로 젠더에 대해 사유하게 되면 왜 트랜스 여성이 여성인지 이해할 수 있다. 또 여성성의 기대치와 여성으로 간주되는 것을 거부하거나 짜증내는 이유도 이해할 수 있다. 자궁적출수술을 했거나 불임이거나 혹은 아이를 갖지 않기로 선택했다고 해도 여전히 여성인 이유도 이해할 수 있으며, 레지비언이거나 양성애자, 동성애자여도 여전히 여성인 이유도 납득이 된다.

여성성을 가족상동성의 개념으로 접근한다면, 동일하진 않아도 유사한 방식으로 억압받는 한 무리의 사람들을 선별해 내고, 사회적 세력이 동일하진 않아도 유사한 방식으로 이 집단의 처지를 악화시키는 방식에 초점을 맞추는 코트걸이 페미니스트 전략을 구제할 수 있다.

하지만 코트걸이 페미니즘은 또 다른 좀 더 심각한 페미니즘의 도전에 직면해 있다.

섹스도 사회적 구성물이다.

코트걸이 페미니즘은 젠더의 근본적인 우발성을 강조하는 데 많은 잉크를 써왔다. 성별화된 성역할이 달라질 수 있다**또 달라져야 한다**고 선언하는 일에도 시간을 들여왔다. 하지만 문화적으로 우발적인 것은 젠더만이 아니라고 버틀러를 비롯한 이론가들이 주장해 왔다. 몸 그 자체는 언제나 특수한 문화적 맥락에 따르기 때문에 반드시 특수한 문화적 의미로 침윤되었다고 버틀러는 지적한다. 버틀러에게 섹스는 명확하게 생물학적 현실일 수 없다는 점에서 젠더와 같다. 우리가 일정한 생리적 성질에 그렇게도 많은 문화적 의미를 부여하는 것은 우리가 속한 문화가 무엇을 우위에 두는지 보여준다. 전형적으로 남성과 여성을 구별하는 방식을 생각해보라. 우선 성적 기관의 차이를 꼽는다음경과 고환/클리토리스, 음부, 난소, 자궁. 또 이 기관들이 이성애적 성교에서 사용되는 방식을 꼽는다삽입/삽입되기. 성관계에서 비롯된 차별적인 재생산 역할도 꼽는다정자의 수정/태아 잉태.

하지만 버틀러는 인간의 몸을 이렇게 이해하는 방식이 근본적으로 우발적이라고 주장한다. 이런 기준에서 보면, 가령 실제 가장 중요한 성질은 음모가 구불거리는지, 또는 직모인지 여부라고 결정할 수도 있어야 한다.[30] 재생산에서 신체가 담당하는 역할에 따라 사람들을 근본적으로 나눌 수 있다고 주장할 수 있는 것은 본성 그 자체에는 전혀 없다. 본성에는 이런 생물학적 성질을 토대로 사회적 역할을 부여하도록 요구하는 것이 아무 것도 없다. 늘 그래왔다고 해서 다른 방식으로는 가능하지 않다는 의미는 아니다. 버틀러는 이런 범주화가 누구의 이해관계를 더 반영하고 있는지 고려하기를 요구한다. 젠더 구별만큼이나 생물학적 성의 구별은 성차를 낳은 권력 구조를 반영한다.

물론 말 그대로 지금까지 존재해온 모든 문화는 남녀의 신체적 차이를 만들어냈고 이를 토대로 성별화된 사회적 역할을 부여해왔다. 따라서 성역할은 의미있는 것이라고 생각한 당신은 남녀 구별이 말 그대로 연결지점을 따라 자연을 조각한 것이라는 합리적인 논리를 피력할 수도 있다. 철학자들은 이를 "천연 성질"이라고 부르는데, 자연세계의 구조를 단순하게 반영하는 편견 없는 구별을 의미한다. 이렇게 인간의 몸을 이해하는 방식은 뭔가 근본적인 궤도를 따르기 때문에 사회화세력에 앞선 것이라고 주장할 수도 있다.

하지만 모든 문화에서 동일한 남녀의 구별을 만들었다고 할 순 없지만 모든 문화에서 일정한 남녀 구별이 존재한다고 할 수 있다. 생물학적 성이 전 세계에서 이해되어왔던 방식에는 뭔가 미묘하지만 중요한 차이가 있다.[31] 가령 유럽 문명보다 앞서, 수많은 북미토착문화는 남성도 아니고 여성도 아닌, '두 개의 정신'이라는 범주를 갖고 있었다. 이 범주와 동일화한 사람들은 자신을 자칭 타칭 '반 남성, 반 여성'으로 이해하고 있었다.[32] 식민지 이전 나이지리아의 몇몇 지역에서 여성의 성기로 태어난 사람들이 사회적으로 남편의 역할을 담당했다. 따라서 관습적인 의미에서 그들은 여성이 아니었다.[33] 현대 인도에서 히즈라[34]는 여성의 옷을 입고 음경과 고환을 희생제의를 통해 제거한 표현형[35] 남성들로 구성된 제3의 성이다.[36] 젠더와 마찬가지로 섹스도 더 이상 문화의 상수常數가 아니다.

관례적으로 섹스를 이해할 때 연결지점에 따라 자연을 새기지 않는다는 사실을 보여주는 또 다른 증거는 과학에서 발견된다. 생물학자이면서 젠더 연구자인 앤 파우스토-스털링 교수[37]는 생화학, 신경생물학, 그리고 사회적 세력들이 상호작용해서 섹스와 젠더의 이중 겹친 모델이라고 그녀가 부른 것을 생산하는 복합적인 방식을 해석해낸다. 이 모델에서 섹스는 단 한 가지로성염색체의 일정한 조합을 소유 결정되지 않고, 게다가 한순간에 개념화 결정되지도 않는다.[38] 대신 파우스토-스털링은 섹스가 배아기적 차원에서 발달과정의 각 층위로부터 기원하는 방식을 제시한다. 그 결과 물리적 순열은 사람들을 애써 밀어 넣게 되는 협소한 상자가 되지는 않는다. 과학적 합의에 따르면 이제 생물학적 섹스는 낯익은 이원적 모델이 제시하는 믿음보다 더 미묘한 차이를 담고 있다.[39] 가능성은 놀라울 정도로 다양하다. 한 사람의 성염색체나 성호르몬은 한 가지를 말할 수 있지만 특정한 유전 변이를 갖거나 관련된 호르몬 수용 장치를 결여하면 배관이 전혀 달라진다.[40] 성별이 모호한 성기를 갖고 태어나는 유아도 있지만, 성인의 경우 자신의 '비정상성'을 불임치료를 받거나 성별과는 무관한 의료적 치료를 받을 때만 발견하게 된다. '간성' 조건이 가능한 변형에 관해서는 아직 연구 단계에 불과하지만, 이런 사례들은 오직 두 개의 생물학적 성이 있다는 오래된 믿음을 무너뜨린다.

이 모든 상황을 신속히 이해하려면 섹스는 이원적이지 않다고 말하면 된다. 한편에는 순수한 여성성을, 다른 쪽엔 순수한 남성성이 있는 젠더의 스펙트럼의 중간 지점 어딘가에서 각자 위치에서 우리가 살아가듯이, 섹스 역시 이원적이지 않다. 오직 두 가지 선택지 - 남성 혹은 여성 - 만 있다고 믿는다면 아주 복합적인 생물학적 현실을 지나치게 단순화시키게 된다.

비이원적[41] 성 정체성, 트랜스,[42] 그리고 간성[43]인 사람들이 경험하는 억압을 좀 더 인식하게 되면 신체에 특정한 섹스를 부여하는 것이 젠더를 부여하는 것만큼 억압적이고 환원주의적일 수 있다는 것을 이해할 수 있다. 파우스토-스털링의 추정에 의하면, 간성의 조건으로 태어난 사람들은 인구 대비 1.7퍼센트이고, 철학자 로리 왓슨[44]이 지적하듯이 이 숫자는 휠체어를 타는 미국 인구의 수와 대략 동일하다.[45] 앞으로 해야 할 일이 산적해 있겠지만, 우리는 휠체어를 타는 사람들을 위해 사회를 좀 더 편리하게 바꾸어 왔다. 가령 도로 턱을 없애고, 경사로를 만들거나 엘리베이터 등을 설치했다. 하지만 최근까지 대부분 우리는 남녀 이분화를 넘어 다른 정체성이 있다는 사실을 인정할 수 없었고, 이렇게 사회적으로 삭제당한 이들은 복지 혜택에서도 누락되곤 했었다.[46]

트랜스 경험에 대한 페미니스트 논의

섹슈얼리티의 복합성을 이해하는 방식이 발전될수록 이 영역의 지도를 만드는 데 사용된 용어도 지속적으로 발전된다. 용어의 발전을 분명하게 제시하는 일은 유효하므로 섹슈얼리티를 조직하기 위해 현재 사용되는 주요 용어를 살펴보자.

시스젠더, 즉 태어날 때 부여된 섹스와 동일화한 젠더 정체성을 시스라고 간단히 부른다. 만일 당신이 시스라면, 상황이 달라질 가능성이 아마도 거의 떠오르지 않을 것이다. 시스젠더는 사회세계에서 정상으로 용인되고 받아들여지며, 자신의 피부 안에서 편안함을 느낄 수 있다. 하지만 시스가 아니라면, 젠더 규범에서 벗어나 있고 따라서 원만한 생활을 영위할 수 없게 된다. 만일 트랜스라면 태어날 때 부여된 성별과는 정반대의 젠더와 동일화한다.[47] 혹은 비이원적이거나 양성일 수도 있다. 남성성과 여성성 모두 동일화하거나 [양성] 젠더 유동적인 경우 매일 혹은 매년 젠더표현이 바뀌게 된다.

또는 젠더 퀴어 혹은 젠더 비순응적이면 엄격한 젠더 동일화로부터 손을 떼는 게 더 편할 것이다. 어떤 경우든 태어날 때부터 주어진 성별을 유지하지 않을 때는 큰 대가를 치러야 한다. 운이 좋다면 평생 공공화장실을 사용할 때 사람들로부터 곁눈질을 당하는 정도의 고통으로 끝날 수 있다.

하지만 상황은 그렇게 좋지 않아서 억압적 상황을 무사히 벗어나긴 어렵다. 4명 중 1명에서[48] 5명 중 2명[49] 꼴로 매년 단지 트랜스라는 이유만으로 폭행을 당한다. 트랜스에게 가해지는 생명을 위협할 정도의 폭행, 그 중에서도 특히 유색인종 트랜스에 대한 폭행은 지속적으로 증가하고 있다[50]**트랜스 운동가들은 LGBTQ 공동체 내에서 흑인 트랜스여성에게 가해지는 폭력이 가장 높은 비율을 보인다는 사실을 알리기 위해서 "트랜스흑인 여성혐오"라는 표현을 사용한다**. 젠더 비순응인 사람들은 주기적으로 고용, 의료서비스, 주거와 종교적 장소 입장 등을 거부당한다.[51] 젠더 비순응 청소년의 49퍼센트에서 62퍼센트는 임상학적으로 우울증을 겪고 있다.[52] 호르몬 치료를 거부당한 트랜스는 치료를 받은 사람들보다 네 배 높은 비율로 우울증에 걸린다.[53] 나이가 어리고 거주지가 불분명하고 실업 상태인 젠더 비순응자 중 50퍼센트 가까이 자살하거나 자살시도를 한다.[54] 우리 문화는 마땅히 그래야 한다고 간주되는 방식으로 젠더게임을 하지 않는 사람들을 못마땅해 한다. 이 게임을 할 수 없거나 하려 들지 않으면 대가를 치르게 된다.

우리가 가야 할 길이 멀긴 하지만 저 먼 지평선에 불빛이 어른거린다. 트랜스와 비이원적 젠더주체들을 보호하는 더 많은 장치들이 법적으로 제정되고 있다. 엄정한 과학연구들이 트랜스들에게는 익숙한 사실들을 입증해주기 시작했고 젠더 인정 의료체계가 상당한 정도로 트랜스의 정신건강을 개선시켜 주고 있다.[55] 이런 치료의 질과 다양성은 점점 개선되고 있다. 라번 콕스와 자넷 막[56]과 같은 트랜스젠더 셀럽들이 우리 세대의 엘렌 드제네레스와 로지 오도넬[57]로 성장하고 있다. 1990년대 이 두 사람이 위협적이지 않은 방식으로 대중문화의 표면에 부상함으로써 수많은 레즈비언, 게이와 양성애자들이 주류로 진입할 수 있는 새로운 시대를 열었다.

섹스와 젠더의 관례적인 이해방식을 의심하는 페미니스트들과 트랜스 활동가들이 자연스럽게 파트너가 된다고 생각할지 모르겠지만, 이는 착각이다.

1979년에 출간된 재니스 레이먼드의 문제작 『트랜스섹슈얼 제국: 그녀-남성의 구성』에서 이 모든 것이 시작되었다.[58] 1994년에 재출간된 이 책은 지속적으로 '젠더 비판적'이거나 '트랜스 배타주의'적 급진적 페미니스트, 즉 터프TERFs의 사기를 고무시켰다.[59] 레이먼드가 상대하는 괴물은 "젠더 의료화"이다. 즉 트랜스젠더 여성들이 외과적으로, 또 호르몬 요법으로 자신을 여성으로 바꾸려고 시도하는데, 이들의 실제 동기는 여성을 통제하려는 선한 구시대의 가부장제적 욕망이라고 지적하면서, 이제 가부장제는 외과술을 통해 이런 여성들을 만들어낸다고 주장했다. 레이먼드는 트랜스 남성에게는 거의 관심을 두지 않는다. 이들은 그저 혼란을 겪는 중인, 딱한 젠더

변이 여성이라고 색안경을 끼고 볼 뿐이다. 이들은 오로지 남성으로 제시하거나 불쾌할 정도로 공격적인 알파 남성 워너비로 등장할 때만 가부장제적 사회에서 이해받을 수 있다. 레이먼드의 분노가 향한 주된 표적은 트랜스 여성이었다. 최근의 "화장실 전쟁"[60]보다 앞선 초기 논쟁에서 레이먼드는 트랜스 여성을 여성적 공간을 침해하려 드는 남성으로 묘사하면서, 이들이 "페미니스트 동일성, 문화, 정치, 섹슈얼리티를 식민화"한다고 주장했다.[61]

많은 사람들이 이 책을 혐오발언으로 간주했다. 『트랜스섹슈얼 제국』은 레이먼드의 박사학위논문에 토대를 두고 급진주의 페미니스트인 매리 데일리의 지도를 받아서 쓴 것이었다. 데일리의 기이한 관점에 따르면 트랜스젠더는 "프랑켄슈타인"이다. 즉 자신의 생명력을 죽임으로써 섹스를 하려고 했던 "시체애호증자"이다.[62] 레이먼드도 이와 유사한 과장법을 사용하는 경향을 보인다. 가령 "모든 트랜스 성애자는 진정한 여성적 형태를 가공품으로 축소시킴으로써 여성의 몸을 강간한다. 자신을 위해 이 몸을 전유하려 한다……. 트랜스 성애자는 여성을 범하는 가장 분명한 수단을 제거함으로써 비폭력적으로 보인다"고 주장했다.[63] 아직도 이렇게 터프식 신랄한 비판들이 수많은 온라인 공간에서 발견된다. 자신의 견해를 도덕적인 대중이 진지하게 간주하도록 만들기 위해서 '젠더 비판적 페미니스트들'은 다소 어조를 누그러뜨린다.

이후 긴장이 고조되어 온 결과, 가령 1991년 미시건 여성음악 페스티벌에서 불이 붙었다. 레즈비언으로 알려진 이 여성만의 음악

페스티벌은 1976년에 시작되었고 1982년에 미시건 주 서쪽에 있는 650에이커의 지정 장소로 옮겨 열렸다. 1990년대에 성황을 이룬 이 페스티벌은 참석자가 만 명 이상이 되었다. 매년 거의 6일 동안 진행된 행사에 참석한 여성들이 모든 장르의 음악을 듣고 집중 워크숍에 참여했다. 이들은 남성들과 지내면서 느낀 압박감과 위험으로부터 완전히 해방된 상태에서 - 아마도 수많은 여성들에게는 거의 인생 최초였을 경험 - 자신만의 감정을 충실히 만끽했다.[64] 수년 동안 페스티벌에 참석했던 친구들에 따르면 마술에 빠진 듯 황홀했다고 전했다. 페스티벌은 여성에 의한, 여성만을 위한 이벤트였다. 음악가들과 참석자들은 당연히 모두 여성이었고, 그 외 다른 직종도 여성이 담당했다. 모든 무대는 여성들의 손으로 세워졌고 또 치웠다. 조명과 음향기기도 여성들이 다루었다. 전기기사, 수리공, 안전요원과 의사도 여성이었다. 공연마다 수천 개의 화구에서 여성들이 요리했고 정신적·신체적 의료 서비스를 제공했으며, 보육시설과 수화서비스도 제공되었다. 세정실과 알코올중독자모임, 장애여성을 위한 캠핑 장치와 유색인종 여성만을 위한 텐트도 있었다. 보육시설은 5세 미만 남녀 아동을 위해 제공되었다. 나이가 찬 남자아이들은 페스티벌 장소 밖의 〈썬 보이 형제 캠프〉로 보내졌다.

몇몇 참석자들이 낸시 버크홀더라는 여성이 트랜스젠더라는 사실을 알아보고 그녀의 존재를 불편하게 여기면서 자리를 떠나라고 요구했을 때 논쟁이 시작되었다.[65] 사건 이후에는 단 한 명의 트랜스 여성도 나가라는 요청을 받은 적이 없었고, 몇 년 후 주최 측이 공개적으로 버크홀더에게 사과했다. 주최 측은 페스티벌이 "여성으로 태어나서 소녀로 자라고 이후 지속적으로 여성으로 동일시해온 여성"을 위한 모임이었지만, 이 이념은 페스티벌의 정책은 아니기 때문에, 트랜스 여성의 참석을 금지하지 않고 있으며, 다만 "모임의 정신을 새기려는 의도였다"고 주장했다.[66]

트랜스젠더를 금하는 공식적인 정책은 없다고 해도 의도 자체가 문제였다. 이미 상처는 났다. 공공연한 비난이 가속되었고 트랜스활동가의 항의캠프가 페스티벌 입구 밖에 세워졌다. 페스티벌에 관한 부정적인 기사들이 진보적인 LGBTQ 미디어에 쏟아졌다. 일부 공연자들은 계약을 파기하거나 가급적 등장을 최소화하라는 강요를 받았다. 어떤 공연자들은 신체적 폭력이나 폭탄위협에 시달렸다.[67] 인권캠페인과 그 외 LGBTQ 변호집단은 페스티벌에 반대하며 전면에 나섰다. 트랜스 여성들은 페스티벌이 공언한 의도를 공개적으로 부정하는 운동에 동참하기 시작했다. 트랜스 활동가의 요구에 굴복하는 대신 페스티벌은 2015년 여름에 문을 닫았다. 이렇게 미시건여성음악페스티벌의 40년 역사가 끝나게 된다. "여성으로 태어난 여성"을 위한 공간을 원했던 여성들은 다른 곳을 찾아 나서야 했다.

트랜스 여성에게 '진짜 여성'의 지위를 부여하길 거부함으로써 터프는 인생을 여성의 입장에서 보낸 사람들의 정체성과 경험을 인증해주는 것이 중요하다고 재차 주장했다.[68] 심지어 페미니스트의 아이콘인 치마만다 고지 아디치[69]도 이런 정서를 드러낸다. "세상이 우리를 다루는 방식에 관한 문제이다. 남성으로서 태어나 세상이 남성에게 부여한 권리를 누리면서 살다가 젠더를 바꾸어버린다면, 애초부터 여성으로 살면서 남성들이 누린 특권을 누리지 못한 여성의 경험과 동등하게 간주할 수는 없다"고 주장했다.[70] 트랜스 여성은 여성이 아니라 트랜스 여성이라고 아디치는 주장했다.[71]

터프는 트랜스 여성이 패러디 또는 사기라고 한다. 또 트랜스 여성이 시연하는 여성성의 퍼포먼스는 심각하게 퇴행적인, 정형화된 이미지로, 주로 남성의 쾌락에 봉사하는 여성성의 캐리커처라고 비판한다. 케이틀린 제너[72]는 늘 끊임없이 자신이 여자라고 느껴왔다고 말했는데, 남성의 시선을 기쁘게 해주기 위해서 치장하고 그의 팔에 매달려 있는, 골 빈 여성이 되기를 원한다는 뜻이었다. "여자가 되어 가장 어려운 부분은 무엇을 입을지 결정하는 일이다"라는 그녀의 발언은 악명 높다.[73] 마찬가지로 저메인 그리어1970년대의 제2물결 페미니즘의 대표적 페미니스트가, 올해의 여성 기념식에서 제너를 꼽았다는 이유로 잡지 『글래머』를 "여성혐오적"이라고 비난했던 이유도 이런 식의 난센스 때문이었다. 그리어는 이 잡지의 선택은 남성이 성형수술을 받기만 하면 "단지 여성으로 태어난" 누군가보다 "더 나은 여성"이 될 수 있다는 사실을 추인해주는 것과 같다고 주장했다.[74]

트랜스 여성 일부가 확신에 차서 자신의 정체성을 주장하는 태도에 관해 터프는 이 사회에서 '남자의 자격'에 부여된 지지효과에 의해 평생 북돋워 온 자신감처럼 보인다고 불평한다. 적어도 몇몇 경우에는 이것이 일부 사실임은 부정할 수 없다. 특히 '남자의 자격'

이라고 알려진 것이 인종과 계급의 특권에 의해 확대되었을 때, 가령 제너와 같은 경우에는 분명 사실이다. 그러나 트랜스 여성이 그릇된 행위를 독점하는 것은 아니다. 멍청이들은 도처에 있다. 그러니 모든 트랜스 여성을 같은 붓으로 색칠하는 것은 부당하다. 인종적 특권이라는 투명 배낭에 들어있는 일용 양식 중 한 가지는 - 누구도 인정하지 않았지만 - 백인이 자신의 인종을 수치스럽다고 생각하지 않으면서도 나쁜 행동을 할 능력이다. 마찬가지로 시스 정체성을 유지한 사람이 그릇된 행동을 했을 때 그저 개인으로 평가될 뿐 인간성 전체를 대표하는 사람으로서 간주되지 않는다. 트랜스 역시 불완전할 권리가 똑같이 부여되어야 하고, 그가 속한 사회적 집단을 대변한다고 간주되지 않을 권리가 있다.

미디어의 관심을 가장 많이 받는 트랜스 여성의 젠더 퍼포먼스가 퇴행적이며 남성을 즐겁게 하는 여성성의 행태를 인증하는 것이 우연은 아니라고 터프는 주장한다. 정형화된 젠더 유형을 무비판적으로 추인하는 세상에 대항해서 전 인생을 걸고 싸워 온 페미니스트들이, 여성이 된다는 것이 '진짜 어떤지'에 관해서 [트랜스로부터] 듣게 될 때 분노하는 것은 용서받을 만하다. 물론 이런 상황의 책임은 미디어이지, 개인 트랜스 여성은 아니다. 사실상 이것이 터프가 비판하는 혹은 비판해야 하는 내용을 정확히 알려준다. 즉 우리 문화는 협소하고 제한적이며 억압적이다. 또 여성이 될 매우 제한된 방법들을 대상화시켜 이해한다. 이 점은 현재 미디어가 놓인 상황을 설명해준다. 터프가 미디어의 표상에 좌절하듯이 트랜스 공동체도 마찬가지로 좌절한다. 트랜스젠더가 되는 방식은 수없이 다양하다. 시스 정체성이 되는 방식이 다양한 것처럼 말이다. 수없이 많은 형태의 젠더 표현 방식이 있는데, 이들이 페미니스트가 우려하는 퇴행적 정형성을 맹목적으로 추인하는 것은 아니다. 경계를 무너뜨리는 젠더표현을 수행하는 트랜스는 그들만의 리얼리티 티브이 쇼와는 일치하지 않는 경향이 있다.

솔직히 말해 나는 트랜스젠더 여성으로부터 몇 가지는 배울 만하다고 생각한다. 물론 우리가 기꺼이 들을 자세가 되었다면 말이다. 1974년으로 거슬러 올라가면, 그때 이미 안드레아 드워킨이 현재의 '터프 전쟁'이라고 할 만한 공격을 시작했다. 드워킨은 "남성 복장전환자들[75]이 화장과 의복을 통해서 자신이 되고 싶은 여성을 희화화한다고 말하는 것은 일반적으로 잘못된 진술이다. 다만 낭만적 에토스에 관한 실질적 지식에 의하면 이 남성들이 낭만화된 구성물인 '여성'이라는 존재의 경험을 핵심적으로 꿰뚫고 있는 것은 분명하다"라고 했다.[76] 트랜스 여성이 현실의 만화적 인물이라고 불평하는 대신, 드워킨은 시스 여성에게 여성성의 퍼포먼스에 투자하라고 요구되는 터무니없는 양의 시간과 에너지에 대해 우리가 좀 더 솔직해져야 한다고 지적했다. 시스 여성이 판옵티콘의 훈육적 실행에 참여하고 있다는 사실에 솔직해진다면, 트랜스 여성이 이따금씩 시스의 여성성을 터프가 좋아할 만한 정도를 넘어 노골적으로 드러낼 때, 전혀 죄의식 없이 행위를 하는 것은 아니라는 사실을 인정하게 된다. 트랜스 여성이 여성성의 거울을 들이댈 때 우리가 보게 되는 모습이

싫다면, 책임을 물어야할 대상은 다름 아닌 우리 자신이다.

우리가 현재 살고 있는 유리로 지은 집에 돌을 던지지 않는 일이 얼마나 중요한지를 충분히 납득시키기 위해서 왓슨은 시스 여성이 주어진 상태로 살아갈 때 좋든 싫든 이원화된 젠더동일성의 세상, 즉 젠더 정형성의 세상, 극히 제한된 방식으로만 여성되기를 허용하는 세상을 - 트랜스 여성들과 마찬가지로 - 추인하는 것이라고 지적한다.[77] 나는 시스 여성으로서, 관습적인 여성성을, 그다지 독창적이지 않은 방식으로 나만의 퍼포먼스로 시연함으로써 부분적으로 여성이 어때야 하는지를 표현하고 있는 셈이다. "나 자신을 보여줌으로써 나는 인간을 보여준다"라는 실존주의 철학자 장 폴 사르트르의 말은 유명하다.[78] 나는 늘 사르트르의 이 말이 못마땅했다. 하지만 내 주변의 다른 사람들이 나를 여성으로서 봐주리라고 예상하면서 나 스스로를 보여줄 때 단지 여성이란 어떤 것인지에 대해 그들이 갖고 있는 관습적 믿음에 따라 행동할 뿐 아니라 실상은 그 믿음을 내가 추인해주는 셈이다**버틀러가 젠더 퍼포먼스를 엉망으로 만들라고 했던 충고는 이런 맥락에서 일부분 효력있다. 그런 식으로 사유 이전의 전 인식을 불안정하게 흔들어야 한다**.

만일 내가 다른 사람들처럼 퇴행적인 젠더정형성을 고착시킨 죄를 진 것이라면 왜 터프는 젠더본질주의를 떠받친 죄를 범했다는 이유로 트랜스 여성을 콕 집어 책임을 묻는가? 왜 그들은 나와 같은 시스 여성을 비판하지 않는가? 우리 모두 이 세상을 관습적인 젠더 결정요소의 족쇄로부터 해방시키는 것이 목표라는 데 동의한다. 하지만 우리는 현재 그런 세상에서 살지 않는다. "트랜스 여성이 섹스와 젠더로부터의 해방이라는 이상에 일치하는 행동을 하지 못했다는 비판은 자본주의사회에서 그럴듯하게 살고 싶은 욕망을 갖고서 주식시장에 은퇴자금을 투자한다는 이유로 비판받는 것과 유사하다. 해방의 목표가 사회적·정치적·경제적 체제로서 자본주의의 파괴라고 한다면 말이다. 카를 마르크스조차도 여기 바로 지금 이 순간에는 먹을 것이 필요했다"고 왓슨은 지적한다.[79]

고맙게도 그리어와 레이먼드 같은 터프는 현대 페미니즘에서 예외적 존재이다. 아디치도 터프는 아니다. 아디치는 비록 트랜스가 놓인 억압적 상황이 시스 여성이 경험하는 억압과는 다르다고 해도, 트랜스 여성이 억압당하고 있다는 점은 의심할 여지없고, 그들도 "페미니즘의 일부"에 마땅히 속해야 한다고 주장했다.[80] 대부분의 페미니스트들은 이보다 한발 더 나아가 터프의 수사학을 철저히 거부하면서 트랜스 여성이 여성이라는 사실에 동의한다. 이 점은 더 이상 이론의 여지가 없다.

철학자 탈리아 매 베처[81]는 트랜스 여성의 이중구속을 보여주었다.[82] 트랜스가 성공적으로 시스젠더인 척하다가 트랜스로 밝혀지는 경우 자신의 정체를 속이고 거짓말한 "사악한 사기꾼"으로 보인다. 트랜스의 정체 폭로는 종종 비극적으로 트랜스 여성에 대한 성폭력을 초래한다. 특히 성매매 종사자들의 경우에 그렇다. 설상가상 많은 사람들이 이런 폭력사건에서 가해자 쪽이 속았기 때문에 "공포에 질려" 폭력을 휘둘렀으므로 가해자의 폭력은 정당하다고 생각한다. 한편, 트랜스가 되는 것에 대해 개방적인 트랜스 행위자들은

"속임수를 쓰는 사람"으로 보인다. 그들은 실제로는 될 수 없는 정체성을 취하려고 딱하게도 애쓰는 저급한 부류라는 것이다이와 유사한 방식으로 과거에 페미니스트 참정권운동가들이 남성적이며 비정상적이라고 묘사되었고 자신이 결코 될 수 없는 존재, 즉 이 경우에는 남성이 되려고 한다는 이유로 불신당하고 평가 절하되었다.[83]

그러나 이렇게 트랜스를 속임수 쓰거나 한심한 사기꾼으로 보는 시각에 노정된 문제는 트랜스 여성이 되려고 하지만, 언제나 실패하게 될 뭔가 '진짜 여성'이 있다고 가정하는 것이라고 베처는 지적한다. 이런 가정은 현재 거의 모든 페미니스트들이 거부하는 생물학적 본질주의와 너무나도 유사하게 들리기 시작한다.

트랜스 여성을 둘러싼 현재의 논쟁은 여성으로 태어난 사람을 '진짜' 여성으로 만들어 주는 핵심적인 여성적 경험이 있는가의 여부에 관한 문제를 다시 제기한다. 여성적 경험이란 월경인가, 아니면 출산인가? 둘 다 아니다. 많은 여성들이 운명이든 선택이든 출산이나 월경을 하지 않는다. 성폭력과 성희롱의 피해자가 될 가능성은 어떤가? 트랜스 여성은 그 가능성이 더 많다고 할 수는 없다고 해도 최소한 같은 정도의 성폭력을 여성으로 태어난 이들만큼 겪고 있다. 확실히 우리는 여성을 호르몬이나 성염색체로 정의하는 시대로 돌아가기를 원치 않는다. 여성 중 1.7퍼센트 정도인 간성애자 여성을 제외하기로 작정한 게 아니라면 말이다. 시스 여성인 터프가 트랜스 여성이 '진짜' 여성으로 태어난 여성과 동일한 경험을 갖지 않았다고 불평할 때, 실제 하고 싶은 말은 "트랜스 여성은 나 같은 여성처럼 경험하지 않는다"이다. 교차성 페미니즘이 30여 년 이상 지속되는 과정에서 우리가 뭔가 배웠다면, 이런 태도야말로 페미니즘이 결코 수용할 수 없는 것이다.

터프에게는 상황이 더 좋지 않다. 오늘날 페미니스트들 사이에서 이루어지는 가장 중요한 합의는 여성들이 자신 스스로 여성인지 아닌지를 결정하게 맡겨두라는 태도이다. 베처는 자기 동일화의 중요성은 트랜스 정체성에 대한 논쟁을, 인간이 '진정' 무엇인가라는 형이상학적 문제로부터 초점을 바꾸어서 어떻게 대우 받아야 하는가의 정치적이고 윤리적인 문제로 옮겨가게 해줄 것이라고 확인해준다.[84] 그녀는 통찰력을 담은 비유를 제공한다. 어떤 사람이 "나 집에 가고 싶어"라고 말할 때 이 발언의 진위 여부를 따지는 것은 핵심을 벗어난다. 문제는 그녀가 집에 가고 싶다는 것이다. 그녀의 믿음이 잘못된 판단인지 실랑이를 벌인다면 그녀를 자율적인 행위주체자로 보지 못하게 된다. 이는 상대를 향한 존중감이 결여된 건방진 태도이다. 벨처는 이렇게 권위를 행사하는 "실존적인 정체성"이 우리에게 있다고 주장한다. 이 정체성은 운전면허증 같은 것에서 찾을 수 있는 경험적 사실이 아니라, 그 누구도 당신을 대신해서 결정해줄 수 없는 질문, 가령 "나는 누구인가? 무엇이 나를 감동시키고, 나는 무엇을 대표하는가? 내가 가장 중요하게 생각하는 것은 무엇인가" 등 실존적 문제들에 대한 답을 스스로 찾음으로써 결정된다.[85] 트랜스젠더의 젠더동일화는 이 실존적 주체성을 추인한다. 바지 속에 든 것이 트랜스의 젠더동일화와 일치하는지를 알아내려고 성마르게 굴면서 트랜스의 권리를 의심한다면 누군가를 새로운 종교로 개종시키려 하거나 정당을 바꾸려고 강요하는 것만큼이나 비도덕적이다. 페미니스트들은 오랫동안 젠더가 단지 주어진 사회적 계급이 아니고 살아있는 사회적 정체성이라는 사실을 알려왔다. 젠더는 우리에게 가해지는 행동일 뿐 아니라 우리가 직접 행동하는 것이다.[86] 젠더 행위는 트랜스가 자신의 젠더를 잘못 생각하고 있을 가능성의 여부를 따지는 데도 중요한 분기점이다.

페미니즘운동의 미래에는 트랜스 여성도 포함된다. 터프는 이 점에 있어 역사적인 패배의 길을 걷고 있다. 우리는 이 논쟁이 진보주의에서 흔히 나타나는 동족상잔의 내부적 싸움으로 타락하도록 내버려 두지 말아야 하고, 트랜스를 포함한 페미니스트들이 터프의 차별주의에 맞서서 입장을 내세우는 것도 중요하다. 페미니스트들과 여타 젠더이론가들이 섹스와 젠더, 그리고 이 두 개념의 관계에 대한 사유를 진전시켜온 사상사를 이해하게 되면 터프와 트랜스 활동가들 사이에 벌어진 틈새가 근본적으로 잘못된 것임이 밝혀질 것이다. 또 트랜스 활동가는 잘못한 것이 없다. 여성을 해롭게 하는 힘과 동일한 세력이 트랜스에게도 해를 끼친다. 이 사실은 페미니스트 트랜스 활동가 줄리아 세라노[87]가 트랜스 여성이 감당하고 있는 많은 차별은 그들이 트랜스라는 사실보다는 그들이 당당하게 여성성을 수행하려고 한다는 사실 때문이라고 주장한 점에서 분명히 밝혀졌다. 여기서 문제는 트랜스 여성들이 관습적인 젠더규범을 위반한다는 것이 아니라, 젠더정치에서 패배하는 쪽을 선택했다는 것이다. "우리가 남성으로 태어나서 남성의 특권을 물려받았음에도 여성으로 동일화하고 살아간다는 사실은 우리 사회에서 남성성과 남성다움을 구가하려는 사람들에게 도전하는 것이다."[88]

페미니스트들과 트랜스 활동가들은 서로 물고 뜯으며 싸울 여력이 없다. 함께 연합해서 대적해야 할 공통의 적이 있기 때문이다.

1 Simone de Beauvoir, *The Second Sex*. H. M. Parshley 편역 (New York: Vintage, 1989[1949]), 267쪽.

2 미국 내 학술연구에 필요한 실험과 연구조사 등에서, 특히 인간을 대상으로 실험할 때 반드시 거쳐야할 허가제도(역주).

3 Marilyn Frye, *The Politics of Reality* (Berkeley: Crossing Press, 1983), 46쪽.

4 여기서 전략은 패트릭 그림의 제안에서 영감을 받았다. 기본적으로 그림은 성차가 근본적이 아니라 사회적이라고 가정하면 위험요소는 더 적고 이익은 더 크다고 주장했다. 이런 차이들의 실제 기원에 대해 무지하기 때문에 사회적 설명을 받아들여야 한다는 것이다. 그림의 전략은 파스칼의 '내기'를 연상시킨다. 17세기 프랑스 철학자이자 수학자인 블레즈 파스칼은 사람들이 신을 믿게 하려고 내기를 고안했다. 파스칼의 내기는 엄격히 말해서 신의 존재를 증명하는 주장은 아니다. 대신 신이 존재하는지 여부를 확실히 알 수 없다면 우리가 믿어야 할 것이 무엇인지를 주장한다. 파스칼은 만일 내기를 한다면 신을 믿고 그에 따라 살려고 노력해야 한다고 했다. 결국 신에 대한 믿음이 잘못된 것이고 신이 실제로 존재하지 않는다 해도 손해 볼 것은 없다. 고작 유한성뿐이다(흥청망청 놀기, 일요일 아침 늦잠, 죽으면 더 이상 문제가 되지 않을 때 옳았다는 만족감 등등). 만일 당신이 옳아서 신이 존재한다면, 이제 무한한 이익을 얻게 된다(천상에서의 영원). 또 무한한 손실은 피하게 된다(지옥에서의 영원). (후대 신학자들은 전지전능한 신께서 이기적인 이유로 신을 믿는 사람에게 영원한 구원을 행복한 마음으로 하사할 것인가 의심하겠지만, 이 문제는 누군가에겐 열고 싶지 않은 깡통 속 벌레 같은 것이다). Patrick Grim, "Sex and Social Roles: How to Deal with the Data" in *'Masculinity,' 'Femininity,' and 'Androgyny': A Modern Philosophical Discussion*. Mary Vetterling-Braggin 편집 (New York: Littlefield and Adams, 1982), 128-47쪽.

5 루이스 캐럴의 『스나크 사냥』에 나오는 신비한 상상 속 동물로, 흔히 추적하기 어려운 존재나 관념 등을 일컫는 데 사용된다(역주).

6 John Stuart Mill, "The Subjection of Women," John Stuart Mill and Harriet Taylor Mill, *Essays on Sex Equality*. Alice Rossi 편집 (Chicago: University of Chicago Press, 1970[1869]), 49쪽.

7 Mill, "Subjection of Women," 49-50쪽.

8 재산노예제도는 초기 미국 경제에는 매우 큰 기여를 했던 것으로 판명되었다.

9 페미니즘 인식론과 언어철학 연구자로 매사추세츠대학(암허스트 소재) 교수이다(역주).

10 전격 공개: 앤토니는 수십 년 전 내가 박사논문 썼을 때 지도교수였다! 안녕 루이즈!

11 Louise M. Antony, "Natures and Norms," *Ethics* 111, 1호(2000), 8-36쪽.

12 미국의 다국적 수퍼마켓 체인(역주).

13 북미지역의 안경과 콘택트렌즈 제조 및 유통회사(역주).

14 공식적으로 밝히면 이것이 내가 응원하는 입장이다.

15 Elizabeth Spelman, *Inessential Woman: Problems of Exclusion in Feminist Thought* (Boston: Beacon Press, 1988), 159쪽.

16 Spelman, *Inessential Woman*, 13쪽.

17 Chandra Mohanty, "'Under Western Eyes' Revisted: Feminist Solidarity Through Anticapitalist Struggles," *Signs* 28, 2호(2003), 518쪽.

18 마르스크주의의 대표적 개념으로 인간관계가 사물의 관계로 나타나는 현상을 가리키는데, 자본주의 사회에서 상품관계가 생산자와 독립적으로 인간관계를 대체하는 과정을 의미한다. 이 대목에서는 여성성을 비판하는 과정에서 실제 여성과 동떨어진 성질로 여성성을 물화시켰다는 의미로 사용되었다(역주).

19 Judith Butler, *Gender Trouble: Feminism and the Subversion of Identity* (New York: Routledge, 1990), 160쪽.

20 샐리 하스랭거는 이런 유니콘이 실제로 존재할 수 도 있고 자신의 젠더 위계구조에 따르면 이들은 여성이라고 간주할 수 없다고 매우 허심탄회하게 인정한다. 하지만 그녀는 그들이 이론적 틈새를 빠져나가도록 내버려 둔다. 왜냐하면 이런 유니콘들은 극히 드물고 개념상으로 더 충분히 특권을 누리면서 살기 때문에 페미니스트의 도움은 전혀 필요가 없기 때문이다. Haslanger, "(What) Are Race and Gender?(What) Do We Want Them to Be?" in *Resisting Reality: Social Construction and Social Critique* (Oxford: Oxford University Press, 2012), 221-47쪽 참조.

21 가령 Theodore Bach, 2012, "Gender is a Natural Kind with a Historical Essence," Ethics 122 (2012), 231-72쪽; Natalie Stoljar, "Essence, Identity and the Concept of Woman," *Philosophical Topics* 23, 2호(1995), 261-94쪽 등을 보라.

22 기독교에서 영혼의 소극적 상태를 의미하는 표현으로 인간이 노력을 억제함으로써 신의 활동이 온전하게 펼쳐질 수 있다는 교리인데, 이 책에서 다루는 정치적 맥락에서는 여성 주체가 아무런 행동을 하지 않거나 사회적 변화에 소극적인 태도를 보이는 것을 말한다. 특히 버틀러 이론에서는 아이러니와 조롱에만 국한된 수행성만이 가능한 선택지로 제시되는 듯한 결론을 비판하기 위한 용어로 사용되었다(역주).

23 Martha Nussbaum, "The Professor of Parody: The Hip Defeatism of Judith Butler," *The New Republic*, 1999년 2월 22일, 45-48쪽. Susan Bordo, "Material Girl: The Effacements of Postmordern Culture," *Michigan Quarterly Review* 29, 4호(1990), 653-78쪽과 Susan Bordo, "Postmodern Subjects, Postmodern Bodies: A Review Essay," *Feminist Studies* 18, 1호(1992), 159-76쪽도 보라.

24 가령 Nancy Fraser, *Fortunes of Feminism: From Women's Liberation to Identity Politics to Anti-Capitalism* (New York: Verso, 2013)과 Nussbaum, "The Professor of Parody"를 보라.

25 수학철학, 심리철학 및 언어철학 전문 오스트리아 출신 철학자(역주).

26 필연성과 충분성은 논리적 용어이다. 필요조건은 개념이 만족스러운 조건으로 구성하려면 반드시 갖춰야 할 성질이다. 충분조건은 개념이 모든 것들을 함께 가지면 조건을 만족시키는 성질이다. 필요조건과 충분조건을 개념에 구체적으로 명시하면 개념은 논리적 공간에서 확정적으로 규정될 수 있다.

27 Ludwig Wittgenstein, *Philosophical Investigations*, 4th ed. G. E. M. Anscombe, P. M. S. Hacker and J. Schulte 편역 (Malden, MA: Blackwell, 2009[1953]), 31d-32e.

28 가령 Linda Nicholson, "Interpreting Gender," *Signs* 20, 1호(1994), 79-105쪽; Natalie Stoljar, "Essence, Identity and the Concept of Woman," *Philosophical Topics* 23, 2호(1995), 261-94쪽; Iris Marion Young, "Gender as Seriality: Thinking About Women as a Social Collective," *Intersecting Voices*(Princeton: Princeton University Press, 1997); Linda Martin Alcoff, *Visible Identities: Race, Gender, and the Self*(Oxford: Oxford University Press, 2005); Ann Garry, "Intersectionality, Metaphors and the Multiplicity of Gender," *Hypatia: A Journal of Feminist Philosophy* 26, 4호(2001), 826-50쪽 등을 보라.

29 확실히 말하면, 나는 (그리고 대다수의 페미니스트들) 이 사회적 실천의 항목이 가장 어려운 것이라고 생각한다.

30 Frye, *Politics of Reality*, 40쪽.

31 Nicholson, "Interpreting Gender," 96ff.

32 Will Roscoe, *Changing Ones: Third and Fourth Genders in Native North America*(New York: St. Martin's, 1998).

33 Ifi Amadiume, *Male Daughters, Female Husbands: Gender and Sex in an*

African Society(London: Zed Books, 1987).

34 남성이 거세를 통해 여성이 된 사람.

35 유전자와 환경의 영향에 의해 형성되는 형질(역주).

36 Gayatri Reddy, *With Respect to Sex: Negotiating Hijra Identity in South India* (Chicago: Univeristy of Chicago Press, 2005).

37 미국의 브라운대학 교수로 젠더와 성 정체성, 젠더 역할 등의 분야에 기여했다(역주).

38 Anne Fausto-Sterling, *Sex/Gender: Biology in a Social World* (New York: Routledge, 1990).

39 가령 Claire Ainsworth, "Sex Redefined: The Idea of 2 Sexes Is Overly Simplistic," *Nature*, 2015년 2월, 18쪽.

40 인간이 성적으로 이형화되었다면 정확하게 두 가지 중 하나 XX(여성)이거나 XY(남성) 성염색체 구성으로 나뉘게 된다. 인간이 XX와 XY의 구성에 따라 이중 양식으로 분배되는 것은 사실이지만, 여러 다른 가능성들도 존재한다. 가령 XXY, XYY와 XO(무 염색체) 등이다. 성염색체와 호르몬의 관계는 마찬가지로 수많은 사람들이 생각하듯이 분명하지 않다. 일부 XX 사람들은 가령 태어날 때부터 부신과형성(adrenal hyperplasia)을 겪는데, 테스토테론을 과도하게 만들어내서 전형적으로 표현성 남성으로 발전하게 만든다. 일부 XY 사람들은 완전히 안드로겐 무감성 증후군을 갖고 있어서 신체가 "전형적"인 남성의 테스토테론 수준을 만들어내지만, 이들의 테스토테론 수용기관은 호르몬에 반응을 하지 않음으로써 표현성 여성으로 만들어낸다.

41 시스젠더나 트랜스젠더와는 달리, 양성 어느 젠더와도 동일화하지 않는다(역주).

42 비이원적 젠더와 대조적으로, 트랜스젠더는 양성 구분을 받아들인다. 다만 타고난 젠더와 동일화하지 않을 뿐이다(역주).

43 남녀 양성의 중간적 성적 형질을 갖는 개체(역주).

44 정치철학, 법철학 교수이자 페미니스트(역주).

45 Lori Watson, "Feminist Perspectives on Human Nature," *Macmillan Interdisciplinary Handbooks: Feminist Philosophy*. Carol Hay 편집 (Farmington HIlls, MI: Macmillan Reference USA, Gale, Cengage Learning 부속, 2017), 84쪽.

46 Robin Dembroff, "Real Talk on the Metaphysics of Gender," *Gendered Oppression and Its Intersections, Philosophical Topics* 미간행 호. Takaoka and Manna 편집 (출간 예정).

47 섹스와 젠더의 구분이 야기하는 여러 문제들 때문에 트랜스 활동가는 낡은 용어인 '트랜스 섹슈얼'이나 새로운 용어 '트랜스젠더' 이 두 용어 대신 광의의 '트랜스'를 선호한다.

48 S. E. James, J. L. Herman, S. Rankin, M. Keisling, L. Mottet and M. Anafi, *The Report of the 2015 U. S. Transgender Survey* (Washington, DC: National Center for Transgender Equality, 2016).

49 *LGBT in Britain: Hate Crime and Discrimination* (London: Stonewall, 2017).

50 "Violence Against the Transgender Community in 2018," Human Rights Campaign. 2019년 11월 11일 검색. https://www.hrc.org/resources/violence-against-the-transgender-community-in-2018.

51 *LGBT in Britain*.

52 Tracy A. Becerra-Culqui, Yuan Liu, Rebecca Nash, Lee Cromwell, W. Dana Flanders, Darios Getahun, Shawn V. Giammattei, Enid M. Hunkeler, Timothy L. Lash, Andrea Millman, Virginia P. Quinn, Brandi Robinson, Douglas Roblin, David E. Sandberg, Michael J. Siverberg, Vin Tangpricha and Michael Goodman, "Mental Health of Transgender and Gender Nonconforming Youth Compared with Their Peers," *Pediatrics* 141, 5호(2018).

53 Gemma L. Witcomb, Walter Pierre Bouman, Laurence Claes, Nicola Brewin, John R. Crawford, and Jon Arcelus, "Levels of Depression in Transgender People and Its Predictors: Results of a Large Matched Control Study with Transgender People Accessing Clinical Services," *Journal of Affective Disorders* 235, 1호 (2018), 308-15쪽.

54 Ann P. Haas, Philip L. Rodgers, and Jody L. Herman, "Suicide Attempts Among Transgender and Gender Non-Conforming Adults: Findings of the National Transgender Discrimination Survey," *American Foundation for Suicide Prevention and Williams Institute*, 2014년 1월.

55 Jaclyn M. White Hughto and Sari L. Reisner, "A Systematic Review of the Effects of Hormome Therapy on Psychological Functioning and Quality of Life in Transgender Individuals," *Transgender Health* 1, 1호 (2016), 21-31쪽.

56 라번 콕스: 미국의 영화배우이며 트랜스젠더 운동가. 넷플릭스 오리지널 드라마 〈오렌지색이 새로운 블랙〉에 출연했다. 자넷 막: 미국의 작가, 감독이자 프로듀서이고 티브이 쇼호스트로 활동 중이고 트랜스젠더 인권운동가이다(역주).

57 코미디언 출신 티브이 쇼호스트인 엘렌 드제네레스와 배우이자 코미디언인 로지 오도넬은 레즈비언 정체성을 커밍아웃하고 쇼 비즈니스 분야에서 큰 영향력을 미치는 셀럽이다(역주).

58 Janice Raymond, *The Transsexual Empire: The Making of the She-Male*(Boston: Beacon Press, 1979).

59 '터프'라는 용어가 비방인지 여부는 대단히 논쟁적이다. 트랜스 여성들이 페미니스트의 보호를 받을 자격이 없다고 주장하는 많은 페미니스트들은 스스로 "젠더 비판적"이라고 부르기를 선호한다. 하지만 레이첼 맥키넌은 이 용어가 기술적으로 정확하다고 확신을 갖고 주장한다. 결국 트랜스를 배척하는 것은 급진적 페미니스트들이고, 따라서 비방이 아니라는 것이다. MacKinnon, "The Epistemology of Propaganda", *Philosophy and Phenomenological Research* 96, no 2 (2018), 483-89쪽 참조. 만일 이 용어가 문제적이라면 그것은 다름 아닌 그 용어를 적용하는 사람들이 적절히 페미니스트라고 불릴 수 없기 때문이라고 제안한다. 모든 여성들을 다루지 않는다면 페미니스트가 될 수 없다. 트랜스 여성들도 여성이다.

60 화장실을 남녀로 구분하는 것을 폐지하고 젠더중립적 또는 양성 평등의 화장실을 만들자는 주장(역주).

61 Raymond, *The Transsexual Empire*, 104쪽.

62 Mary Daly, *Gyn/ecology: The Metaethics of Radical Feminism*, 2nd ed. (Boston: Beacon Press, 1990[1978]), 70-71쪽.

63 Raymond, *The Transsexual Empire*, 104쪽.

64 작자미상, "How the Michigan Womyn's Music Festival's Topless Womyn Changed My Lesbian Life Forever," *Autostraddle*, 2009년 8월 30일. 2019년 11월 22일 검색. https://www.autostraddle.com/how-the-michigan-womyns-music-festivals-topless-womyn-changed-my-lesbian-life-forever/.

65 Nancy Burkholder, Christian Williams와 인터뷰. *The TransAdvocate*, 2013년 4월 9일. 2019년 11월 22일 검색. https://www.transadvocate.com/michigan-womyns-music-festival_n_8943.htm.

66 Lisa Vogel, "Letter from the Michigan Womyn's Music Festival," 2014년 5월 9일. Sarah Gamble, "Gender and Transgender Criticism," *Introducing Criticism in the 21st* Century. Julian Wolfreys 편집 (Edinburgh: Edinburgh University Press, 2015)에서 인용됨.

67 Tobi Hill-Meyer, "Bitch Pulled from Festival Lineup," *Bilerico Report*, 2010년 5월 21일. 2019년 11월 11일 검색. http://bilerico.lgbtqnation.com/2010/05/bitch_pulled_from_festival_lineup.php; Rachel Carns, Raido Sloan, Dvin Kirakosian, Emily Kingan, STS, Tami Hart, "Response to Violence Against the Butchies and Le Tigre," Eminism, 2001년 10월 7일. 2019년 11월 11일 검색. http://eminism.org/michigan/20011007-carns.txt.

68 물론 모든 트랜스 여성들이 인생의 어느 지점에선가 남성으로서 아무 문제없이 살아왔었다는 거짓 가정에 토대를 두고 있다.

69 나이지리아 출신 작가로 소설 및 논픽션을 썼는데, 2014년 『우리는 모두 페미니스트가 되어야한다』라는 책에서 21세기 페미니즘을 제시한다(역주).

70 Chimamanda Ngozi Adichie, Cathy Newman과의 인터뷰. *UK Channel 4 News*. 2017년 3월 20일.

71 물론 태어날 때부터 여성인 사람 모두 이 세상에 동일한 방식으로 살아간다는 거짓 가정에 토대를 둔다.

72 올림픽 10종 경기 금메달리스트로 전직 육상선수이자 사업가이다. 2015년 트랜스젠더로 커밍아웃하면서 본명 브루스 제너에서 캐이틀린 제너로 이름을 바꾼다(역주).

73 Caitlyn Jenner, Kristin Harris, Whitney Jefferson and Sydney Scott과의 인터뷰. *BuzzFeed*, 2015년 11월 10일자. 2019년 11월 11일 검색. https://www.buzzfeed.com/kristinharris/caitlyn-jenner-the-power-of-the-woman-hasnt-been-unleashed.

74 Germaine Greer, Kirsty Wark과의 인터뷰. *BBC Newsnight*. 2015년 10월 24일자.

75 드워킨이 여기서 사용한 용어에 대해서 몇 가지 이의가 제기되었다. '복장전환자'는 이제는 더 이상 바람직한 용어가 아니며 드워킨은 남성 드랙 퀸과 트랜스 여성 사이에서 이 용어를 명확하게 사용하지 않는다. 하지만 이 점에 대해 지금 여기서 지면을 너무 할애하는 것은 다소 시대착오적이다.

76 Andrea Dworkin, *Woman-Hating* (New York: E. P. Dutton, 1974), 113-4쪽.

77 Lori Watson, "The Woman Question," *Trans Studies Quarterly* 3 (2016), 246-53쪽.

78 Jean-Paul Sartre, *Existentialism is a Humanism*. Carol Macomber 번역(New Haven: Yale University Press, 2007[1946]), 24-25쪽.

79 Watson, "The Woman Question," 249쪽.

80 Chimamanda Ngozi Adichie, 페이스북 포스트. 2017년 3월 10일. 2019년 11월 11일 검색. https://fr-fr.facebook.com/chimamandaadichie/posts/of-course-trans-women-are-part-of-feminism-i-do-not-believe-that-the-experience-/10154887462650944.

81 트랜스젠더 연구자로, 트랜스포비아와 젠더와 인종억압의 관계를 연구했다(역주).

82 Talia Mae Bettcher, "Evil Deceivers and Make-Believers: On Transphobic Violence and the Politics of Illusion," *Hypatia* 22, 3호(2007), 43-65쪽.

83 Maren Behrensen, "Feminist Perspectives on LGBTQI Theory," *Macmillan Interdisciplinary Handbooks: Feminist Philosophy*. Carol Hay 편집 (Farmington HIlls, MI: Macmillan Reference USA, Gale, Cengage Learning부설, 2017), 354-48쪽.

84 Talia Mae Bettcher, "Trans Identities and First-Person Authority," *You've Changed: Sex Reassignment and Personal Identity*. Laurie Shrage 편집 (New York: Oxford University Press, 2009).

85 Bettcher, "Trans Identities and FIrst-Person Authority,"110쪽.

86 Katharine Jenkins, "Amelioration and Inclusion: Gender Identity and the Concept of Woman," *Ethics* 126, 2호(2016), 394-421쪽.

87 미국의 작가이자 음악가이며 트랜스젠더와 양성애자 활동가이자 생물학자이다(역주).

88 Julia Serano, *Whipping Girl: A Transsexual Woman on Sexism and the Scapegoating of Femininity*, 2nd ed. (Berkely: Seal Press 2016), 4쪽.

5장

성폭력

Think Like a Feminist
The Philosophy Behind the Revolution

미투 운동은 어느 날 갑자기 시작된 것이 아니다. 마거릿 애트우드[1]는 남성은 여성이 자신을 비웃을까 봐 두려워한다고 했다. 이 문장의 주어를 여성으로 바꾸면 여성은 남성이 자신을 죽일까 봐 두려워한다. 많은 페미니즘 이론가들과 활동가들이 꼽는 중요한 문제 중 하나가 여성을 대상으로 하는 성폭력의 문화인 이유가 바로 여기에 있다. 페미니스트들은 이를 강간문화라고 한다. 강간이 편재하고 정상적이면서도 어쩔 수 없는 것이라고 간주되는 사회를 가리킨다.

언뜻 극단적으로 보인다. 하지만 자문해보자. 나는 강간당하지 않으려고 매일 어떤 일을 하는가? 천천히 시간을 두고 목록을 작성해보자.

당신이 여성이라면 목록은 아주 길어질 것이다:

가능하다면 밤에 혼자 밖에 다니지 말 것. 주변을 늘 확인할 것. 술집에서는 친구에게 당신의 술잔에 누가 약물을 넣는지 봐달라고 할 것. 화장실에 갈 때는 무리 지어 갈 것. 밤에는 주차한 곳까지 신뢰할 만한 사람과 함께 갈 것. 열쇠 꾸러미를 주먹에 그러쥐고 다니다가 필요한 경우 상대에게 펀치를 가할 수 있게 준비할 것. 자신의 몸이 묶이는 상상에 빠지지 말 것 - 스스로 아무것도 할 수 없는 상황에서 상대를 믿을 수 있는지 확신할 수 없기 때문이다. 언제나 차를 타기 전에 차 안을 확인할 것 - 누군가 뒷자리에 숨어있을 수도 있다. 기분 나쁜 삼촌과 홀로 단둘이 있지 말 것. 공공장소에서 술을 마실 때는 같이 있어줄 친구를 적어도 한 명 확보할 것 - 만취한 경우 집에 데려다줄 친구가 필요하다. 파트너가 너무 술에 취했거나 기분이 안 좋을 때는 그가 요구하는 대로 순순히 응할 것 - 당신이 거부할 때 그가 행위를 그만둘지 확실하지 않기 때문이다. 외출 시 복장을 잘 갖춰 입고 불필요한 관심을 받지 않도록 주의할 것. 필요할 때 빨리 달릴 수 있는 신발을 신을 것. 틴더 앱[2]을 통해 알게 된 사람과는 공공장소에서 만날 것. 남성 친구들 가운데 홍일점이 되어 술자리에 남아있지 말 것 - 그들이 너무 많이 취하면 어떤 행동을 할지 모르기 때문이다. 밤에 길을 걸을 때는 손에 전화기를 들고 있을 것 - 필요할 때 911에 전화할 수 있도록 등등. 진저리 칠 만큼 끝없이 이어지는 목록이다.

만일 당신이 남성이라면 아마도 몇 초간 머리를 긁으면서 농담처럼 "강간당하지 않기 위해 내가 할 일? 헐. 감옥 가지 않게 조심해야겠지"라고 말할 것이다.[3]

이 문제에 대해 시간을 두고 생각해보라. 남성들이 감옥 가는 것을 가장 두려워한다면 여성들은 평생 매일 두려움을 느끼며 살아야 한다.

여성이 당하는 학대, 강간, 성희롱과 폭력에 관한 통계에 관해 남성도 유사한 폭력을 경험한다는 주장을 수없이 들어왔다. 마치 이런 문제가 양성 간의 전쟁에서 국지전의 일종인 듯 하고, 여성이 이 전투에서 절대 승리하지 못하게 하려는 것 같지 않는가? 이 이상한 반응에 대한 설명은 캐서린 맥키넌이 제공한다. 우리는 여성이 된다는 것이 무슨 의미인지에 대한 경험적 사실을 믿으려고 하지 않는다. 분명 통계학적 증거가 명백한데도 남성과 여성이 동등하다는 집단적 믿음에 매달리고 있다. 이것이 바로 "우리에게 주어진 평등이다"라고 맥키넌은 말한다. 6명 중 1명꼴로 여성이 강간을 경험하거나 살면서 강간 미수를 경험하고 있는 세상에서 살고 있는 것이다.[4] 남성들의 강간 경험 통계는 놀랄 정도로 다르다. 33명 중 1명꼴로 남성이 살면서 강간이나 강간 미수를 경험하게 된다.[5] 이건 절대 평등이 아니다. 여성희생자 뿐 아니라 남성희생자에게도 강간은 분명 비극적이다. 하지만 그 위험이 양성에게 똑같다는 듯 굴어선 안 된다. 절대 똑같지 않기 때문이다.

권력으로서의 강간

1970년대 중반에서 후반까지 제2물결 페미니즘의 슬로건은 "강간은 섹스가 아니라 권력"이었다. 이 슬로건이 주류사회로 점차

유입되면서 종종 다소 의도적인 오독이 발생했다. 페미니스트에게 정말 필요한 것은 남자와의 잠자리라는 흔한 모략은 새로운 경향을 띠면서, 이제 그들에게 필요한 것은 고등학교 생물수업이었다고 암시한다. 그러나 사회가 강간의 생물학적 체계를 넘어서야 한다고 주장했던 수많은 페미니스트들은 좀 더 큰 문화적 체계의 일부로 성별화 된 성폭력을 제시했다. 원치 않은 음부에 환영받지 않은 음경이 침입하는 것[생물학적 체계]만으로 강간을 규정하기보다는, 페미니스트들은 다양한 방식으로 기술한다. "가부장제 문화에서 남성 섹슈얼리티의 완벽한 행위…… [그리고] 지배, 폭력, 종속과 소유의 궁극적 메타포," "남성의 성적 권력을 문화적 절대가치로 절합하는 패러다임," 그리고 "백인 남성 위계를 상징적으로 표현……[그리고] 우리 문명의 본령과 같은 행위로…… '죽음에까지 다다를 수 있는' 위험."[6] 이 각각의 묘사는 강간의 형상을 단지 고립되고 무관한 성적 폭력행위로서가 아니라 좀 더 광범한 사회적 정치적 맥락에서 일어나는 상호 연관된 사건으로서 이해하도록 요구한다. 즉 새장의 철장이다.

강간이 섹스가 아니라 권력에 관한 것이라는 주장은 수잔 브라운밀러의 영향력 있는 저서에 담겨있다. 1975년『우리 의지에 반해서: 남성과 여성, 그리고 강간』은 많은 독자들에게 강간을 페미니스트적 시각에서 다룬 책으로 알려져 있다. 브라운밀러의 목적은 성폭력을 둘러싼, 소멸되지 않는 지속적인 신화들을 거부하는 것이었다. 브라운밀러는 강간의 근본적인 정치적 목적을 폭로했다. 강간은 "모든 남성이 모든 여성을 두려움의 상태로 놓아두려는 의식적인 위협 과정에 다름 아니다"라고 브라운밀러는 꽤 인상적인 주장을 피력했다.[7] 그리고 강간의 주된 기능이 성이 아니라 정치적이라고 했다. 강간은 성적 자극에 대한 자연적 반응이라기보다는 타자를 지배하고 강등시키려는 정치적 동기에 의해 촉발된 것이다. 철학자 앤 카힐[8]은 브라운밀러의 저서에서 두 가지 뚜렷한 강간의 정치적 기능을 끄집어내었다.[9] 첫째, 강간은 보호의 명목으로 작용한다. 둘째, 여성을 정치적 볼모로 사용하는 방식일 수 있다.

강간을 보호명목으로 이해할 때, 도처에 도사리고 있는 성폭력의 위험 때문에 여성이 뭇 남성으로부터 보호받기 위해서 한 명의 남성이 필요하다는 현실이 확인된다. 보호명목의 고전적 사례는 폭력으로부터 '보호'해준다는 명목으로 대가를 요구하는 범죄 조직의 보스다. 보호에 대한 보상을 치르지 않으면 보호를 제공한 남성이 도리어 여성에게 폭력을 가하게 된다. 더 흔한 사례는 휴가기간에 종종 겪을 수 있는 상황이다. 관광객에게 "자동차를 봐 준다"는 실은 그들 자신으로부터! 명목으로 돈을 요구하는 아이들이다. 보호명목으로서 강간의 특징은 보호가 필요한 폭력의 위협이 보호를 제공해줄 사람이 속한 집단에서 비롯된다는 사실이다. 브라운밀러는 여성이 남성으로부터 강간당할지 모른다는 두려움에 떨게 되면 단순히 과장된 편집증이 아니라 통계학적 경험현실에 뿌리를 둔 정당한 두려움으로 남성의 보호 없이 이 사회에서 여성이 존재하기 어렵거나 불가능하게 만든다.

브라운밀러에 의하면 무엇보다 이 성차별적으로 형성된 [여성의] 취약성을 토대로 결혼이 제도화되었다. 만일 이런 주장이 낭만적이지 않거나 과장되었다고 여겨진다면, 대다수 문화의 역사에서 여성이 결혼을 하고 나면 자립을 포기하도록 요구받는다는 점을 기억하라. 아내의 지위에 관한 영국의 법령에 따르면, 여성의 법적 권리와 의무는 남편에게 종속되어 있다. 18세기 영국의 정치가이자 법학자인 윌리엄 블랙스톤의 말을 들어보자.

> 결혼을 통해 남편과 아내는 법적으로 한 몸이다. 즉 여성의 존재나 법적 현존은 결혼기간 동안 중지되거나 적어도 남편의 것에 포함되고 통합된다. 남편의 품속에서 보호받고 그의 엄호 하에 아내는 행동한다.[10]

일단 결혼하면 여성은 더 이상 사유재산을 소유하지 못하고 자기 이름으로 계약을 맺을 수 없다. 영국의 법체계 이외에 다른 나라에서도 이와 유사한 법이 있었다. 로마와 네덜란드의 '결혼 서열' 법령은 여성을 남편의 보호를 받는 하급자로 간주했다. 나폴레옹 규약은 기혼녀와 아이들을 남편과 아버지의 권위에 종속시켰다. 미국의 '재산법'은 남편이 모든 가정사를 결정할 최종 권한을 갖고 있고 아내에게 알리거나 동의를 구하지 않고도 공동소유 재산을 취하거나 처분할 권한을 갖고 있었다. 이런 법들은 20세기까지도 성문화된 상태였다. 이 다수의 법에서 기혼 여성은 문자 그대로 독립적 개체로서 간주되지 않는다. 이와 같은 여성의 시민권 삭제는 여성이 남성의 성姓을 따르는 방식에서 상징적으로 드러난다.

도대체 제정신이라면 누가 이런 조건에 동의할 것인가? 미혼 여성이 처했을 사회적 추방과 배제의 다른 수많은 형태를 무시하면서혹은 축소하면서 브라운밀러는 여성이 그런 계약을 받아들여야 할 유일한 근거, 즉 자신의 공적 존재는 소멸된 채 남편의 선한 의지에 전적으로 의지하도록 만든 이유는 강간으로부터 보호를 받을 필요가 있기 때문이라고 믿는다.

강간이 정치적으로 기능하는 두 번째 방식으로, 브라운밀러는 여성이 전쟁이나 여타 폭력이 행사되는 갈등상황에서 정치적 볼모가 되는 상황을 꼽는다. 여성의 몸은 남성이 증오심이나 서로에 대한 지배를 표현하기 위한 도구가 된다. 여성이 남성의 능력을 상징하는 도구로 기능할 때 그녀의 몸은 전리품이 되어, 강간의 목표물은 여성보다는 그녀를 소유한 남성이 된다. 이 강간의 모델은 여성들이 재산노예제[11]하에서 강간당하는 이유를 설명해준다. 성폭력은 노예주의 권력을 과시하는 것이자 노예남성을 탈남성화하는 수단이었다. 노예남성은 노예여성을 온전히 성적으로 소유할 수 없었고 그들을 보호할 능력마저 부정당했다.

강간이 근본적으로 정치적 행위라고 주장하는 브라운밀러는 개별적인 강간사건은 더 큰 사회적 배경에서 작동하는 성차별적인 성폭력을 주목하지 않으면 전혀 이해할 수 없다고 했다. 우리 사회에서 여성에 대한 남성의 지배는 이미 잘 구축되어 있고, 강간은 남성 지배를 재확인하는 수단이다. 여성은 개인으로서가 아니라 종속적 계급의 일원으로서 강간당한다. 말하자면 프라이의 새장 속에 사는 주민이다. 강간은 가해자와 피해자 양쪽 모두에게 한 사람은 지배계급이고 다른 사람은 피지배계급이라는 사실을 알려준다. 이런 식으로 강간 행위는 사회질서의 메아리로서 그 질서를 강요한다. 이 사회에서 여성은 열등한 존재이다. 이 사회질서에서 남성이라는 것의 의미는 실질적으로 여성의 몸을 지배하는 무한정한 권력을 소유한 존재가 된다는 것이다. 이 사회질서에서 여성이 된다는 것의 의미는 남성적 권력에 속박된 채 타인의 도움 없이는 방어할 능력이 없는 상태에 처한 것이다. "강간을 저지르는 남성은 남성권력의 최전선의 충격 부대이자 테러리스트 게릴라로서, 역사상 최장기간 지속되는 전투에 참가하고 있다"라고 브라운 밀러는 주장한다.[12]

진실로 남성성의 두려움을 느끼려면 1970년대 페미니즘의 고전을 읽는 것만큼 효과적인 것은 없다는 사실을 인정해야 한다. 페미니즘 이론가들이 세심한 부분을 놓치고 있다 해도, 뼛속까지 깃든 그들의 확신감이 그 결핍을 메워준다. 브라운밀러가 강간의 폭넓은 사회적 의미를 강조한 점에서는 박수 칠 만하다. 하지만 남성이 "의식적인 위협의 과정"으로서 강간을 저지른다는 주장에는 다소간 브레이크를 걸어야 한다. 카힐이 주장하듯이 매번 강간이 일어날 때마다 명시적인 의도가 작동해서 계층으로서의 여성이 계층으로서의 남성이 누리는 사회적 지배에 대항해서 자리를 박차고 일어나지 못하도록 막으려는 욕망이라고 보는 것은 비현실적이다. 그럼에도 불구하고, 아마 브라운밀러는 강간의 정치적 동기가 의도적이냐 여부와 무관하게 강간의 효과는 마찬가지라고 되받아칠지 모른다.

브라운밀러와 그녀를 지지하는 제2물결 페미니스트들은 강간에 관한 최초의 페미니스트 분석을 제공했다. 초점을 섹스에서 권력으로 옮겨감으로써 대부분 강간을 피해자의 매력이나 행동과 일반적인 섹슈얼리티로부터 분리시켰다는 점에서 주목할 만하다. 만일 강간이 무엇보다 성적 매력보다는 권력에 관한 것이라면, 본능적인 욕정을 조절하지 못하는 짐승으로 묘사되는 남성이 전적으로 여성의 본능적인 겸양이라는 문화적 힘에 의존해있다는 이미지로부터, 이렇게 흔하디흔한 성차별적 폭력의 행위가 위계질서와 연루되었다는 사실을 인정하는 것으로 초점이 바뀌게 된다.

또한 페미니스트적 분석은 강간이 낯선 이로부터 여성이 공격당하는 폭력적 행위라는 잘못된 견해도 바꾼다. 원형적인 형태의 강간범은 아마도 수풀에 몸을 숨기고 있는 성도착자일지 모르지만, 현실은 이보다 훨씬 더 일상적이다. 대부분의 성폭력은 피해 여성이 잘 아는 사람, 특히 아주 친밀한 관계의 남성이 저지른다.[13] 강간의 묘사를, 숨어 있다가 순진한 여성을 덮치는 낯선 가해자의 범죄로 보는 경우 흔히 인종차별주의나 외국인 혐오로 가득한 문화적 서사를 부추긴다. 대부분의 경우 강간에서 표현된 지배는 사회적으로 허용된 관계의 맥락에서 일어난다. 전형적인 강간은 결혼이나 데이트 관계에서 일어난다. 성폭력의 행위혹은 그런 폭력의 위협로 강화되는 위계적 권력은 가부장제 사회에서 남성이 여성에게 마음껏 가해도 되는 일상생활 속 평범한 권력행위이다.

페미니스트들은 이 지점에서 한 가지 핵심사항을 지적한다. 섹스는 동의가 자유롭게 이루어지는 조건에서만 해야 한다는 것이다. 따라서 관계의 어느 지점에서라도 이미 맺은 동의가 철회될 수 있는 선택지가 마련되어 있어야 한다. 이런 식으로 접근하게 되면 성폭력은 동의의 부재, 혹은 동의의 조건 부재로 규정될 수 있다. 만일 싫다고 말하는 것이 가능한 선택지가 아니라면 좋다고 말한다고 해서 진정한 동의가 될 수 없다. 이렇게 보면, 많은 경우 이성애적 섹스는 상호 관계적 동의에 전적으로 기반하고 있지 않다. 왜냐하면 여성은 남성의 성적 요구를 거부할 수 있는 사회적 권력을 갖지 못하기 때문이다. 그 결과 흔히 "모든 이성애 섹스는 강간이다"라는 페미니스트의 주장이 과장된 언술로 잘못 해석되어 일종의 귀류법[14]을 사용해서 페미니스트는 정신 나간 여자라는 이미지를 입증하는 데 사용된다. "섹스가 반드시 강간이라고 말하는 것이 아니다. 섹스가 여성을 종속적 위치에 두어서는 안 된다고 말하는 것이다. 섹스는 상호적이어야 하고, 남성이 오직 자신만을 만족시키려고 하기 때문에 발생하는 폭행이 되어선 안 된다"라고 안드레아 드워킨은 주장했다.[15]

강간에 대한 페미니스트적 이해, 즉 강간이 본질적으로 성적 욕망이 아니라 권력이라는 견해는 또한 다른 범죄의 피해자의 경우라면 상상할 수도 없는 방식으로 강간의 피해자에게 책임을 묻고 비난을 퍼붓는 지배적인 경향을 이해하는 데 유용하다. 우리 중 대다수는, 법조계에 종사하는 사람들을 포함해서 성희롱이나 성폭행을 당한 여성이 어떤 식으로든 강간을 자초했다고 단정하는 경향이 있다. 사건이 일어나기 전 그 여자가 무엇을 하고 있었는지 묻게 되고, 또 그녀가 무슨 옷을 입고 있었고 술은 마셨는지, 혼자 외출한 상태였는지 물을 때 이미 그렇게 단정한 셈이다. 그녀가 몇 명의 섹스파트너를 거쳤고 그녀의 섹스 역사는 어떠했는지를 묻게 될 때에도 마찬가지다. 그녀가 달리 행동했더라면 다른 결과가 나왔으리라고 암시할 때도 역시 그렇다.

나는 성희롱이나 성폭력 피해를 당한 여성이 어떤 식으로든 "자초한 것"이라는 생각이 잘못되었다는 사실이 처음 내게 현실적으로 다가왔을 때를 아직도 기억하고 있다. 오래전 캐나다 서부의 작은 도시에 있는 대학에 재학 중이었던 나는 영하 40도를[16] 웃도는 오후의 캠퍼스를 걷고 있었다. 그때 한 무리의 남성들이 타고 있던 차에서 야유소리가 들려왔다. 내가 그들에게 반사적으로 몸을 돌려 가운뎃손가락을 들어 보이려고 하려는데 손가락이 구별되지 않을 정도로 커다랗고 뚱뚱한 벙어리장갑을 끼고 있다는 것을 깨닫게 되었다. 실상을 말하자면 내 몸은 겹겹이 쌓인 채였다. 말하자면 피부 한 점도 외부로 드러나지 않았다. 조금이라도 노출된 부위가 있었다면 아마 몇 분 안에 꽁꽁 얼어붙었을 테니까. 상상할 수 있는 한 가장 섹시하지 않은 차림새를 하고 있었어도 노상에서 무방비하게 당하는 성희롱을 막기에는 충분치 않았던 것이다. 내가 여성이라는 것을 알려줄 표시는 내 목에 두른 분홍색 스카프뿐이었다.

그들의 행위는 섹시함에 관한 것이 아니라는 걸 나는 알고 있었다. 또 두말할 것도 없이 내가 선택한 의상에 찬사를 보낸 것도 아니었다. 나는 그때 미쉐린맨[17]처럼 보였으니까. 그들의 야유는 남성의 사회적 지배를 과시하는 것이었다. 이 남성들은 내게그리고 동시에 그들끼리 자신이 누리는 사회적 지위로, 여성인 내가 공공장소를 이동하도록 허락받은 방식에 대해 요청받지도 환영받지도 않은 논평을 해도 된다는 사실을 알리고 있었다. 투명외투를 입고 집을 나서지 않을 바에야, 나는 그들의 희롱을 피할 방도는 없었다. 하지만 너무도 많은 사람들이 만일 여성의 행동이 달랐다면 품행이 단정했다면 남성도 바르게 행동했을 것이고, 그러니 여성이 남성의 시선그리고 그의 사타구니을 끄는 행동에 책임을 져야 한다는 주장을 피력하고 있다.

페미니즘은 길거리 희롱에 대해 다른 분석을 제시한다. 내가 겪은 경험과는 다른 - 상당히 우호적인 날씨에 운 좋게 일어났다는 점에서 - 경험을 묘사하면서 산드라 바트키는 이렇게 주장한다.

> 이 남자들에게 내가 고작해야 말하자면 '잘 빠진 엉덩이'에 불과했다면 이 사건에는 나에 대한 그들의 분절된 인식을 넘어서는 뭔가가 있었다. 돌이켜보면 그들이 나를 침묵 속에서 즐길 수도 있었다. 나는 무지의 축복 속에서, 가슴을 흔들어대며 두 눈은 나무 위 새를 바라보면서 돌덩이처럼 굳어질 필요없이 지나칠 수도 있었다. 그렇지만 그들은 내가 '잘 빠진 엉덩이'라는 사실을 알게 해야 했던 것이다. 그들이 나를 보는 방식대로 내가 나 자신을 보도록 만들어야 했던 것이다…. 이런 종류의 사건에서 성적 흥분이나 심지어 순간적인 미적 감상이 어떤 역할을 하는지 분명하지 않다. 내가 묘사한 것은 건강한 에로티시즘의 자

발적인 표현이라기보다는 의례적인 권력 행사였다.[18]

이 행위는 그저 "지각의 방식"이 아니라고 바트키는 주장한다. 길거리 성희롱은 "지배를 유지하는 방식"이다.[19]

사회학자 어빙 코프만[20]은 서로 알지 못하는 사람들 사이의 상호 존중심에 기초한 만남을 묘사하기 위해서 "예의를 갖춘 무관심"이라는 개념을 만들었다. 이 맥락에서 코프만의 개념은 유용한 도구를 제공한다.[21] 낯선 사람과 짧은 시간 눈을 맞춘 뒤 스쳐 지나가면서 눈을 피할 때 우리는 보고 있다는 것을 인정하면서도 그들의 사적인 공간을 침해할 의도가 없다는 것을 알린다. 이것이 바로 예의를 갖춘 무관심이다. 이 무관심의 효과는, 코프만에 의하면 도시적 환경에서 익명적 삶이 가능하게 해주는, 공공장소에서의 프라이버시 같은 것이다. 이 표준은 남성끼리, 그리고 여성끼리의 관계에 해당될 뿐, 철학자 마가렛 크라우치[22]가 지적하듯이 남녀 간 상호작용에는 작동하지 않는다.[23] 대신 일부 남성들은 여성을 예의를 갖춘 무관심이 전달하는 사회적 존중을 받을 가치가 없는 "개방된 인간"으로 다룬다. 여성은 곁눈질을 주거나 뚫어지게 바라보면서 논평을 하며 내키는 대로 접근할 수 있는 존재로 간주된다. 이런 행위는 종종 상대 여성에 대한 찬사로 포장되곤 하지만, 여성이 원치 않는 관심을 보이는 행위는 그 자체로 서로에 대한 존중을 목적으로 삼는 규범을 위반하고 있다는 사실을 이해하고 나면 왜 그것이 결코 칭찬이 될 수 없는지를 설명할 수 있다.

생물학적 불가피성으로서의 강간

브라운밀러는 성애화된 폭력을 본질적으로 사회 현상으로서 관심을 환기하는 데 중요한 역할을 했지만, 여전히 강간의 기원은 생물학적 사건이라고 믿었다. 시스 남성이 시스 여성을 강간한다면, 그저 그렇게 할 수 있기 때문이다.

> 생물학적으로 결정된 짝짓기 기간이 없는 인간의 남성은 인간 여성에게 아무 때나 그가 원하는 시기에 성적 관심을 드러낼 수 있고, 그의 심리적 충동은 여성의 생물학적 준비상태나 수용에 전혀 영향 받지 않는다……. 양성의 생리적 구조는 섹스 그 자체의 원초적 행위와 마찬가지로 남성이 구조적으로 강간을 할 능력이 있고 여성은 구조적으로 취약하다는 것을 기초로 한다……. 남성은 강간이 가능하다는 것을 알게 되면 일단 그렇게 하려고 한다.[24]

브라운밀러는 이것을 정치 이전의 생물학적 현실로 본다. 시스 남성은 음경**관통할 수 있는**이 있고 시스 여성은 음부**관통될 수 있는**가 있다. 하지만 후대 페미니스트들은 생물학을 정치적으로 중립적인 성격으로 규정하는 방식을 문제 삼곤 했다. 이런 우려를 일찍이 표현했던 이론가는 철학자 앨리슨 재거였다. 재거는 "본성/양육의 분리는 인간에게 적용되면 근본적으로 호도된다. 생물학적 영향력과 별개인 사회 현상을 따로 구별할 수 없다. 또 사회적 영향력과 별개인 인간적 '본성' 혹은 생물학적 성질은 없다"고 주장했다.[25] 이미 3장과 4장에서 살펴보았듯이 재거의 뒤를 이은 수많은 페미니스트들은 섹스/젠더의 구분을 거부한다. 대신에 섹스화된 몸을 성별화된 몸과 마찬가지로 사회적 구성물이라고 본다. 생물학이 정치적으로 순수하지 않다면, 성별화된 지배와 복종은 관통되고 관통당하는 해부학적 가능성으로부터 자연스럽게 발생한다는 것은 오류이다. 무엇보다 카힐이 지적하듯이 신체의 여타 많은 부분들은 관통할 수 있고 또 관통당할 수 있다. 시스 여성은 시스 남성의 항문을, 가령 손으로 억지로 관통할 수 있지만, 하지 않는다. "음경을 강간의 도구로 보는 것은 남성의 몸이 섹슈얼리티의 토대로서 성기를 특권화 하도록 이미 구조화되어 있고 이성애를 정복의 과정으로 이해하는 것이다. 이 과정에서 여성은 힘을 사용할 수 없는 무능력 탓에 불이익을 받는다. 하지만 이와 다른 사회 정치적 구조에서는 시스 남성이 잠재적 강간범으로 존재하지 않고 시스 여성은 지속적인 강간의 위협을 받지 않는다"고 주장한다.[26] 카힐은 강간의 빈도는 문화마다 광범한 차이를 보이며, 일부 문화에서는 거의 강간 사례를 듣지 못한다고 지적했다. 따라서 단지 생물학적인 가능성만으로 사회적 가능성이 결정되지는 않는다. 사회적으로 훨씬 필요가 덜한 것은 물론이고, 우리의 몸으로 타인의 몸에 할 수 있는 일의 사회적 의미는 생물학적으로 결정되지 않는다.

페미니스트들 간에 합의에 도달하기는 쉽지 않지만 강간이 성적 매력이 아니라 사회적 지배와 더 관련되어 있다는 인식을 통해 다소간의 합의가 도출되었다. 다만 성별화된 성폭력을 지나치게 단순화시켜 생물학적으로 설명하는 것만은 거부되었다. 대부분의 페미니스트들은 강간이 생물학이 아니라 문화에서 비롯되었고 본성적이지도 않고 불가피하지도 않다고 믿는다. 성별화된 현상으로서 강간은 평균적 신체 사이즈와 힘의 차이로 기록될 수 없다. 말하자면 체구가 작은 시스 남성이 몸집이 큰 시스 여성에게 폭력을 당할 두려움에서 살아가는 문제는 아니다. 강간은 근본적으로 사회적 현상이다. 남성이 남성으로서, 여성으로서의 여성에게 가하는 행위이다. 반복해서 말하면 시스 남성이 강간당할 수 없다고 말하는 게 아니다. 강간당한 남자들이 경험하는 끔찍한 트라우마를 축소시키려는 의도도 없다. 몇몇 사례에서는 사회적 규범을 거스르는 죄라는 이유로 상황은 더 악화될 수 있다. 강간을 당한 남성이 거세에 직면한다면, 강간당한 여성은 여성성**사회적으로 그녀를 여성으로 인식하는 방식**을 인정받는다. 그러나 대체로 강간의 가해자는 시스 남성이며, 피해자는 여성**일부 남성 포함**이다. 이 성애화된 폭력은 근본적으로 남성적 사회지배를 내세우는 방식이다.

포르노그래피

강간이 자연적인 생물학적 충동의 결과가 아니라면, 그 근원은 무엇인가? 강간이 사회적 현상이라면, 강간을 유발하고 유지해온 책임을 질 사회적 메커니즘은 무엇인가? 브라운밀러가 생물학에서 기원을 찾을 즈음에 캐서린 매키넌과 안드레아 드워킨이 이끄는 급진적 페미니즘의 다른 한쪽에서는 전혀 다른 원인을 지적한다. 바로 포르노그래피이다.

> 포르노그래피는 강간과 폭력, 성희롱, 매춘과 유아 성폭행을 성애화 한다. 그런 식으로 성폭력을 찬양하고 증폭시키고 권력화하고 합법화 한다. 더 일반적으로 [통상적인] 역학의 지배와 복종을 성애화 한다. 위계질서를 섹시하게 만들어서 "섹스에 관한 진실"이거나 현실의 거울이라고 부른다. 이런 과정을 통해서 포르노그래피는 여성이라는 존재를, 남성이 섹스에서 원하는 대상으로 구성한다……. 포르노그래피가 하는 일은 그 내용을 넘어서 위계질서와 불평등을 성애화 한다……. 포르노그래피는 무해한 환상이 아니다. 또 자연스럽고 건강한 성관계 상황과 혼동되거나 저급하게 재현하는 것도 아니다. 포르노그래피는 남성적 우월성의 섹슈얼리티를 제도화한다. 그리고 지배와 종속의 에로스를 남성과 여성의 사회적 구성과 혼합시킨다.[27]

맥키넌은 이성애 포르노그래피가 남성은 성적으로 활동적이고 지배적이며**또 그래야 하고 그러길 원해야만 한다**, 여성은 성적으로 수동적이고 복종한다**또 그래야 하고 그러길 원해야 한다**고 가르친다고 주장한다. 남성은 오입을 하고 여성은 오입 당한다. 우리 문화에서 지배와 종속의 성차별적 관계는 성애화된다는 주장이다. 사회는 이 권력의 젠더 차이가 이성애적 성애 경험에 중심적이라는 생각을 낭만적으로 포장해왔고, 포르노그래피는 말 그대로 이런 낭만적으로 치장된 권력관계를 약호화 한다.

아, 안타깝다. 남성과 여성의 섹슈얼리티에 대한 시각이 너무나도 다르지 않은가. 남성은 성에 집착하도록 기대 받는다 - 남자 아이도 어차피 남자인걸! 하지만 여성이 남성만큼이나 섹스를 좋아하면, 뭔가 잘못된 게 분명하다. 성에 집착하는 남성은 "종마"라거나 "플레이어"라고 추켜세운다. 섹스를 정말 좋아한다고 공언하는 여성은 "슬럿[값싸게 구는 여자]"으로 비난받는다. 최근까지만 해도 똑같은 상황에서 남성을 비하하는 표현은 없었다. 대신 성적 욕구를 조절하지 못하는 남성은 "남자 슬럿"이라고 불린다.[28]

맥키넌은 우리가 섹시하다고 생각할 때, 신중하게 규정된 성별 역할에 따르는 경향이 있다고 지적한다. 어떻게 자신이 에로틱한 존재라고 생각하는지, 누구와, 어떻게 성적으로 관계를 갖고 싶은지 등은 전형적으로 매우 협소하게 규정된 성애의 시나리오에 따른다. 하지만 이처럼 예측된 성관계 패턴은 사회화 이전의 생물학적 현실에 근거하지 않는다. 또 어느 날 갑자기 생겨나는 것도 아니다. 바로 포르노그래피가 남녀의 섹슈얼리티를, 그리고 좀 더 일반적으로는 성 정체성을 구성한다. 포르노그래피는 그 성공에 비해 해악은 가시적으로 드러나지 않는다. 이렇게 성차별적으로 구성된 행동은 남녀의 행동방식이 교육받은 것이 아니라 본성이라고 제시한다.

분명히 해둘 것이 있다. 맥키넌은 성적 선호도만 구성된 것이 아니라 젠더 그 자체가 구성된다고 생각했다. 젠더 구성방식에서 남성은 성적으로 여성을 지배하는 사람이다. 여성은 성적으로 남성에게 복종하는 사람이다. 남성으로부터 원치 않은 성적 대상화를 감당해야 하는 상황은 여성의 공통분모이다. 젠더는 이런 식으로 규정된다. 여성은 성적 대상이다. 여기서 맥키넌에게 중요한 것은 이런 설명이 향해가는 방향이다. 남성은 지배하는 역할로 사회화되고 여성은 복종의 역할로 사회화한다. 따라서 여성과 남성은 동등하지 않다. 권력의 불평등은 가부장제 사회에서 발견되는 성질, 행위 그리고 역할에서의 성별화된 차이를 낳게 된다. 여기에는 침실에서의 일도 포함된다. 맥키넌의 말로 "지배"는 "차이"에 선행한다.[29] 남녀 사이 불평등한 권력이 먼저 생기고, 이후 남녀 사이에서 목격된 차이가 설명된다.

이제 포르노그래피의 문제는 단지 우리의 성적 상상력을 제한하는 데 그치지 않는다. 진짜 문제는 남성의 행위에 미치는 직접적인 영향이다. "포르노그래피는 이론이고, 강간은 실제"라고 급진적 페미니스트 로빈 모건[30]은 주장했다.[31] 포르노그래피는 단지 여성을 향한 일부의 태도를 반영하는 것만이 아니라, 그 태도를 만들어 낸다. "포르노는 남성의 오르가즘을 여성의 종속에 조건화 한다"고 맥키넌은 지적한다. "남성에게 섹스의 의미가 뭔지, 진짜 여성이 누구인지를 말해준다. 포르노는 이것들을 함께 모아 강화된 행동방식으로 약호화 한다."[32] 페미니스트들의 주장에 따르면 강간의 인과적 책임은 포르노에 있다. 이 주장을 입증하기 위해서 맥키넌은 경험적 심리연구를 인용했다. 이 연구는 실험적 조건 하에서 남성을 포르노그래피에 노출시킨 후 "정상적인 남성이 즉각적으로 영향을 받아 여성을 향한 공격성이 높아진다"는 결과를 보고한다. 맥키넌은 포르노를 통해 "정상적인 남성이 실제 강간범과 행동 상 매우 닮아간다"고 주장한다. "물론 애초에 집단적으로는 범죄자와 그다지 다르게 보이지 않는다."[33] 그런데 이게 사실이라면, 우리 문화처럼 강박적 이성애와 성별화된 지배와 종속이 포르노그래피의 메커니즘을 통해서 성애화된 곳에서 강간은 근본적으로 불가피하다.[34]

이런 종류의 주장을 할 때 맥키넌과 드워킨은 모든 이성애적 섹스가 강간이라는, 훨씬 더 센 주장을 한다고 오해받아 왔다는 것을 기억하라. 하지만 두 사람은 이를 부정하면서 오히려 포르노그래피가 여성이 섹스를 거부할 가능성이 전혀 없는 사회적 조건을 만들어낸다고 한다. 우리 사회처럼 포르노그래피가 넘쳐난 세상에서 대학교 사교클럽의 남학생들은 "'싫어'는 '좋아'이고, '좋아'는 '항문성교'를 의미"한다는 농담을 한다.[35] 포르노는 여성의 거부를 "침묵"하게 하는 효과를 갖고 있어서, 실제로는 동의의 거부로 간주될 만한 어떤 것도 할 수 없게 만든다. 맥키넌의 뒤를 이은 언어철학자 래이 랭턴[36]에 따르면 포르노그래피는 여성을 사물화해서 마치 "섹스를 위해" 존재하는 대상으로 묘사하고, '아니'라고 말하는 시도를 에로틱한 장면의 중요한 구성요소로 사용함으로써 여성이 섹스를 거부할 가능성을 좌절시킨다.[37] 그 결과 랭턴은 "발화적 침묵"이라고 부르는 것이 나타난다고 했다. "비록 적절한 말이 발언될 수 있다고 해도 여성의 의도가 담긴 행동으로서 간주되지 못한다."[38]

이와 같은 성폭력의 진단에 대한 확실한 페미니스트적 대응방식은 성폭력의 작동방식을 추적하는 것이다. 드워킨과 한 팀이 되어 맥키넌은 포르노그래피가 여성의 인권을 위반한다고 주장하는 법적 논의를 구성했다. 포르노는 섹스를 차별의 토대로서 유지시키며 "모든 여성을 열등한 지위에 위치시키고, 여성의 종속을 섹슈얼리티로 규정하면서 젠더와 등식화시킨다."[39] 맥키넌과 드워킨은 포르노그래피는 직접적으로 여성의 불평등에 기여하기 때문에 포르노의 검열을 위한 법적 토대가 마련되어야 한다고 주장했다. 포르노의 검열이 포르노를 만들고 배포하는 제작자의 의사표현의 자유[40]를 위반한다고 주장하는 입장에 대해 이 두 페미니스트는 포르노는 일종의 발화이며, 따라서 여성이 포르노문화를 비판하거나 섹스를 거부할 능력에 재갈을 물린다고 반박했다. 포르노에 관한 페미니스트의 법적 투쟁은, **보수주의적 반포르노 비판자들이 생각하듯이, 의사표현의 자유와, 미풍양속을 해치는 불경한 콘텐츠를 반대하는 도덕주의 사이의 경쟁이 아니라** 포르노제작자의 의사표현권과 여성의 권리 사이의 경쟁으로 규정되었다. 포르노를 여성의 시민권에 대한 위반으로 다루자고 제안하는 논쟁을 이용해서 맥키넌과 드워킨은 미네소타주의 미니애폴리스와 인디애나주의 인디애나폴리스 등에서 포르노 이용권을 제한하는 지방법의 초안을 작성하고 통과시키는 데 도움을 주었다. 하지만 곧바로 이 법령에 대해 각 지역의 시장이 거부권을 행사했고 연방법원에서 헌법위반으로 기각되었다. 하지만 캐나다에서는 대법원에서 1992년 판결을 인용했다. 지금도 효력이 있는 이 법은 포르노에 대한 법적인 이용권 중 몇 가지 요소를 음란법으로 포함시켰다.

섹스 전쟁

뒤이은 몇 해 동안 페미니스트운동 내에서 맥키넌과 드워킨의 뒤를 이어 포르노가 가부장제적 해악의 뿌리라는 반포르노파와, 반포르노 페미니스트들을 성적 청교도주의와 도덕적 권위주의로 비난했던 "친 섹스" 혹은 "성 긍정"의 페미니스트 사이에서 갈등이 생겼다. 페미니스트 작가이며 활동가 엘렌 윌리스[41]가 이끈 친 섹스 페미니스트들은 맥키넌의 섹스에 대한 시각은 성적 쾌락을 추구할 여성의 권리를 부정하고, 남성은 섹스를 욕망하지만 여성은 섹스를 그저 참아내고만 있다는 "신-빅토리아적" 믿음을 지지한다고 주장했다.[42] 말 그대로 페미니스트 섹스전쟁이 일어났다.

여성도 남성처럼 성적 욕망의 권리를 주장할 수 있다는 생각을 지지하면서 섹스 긍정 페미니스트, 가령 개일 루빈 등은 여성이 왕성한 성 활동을 선택할 때 부당하게 문화적 제약을 가하고 비싼 대가를 치러야 하는 상황을 비판한다.[43] 작가 도로시 앨리슨[44] 등은 뉴욕시에 기반을 둔 레즈비언 섹스 마피아 같은 조직을 구성해서 레즈비언 섹슈얼리티의 무제한적 표현을 육성하는 데 헌신한다. 1977년 샌프란시스코에서 <굿 바이브레이션>이라는 성 긍정적이며 여성 중심적인, 오늘날 "성인" 서점에 해당하는 대안 형태의 서점이 문을 열었다. 레즈비언에 의한, 레즈비언을 위한 첫 여성 중심 에로티카 잡지『우리 등에 짊어진 짐』이 1984년에 등장했다. 잡지의 제목은 수많은 포르노 반대 페미니스트들의 저술을 출판한 오래된 급진주의 페미니스트 신문의 제목『우리 등에서 떼어내기』의 풍자였다. 포르노 반대 페미니스트들이 성 긍정 페미니즘의 사유 수준이 저급하고 무비판적인 치어리더가 되어 가부장제의 체제에 미혹된 채 부역한다고 비판했다면, 수많은 성 긍정 페미니스트들은 사실상 여성혐오를 예전부터 비판해 왔고 포르노그래피의 다양성 부족을 지적하면서 여성이 직접 만든, 노골적으로 페미니스트적인 포르노를 요구했다. 또 사회가 여성을 성적으로 통제해 온 수많은 불공정한 방식에 대해 목소리를 높여 왔다.[45] 성 긍정 페미니스트들의 공통분모는 여성이 스스로 성적 쾌락을 구가할 권리와, 남성적 기준을 넘어서 여성의 쾌락을 이해하는 방식을 찾아야 한다는 주장이었다.

포르노그래피가 여성에게 해악을 끼치는 방식에 대한 우려를 진솔하게 표명했음에도 맥키넌, 드워킨, 그리고 그들의 동맹자들은 반포르노 보수주의자들과 함께 - 이 표현이 정확한지는 모르겠지만 어쨌든 - 침대로 뛰어들 의지를 보였다. 그 후, 적어도 공공연하진 않더라도 마땅히 취했어야 할 태도를 보이며 격렬히 억압적인 의제와 거리를 두려고 했다 필리스 쉴라플라이[46]가 포르노 반대 법령을 공식적으로 승인한 것은 페미니즘에 매우 심각한 문제를 야기시켰다.[47] 근본주의적 기독교 조직 〈가족 포커스〉의 지도자인 제임스 답슨과, 공화당 출신 법무장관으로 포르노위원회에서 여성에 가해지는 폭력을 축소한다는 명목으로 강한 포르노 금지 법안을 제출했던 에드윈 미지 등 대표적인 사회적 보수주의자들[48]은 포르노그래피의 무비판적인 혼외섹스 묘사와, 욕정과 자위행위 조장을 문제 삼았다. 전국을 휩쓴 "불결한 파도"를 비판하면서 이들은 포르노 반대 캠페인을 사용해서 레이건의 1980년 선거 이후 전국을 우익으로 이끌어갔던 "가족가치" 의제의 토대를 닦았다.[49] 포르노 반대 페미니스트들은 기꺼이 이들과 결탁해서 정치적 성과를 올리려고 했기 때문에 우리를 충격에 빠뜨렸다. 적어도 나는 경악을 금치 못했다.

페미니스트의 섹스 전쟁 이후 수십 년간 포르노가 폭발적으로 팽창했던 상황을 고려하면 친 섹스 페미니스트들이 승리했다고 보는 게 맞겠다. 적어도 인터넷의 출현으로 더 이상 포르노 검열은 유의미한 선택지가 아니었기 때문이다**맥키넌과 드워킨이 그들의 신념을 책으로 출간했던 1980년대 당시 포르노 보급의 대표적 매체는 잡지와 영화관, 초기 형태의 비디오테이프 등이었다**. 하지만 이 포르노 반대 분석은 단지 역사적 유물로 치부되어선 안 된다. 맥키넌과 드워킨의 분석이 얼마나 영향력이 있고 세련되었는지를 이해하지 못한 수많은 페미니스트 비판자들은 이 두 페미니스트를 섹스파트너에게 복종하는 여자들로 치부해 버렸다. 내 입장을 밝히자면, 이 비판자들은 맥키넌과 드워킨의 주장에 명백히 담긴 세 가지 뚜렷한 층위를 놓치고 있다.

1. 인과적 논쟁: 포르노그래피는 직간접적으로 남성이 여성을 강간하도록 부추긴다.
2. 법적 논쟁: 포르노그래피는 강간을 부추겨서 여성에게 해를 끼치므로 검열을 하거나 포르노 반대법을 입법해야 한다.
3. 도덕적 논쟁: 포르노그래피에서 재현된 지배와 복종의 성차별적인 역할은 심각한 도덕적 문제를 야기한다.

이 세 층위를 개별적으로 평가하면 분명 성공적 논점과 그렇지 못한 논점으로 구별할 수 있다. 인과적 논점의 경우 경험분석의 엄밀성을 버텨낼 수 없다. 한 가지 분명한 것은, 만일 이 주장이 옳다면 포르노를 시청한 남성이 직접적으로 여성을 강간하게 만든다면, 포르노 확산이 덜했던 과거에는 여성에 대한 성폭력의 빈도수가 훨씬 적어야 했다. 또 인터넷을 통해 포르노의 접근이 쉬워지면서 강간 발생률이 극적으로 증가했어야 했다. 그렇지만 성폭력은 이미 테크놀로지의 발전으로 포르노가 광범하게 확산되기 훨씬 전에 도처에서 일어났다. 오히려 강간은 일체의 폭력적 범죄와 마찬가지로 맥키넌과 드워킨이 1980년대에 책을 낸 이래로 사실상 줄어들었다. 어림잡아 1993년 이래 49퍼센트로 줄었다.[50] 또한 몇몇 국가들 가령, 중국과 그 외 중동의 많은 국가들은 포르노를 금지했다. 이 국가들에서 포르노는 유통되지만 구하기는 어렵다. 하지만 여성의 성폭력 비율은 포르노 검열이 없는 국가보다 더 높다. 마지막으로 폭력적인 영화나 비디오게임과, 포르노를 비교해보자. 이런 종류의 미디어는 직접적으로 폭력에 영향을 주지는 않는다. 그렇지만 폭력적 성향에 대한 주관적 발언은 늘어나는 것 같다가령 폭력 성향이 짙은 액션영화를 보고 나와서 범법자의 엉덩이를 걷어찰 듯이 말하는 사람들이 있다. 그러나 정작 기회가 제공되면 실제로 행동에 옮긴다는 증거는 거의 없다. 맥키넌과 드워킨이 포르노가 "실험적 상황에서 정상적 남성이 직접 여성에게 공격적인 행동을 취하려는 태도"에 영향을 미친다는 주장은 이와 유사한 방식으로 이해되어야 한다. 개인의 주관적 발언이 늘 객관적 현실을 구축하지는 않는다.

여전히 포르노그래피의 시청과 강간 사이에 어떤 직접적인 인과적 연결을 가정X가 포르노를 보고 직접적으로 Y를 강간하도록 영향 받는다할 필요는 없다. 이 둘이 연결되었다는 가정을 대응하는 방식이 확실히 검열은 아니다. 미국 법정이 만장일치로 포르노 검열의 법적 효력을 반대하는 판결을 내리고 난 후 법적 논의는 실질적으로 근거가 없어졌다. 그래도 맥키넌과 드워킨이 제시한 포르노의 도덕적 분석이 아무 의미 없지는 않았다.

비록 포르노적인 이미지 그 자체에 아무 문제가 없다는 것을 인정한다고 해도 - 나체를 성애화해서 묘사해서 심오하고 건강한 인간적 욕구를 전달한다는 논리 - 도덕적으로 문제없다는 의미는 아니다. 문제는 어떤 종류의 포르노인가이다. 가령 여성이 비하되고 강등되며 종속되고 모욕과 폭력을 당하는 것을 칭송하는 유형의 포르노라면 우리 몸 안의 페미니스트 뼈가 일어나 저항할 것이다.

페미니스트 포르노그래피 옹호자인 철학자 낸시 바우어[51]는 포르노의 다양성을 칭송한다. 인터넷의 〈34개의 원칙〉[52]을 - 존재하는 무엇이든 포르노가 될 수 있다 - 떠올려보라. 아무리 상도를 벗어날 정도로 과격하다고 해도 인터넷상에서 성적 기행을 추구할 동료를 찾아낼 수 있는 시대 이전에도 포르노는 사람들이 느낀 소외감을 달래 줄 능력이 있었다. 포르노는 "이런저런 기이하고 특이한 성향의 에로틱한 갈망이 개별적이나 특별하지 않으며, 누구도 진정한 의미에서 섹스광이라고 할 수 없다. 정신분석의 소파를 대신할 수 있다는 점에서 포르노는 실생활에서 성적 자아인식을 증대시킨다"[53]

는 점을 이해하게 해준다. 포르노의 세계는 허구적인 유토피아이다. 이 세계에선 존중과 동의라는 원칙이 뒤집혀지고 "타인을 오로지 자신의 욕망을 만족시키는 수단으로만 사용해서 한 개인의 인간성과, 나아가 일반적인 의미에서의 인간성을 존중하는 궁극적인 방법"이 된다.[54] 이 포르노 유토피아는 성적 좌절감, 불안과 불능, 평범한 현실 세계로부터의 도피를 제공한다. 하지만 어느 누구도 포르노 세계의 규칙을 현실로 옮기려고 진지한 시도를 감행하지 않는다.

그러나 바우어의 포르노그래피 옹호에 노정된 문제는 이 특별한 유토피아가 주는 매혹의 이유에 대한 실질적 설명을 제공하지 못한다. 이제는 누구나 접할 수 있는 포르노의 다양성에도 불구하고 대체로 이성애 포르노는 좌절감을 느끼게 하고 괴로울 정도로 똑같다. 또 끔찍할 정도로 성차별적이어서 여성의 몸을 침범하고 비하하는 태도를 찬양하며 맘껏 즐긴다. 또 여성의 동의 부재를 미화한다. 대부분 이성애적 포르노의 세팅 - 법정 성인 나이에 이르지도 못한 여성을 신체적으로 강한 성인 남성이 지배하는 식의 성적 이형구조를 에로틱하게 묘사한다 - 에서 동의의 조건은 매우 의심스럽다. 이런 형식은 그저 주변적인 것이 아니라 포르노의 주류이다.

맥키넌과 드워킨을 따르는 페미니스트들이 제시하는 문화적 대화는 매우 유의미하다. 이 대화에서 다음과 같은 불편한 질문이 제기된다. 왜 우리[여성 관객]는 집단적으로 여성을 지배하는 남성에 의해 흥분되는가? 여성을 육체적으로 가해하는 장면에 도대체 왜 흥분하는가? 여성을 지배하고, 종속하고 비하하는 장면에서 왜 흥분하는가? 도대체 여성은 뭐가 잘못된 걸까?

성적 대상화

페미니스트들은 포르노그래피에서 보듯 우리 문화가 여성을 고깃덩어리처럼 다루는 것은 뿌리 깊은 성적 경향성 때문이라는 데 동의한다. 여성은 성적 대상화된다. 즉 여성은 누군가의 성적 쾌락에 사용되는 물건으로 취급된다. 여성을 복합적인 자율성을 갖춘 개인이나 욕망과 목표를 지닌 존재로 존중하기보다 대상화하는 사람들은 여성을 그저 몸, 혹은 페티시화된 신체 부위로[55] 다루게 된다. 따라서 성적 대상화로 여성을 이용하고, 그녀의 소망을 무시하며, 그녀의 경험에는 무관심하다. 대상화는 정확히 성희롱과 성폭행, 포르노와 그 외 수많은 대중문화에서 여성을 그리는 방식에서 나타난다. 만화작가 켈리 수 드코닉[56]이 비판하듯이 수많은 책과 영화에서 여성 인물을 섹시한 램프로 바꾸어도 전체 플롯은 조금도 달라지지 않는다.[57]

섹시 램프와 달리 실제 여성은 생각을 하고 꿈을 꾸며 자신만의 목표와 야망, 욕망을 가진 존재이다. 그러나 인간존재로서 여성이 갖는 거추장스러운 콘텐츠는 대상화를 통해 간단히 무시될 수 있다. 철학자 린다 르몽첵[58]은 대상화가 비인간화의 형식에 이르게 되면, 여성의 동등한 도덕적 지위는 손상되며, 그 결과 여성을 대상화시키는 남성보다 복지의 권리와 자유를 덜 갖고 있는 듯 대우받게 된다고 주장한다.[59] 여성의 가장 중요한 역할이 남성을 성적으로 만족시키는 것이라면 여성의 목표, 관심, 선호 등은 무가치해지고, 여성을 대상화하는 당사자 남성보다 덜 중요한 존재가 된다. 여성은 결국 도덕적 지위에서 이등의 자리에 놓인다. 여성이 재현되는 방식이 여성을 대우하는 방식에 영향을 주기 때문에, 또 여성이 대우받는 방식이 여성의 재현 방식에 영향을 주기 때문에, 여성의 성적 대상화는 일반적인 여성의 억압에서 비롯되는 동시에 여성억압에 기여한다.

물론 여성의 성적 대상화와, 여성이 성적 매력을 갖고 있어서 성적 욕망의 대상으로 그려지는 방식을 혼동해서는 안 된다. 전자는 개념상 도덕적 문제를 노정하지만, 후자는 문제없다.[60] 일부 페미니스트들 사이에 이성애적 포르노에서 나타나는 성적 대상화를 비판하는 태도를 우려하는 목소리가 있다. 대상화는 실제로 성적 흥분을 일으키는데 여성도 때로는 남성을 성적으로 대상화한다는 현실을 감출 위험이 있기 때문이다. "성적 대상화가 언제나 문제되지는 않는다. 매 상황마다 다르며, 또 모든 상황에서 모든 사람들이 대상화하는 것은 아니"라고 바우어는 인정한다. "하지만 우리 모두, 때로는 한 사람 또는 그 이상의 사람들을 대상화함으로써 성적 흥분을 느낄 수 있다. 이때 대상화되는 사람의 인간성은 그 순간만큼은 문제 되지 않는다. 이런 경험은 포르노 소비자들만 하는 것은 아니다. 모든 정상적 성인은 낯선 어떤 것이 - 실재이든 묘사된 것이든 - 순간적으로 불러일으키는 욕망의 발작욱신거림을 익히 잘 알고 있다."[61]

현실에서는 어떤 페미니스트도 여성을 욕정을 담은 시선으로 바라봐선 안 된다고 말하지 않는다. 아무도 여성을 마치 그녀의 몸이, 혹은 그녀의 몸에서 특정한 부위가 섹시해진다는 이유로, 단 한 순간이라도 신체의 일부가 여성의 가장 중요한 것처럼 다루지 말라고 말하지 않는다. 이러한 성적 응시와 여성을 대상화하는 방식이 허용되는 상황이라면 가능하다. 가령 실제 동의에 기반을 두고 섹스를 할 때는 괜찮다. 도덕적 차원에서 문제가 되는 성적 대상화는 여성의 섹슈얼리티와 아무 관련이 없는 맥락에서, 오직 성적 매력으로만 여성을 취급할 때 발생한다. 혹은 성을 이유로 여성을 동등하게 대우하지 않는 방식도 문제이다. 이런 방식으로 여성을 성적으로 대상화하면 여성의 주관성과 자율성 - 감정과 경험, 여성의 자기결정권, 또 여성의 처우문제 - 이 전혀 문제 되지 않는 듯이 처리되고 만다.

내면화된 대상화

2장에서 내면화된 억압을 다룰 때 살펴보았듯이 대상화는 외부로부터 여성에게 강제될 수 없다. 남성을 위해 성적으로 매력을 발산할 때 자신의 가치가 생긴다는 메시지를 여성이 내면화한다면 이런 메시지는 우리 사회 전체에 압도적으로 퍼져있으므로 내면화를 피할 방법은 거의 없다. 결국 여성은 스스로 대상화하게 된다. 말하자면 자신이 만든 판옵티콘에 갇힌 수감자가 되어서 자신을 욕망하는 남성의 눈으로 스스로를 보게 된다. 인생의 미래와 전망이 남성적 시선에 의해 평가받는 방식에 의존하게 된다는 사실을 깨닫고 나면, 이제 여성은 무엇보다 자신을 스스로 평가하는 방법을 배워야 한다.

시몬 드 보부아르는 이런 성적 대상화의 상황에 처한 여성은 자신의 몸을 삶의 전망을 위해 사용하는 도구로서가 아니라 타인의 목적에 따라 운명이 정해지는 대상으로 보게 된다고 지적한다. 이런 여성은 거울의 나르시시즘적 쾌락으로 도피해서 삶에 대한 책임을 지려하지 않는다. 대부분의 실존주의 철학자들과 마찬가지로 보부아르는 실존적으로 진정한 삶을 사는 것이 얼마나 두려운 일인지 익히 잘 알고 있었다. 기회가 주어진다면 대부분의 사람들은 자신의 인생이 어떻게 진행될지 스스로 결정하는 부담을 지지 않은 채 살아가고 싶어 한다. 자기결정권이 실존주의적 관점에서 진정한 인간의 필수적 요건이라고 해도 그렇다.[62] 우리는 무리를 따라 하고 누군가의 이야기를 좇아 유의미한 것을 취하고, 사회적 관습의 기대에 맞추려고 한다. 자신이 이 세상에 홀로 존재한다는 현실을 마주하고 대면하기를 꺼린다. 존재의 의미를 스스로 찾아야 한다는 것도 달갑지 않다. 이런 점에서 여성만이 유일한 겁쟁이는 아니다. 이런 상황에서 성역할은 실존적 자유의 도전을 피할 수 있는, 특히 여성적인 기회를 제공한다. 여성적 자기대상화에 빠져들어 쾌락에 탐닉하게 되면, 보부아르의 표현에 따르면, 실존적 비진정성의 유혹에 걸려드는 것이다. 남성의 대상화에 걸려들어 그들이 나를 규정하게 내버려 두면 필경 이 유혹에 빠지게 된다. 스스로 자신의 삶을 규정하고 결정을 내리는 주체가 되도록 꾸준히 부단하게 노력해야 함에도 불구하고, 실상 우리는 그렇게 하지 않는다. 전통적인 사회의 대본에서 허용된 여성적 허영을 통해 자잘한 즐거움을 탐닉하는 것이 더 쉽고 두려움이 덜한 삶이라고 생각한다. 관습에 맞서서 실존적으로 진정한 존재로 살아가는 일은 정말 힘들기 때문이다.

보부아르의 분석에 기초해서 바트키는 여성의 자기대상화에는 단지 실존적 책임의 공포를 피하려는 시도 이상의 뭔가가 작동한다고 주장한다. 여성은 내재화된 남성적 시선을 통해서 자신을 평가할 뿐만 아니라, 바트키가 "패션-뷰티 복합체"라고 부른 것의 내재적 표상을 통해서도 자신을 평가한다. "'군사산업복합체'처럼 패션-뷰티복합체는 자본주의 가부장제의 핵심적인 절합이다"라고 바트키는 설명한다. "패션-뷰티 복합체는 드러내놓고 여성의 몸을 숭배하면서 여성에게 나르시시즘적 탐닉을 위한 기회를 제공한다. 하지만 이면에는 여성의 몸을 저평가하고 여성의 나르시시즘에 치명타를 입히려는 은밀한 목표가 도사리고 있다."[63] 여성적 아름다움의 불가능한 이미지를 끝없이 제공함으로써 여성에게 나르시시즘적 불안과 위안을 동시에 주고 막대한 이윤을 얻어낸다. 결과적으로 여성은 성적 대상으로서의 처지를 내면화하는데, 돈 버는 능력있는 수많은 사람들이 이 산업체에 상당한 투자를 했기 때문이다.

페미니스트들은 성적 대상화의 분석 최전선에 놓인 교차성을 유지하는 일이 중요하다는 인식을 발전시켜 나가고 있다. 우리는 모든 여성을 아우르는 공통분모로서의 여성성이나 여성적 경험을 찾으려는 시도에 도사리고 있는 위험을 일찌감치 확인했다. 페미니스트가 모든 여성을 위한 단 하나의 공통분모를 찾아내야 한다고 주장할 때마다, 뒷목의 털이 곤두선다. 일부 페미니스트들은 성적 대상화가 여성을 '여성'으로 만든다고 했던 맥키넌이, 여성의 섹슈얼리티 경험이 인종, 계급과 같은 요소에 의해 영향을 받는 방식을 고려하지 못해서 실패했다는 이유로 비판해왔다.[64] 가령 노예제 기간에 백인 여성들이 성적으로 정숙하고 순수하다고 간주되었을 때, 흑인 여성들은 과도하게 성애화되고 언제나 성적으로 편리하게 취할 수 있는 대상으로 취급되었다. 그래서 흑인 여성에게 강간은 애당초 불가능한 사건이 된다.[65] 이런 인종차별적 믿음은 현재는 명확하지 않을 수 있어도, 여전히 지속되어왔다. 가령 유색인종의 여아와 성인 여성에게 가해지는 범죄는 종종 인지하지 못하면서도 백인 여아와 성인 여성에게 폭력을 가하거나 유혹하는 사건에 강박적으로 집착하는 미디어 뉴스에는 인종차별주의가 담겨있다. 또 성적 대상화가 여성의 삶에 미치는 영향은 계급적 편견에 따라 매우 다양하다. 부유한 계층의 여성은 트로피 아내가 되는 특권을 얻을 수 있고, 중상류층 여성은 경력을 쌓을 때 외모에 의존하지 않아도 되는 사치를 누리는 반면, 중하위층 여성에겐 다른 방도가 없다. 빈곤층 여성은 정말 원치 않아도 섹스산업에서 일해야 할지 모른다. 그 일이 생존을 위해 유일한, 재정적으로 나쁘지 않은 선택지일지 모르기 때문이다. 성적 대상화가 겉으로 드러나는 방식은 삶의 상황에 따라 천차만별이다. 내면화된 대상화의 경우에도 여성이 자발적으로 남성의 소비를 위한 대상으로 자신을 바꾸려고 할 때 시스 백인으로서 타고난 몸이 여성적 아름다움의 패러다임이 되는 여성에게는 매우 다른 의미를 갖는다. 이와 달리 신체장애가 있거나, 트랜스 또는 유색인종인 여성에게 성적 대상화의 의미는 절대 같지 않다.

남성성이라는 독소

물론 여성들만이 이 진흙탕 속에서 자신이 맡은 역할을 내재화하는 것은 아니다. 또 이런 역설로 인해 손해를 입는 유일한 존재도 아니다. 나는 페미니스트를 남성혐오의 화신으로 제시하는 남성권익 활동가의 부풀어오른 거품을 터뜨리고 싶지는 않다. 하지만 이런 상황이 불가피하다고 말할 생각은 없다. 또 남성이 근본적으로 욕정에 휘둘려서 자제력 없는 구강호흡짐승이라서 예의 바른 사회의 문명화된 제약이 없다면 여성의 생식기 모양처럼 보이는 것이면 뭐든 들이대고 끙끙댄다고 생각하지도 않는다. 대신, 대부분 남성은 근본적으로 썩 괜찮은 생명체이며, 다만 사회가 그들에게 기대하고, 또 보상하게 될 품목들을 그저 싼 값에 얻게 되었을 뿐이라고 생각한다.

'남성성 독소'란 표현을 사용하면 죽을 때까지 두들겨 맞을 지도 모르지만, 이 표현 이면에는 진실이 놓여있다. 남성이라는 존재에 대한 우리 문화의 관념은 심하게 잘못되었다. 남성은 정서적으로 억눌린 채, 타협없이 엄격하며 가족을 부양하기 위해서 조기사망에 이를 정도로 일하기를 기대 받는다. 그에 대한 대가로 남성은 일정한 특권을 얻게 될 거라는 얘기를 듣는다. 가령 자유롭게 다리를 벌리고 앉아 공적 공간을 암묵적으로 점유할 수 있고, 대화 때마다 이야기를 끊고 끼어들면서 설명을 제공할 권위를 갖게 된다. 이 책의 입장에서 가장 중요한 것은, 여성으로부터 성적인 관심을 받고 자신의 요구에 순순히 응하게 할 수 있는 권리이다. 이렇게 남성이 얻게 되는 특권을 최신 합성어로 남성권리특권mentitlement이라 부른다.

여성에 대한 남성적 혐오는 매우 뿌리 깊다. 일부 게이 남성들은 여성혐오를 자신이 누리는 '플래티넘 스타'급 지위를 과시함으로써 표현한다. 이 스타급 지위는 여성과는 전혀 섹스를 하지 않을 뿐 아니라이로써 게이공동체에서 "골드 스타"가 된다 제왕절개로 태어났다는 사실혐오스러운 음부와는 어떤 접촉도 하지 않게 되어 덕분에 얻게 된다. 하지만 여성혐오는 언제나 겉으로 드러난 증오감으로 나타나지는 않는다. 철학자 케이트 만[66]은 여성혐오가 전체 사회 체제에 적용되는 것이며, 오직 "남성적 세상즉 가부장제에 사는 여성이라는 이유로" 적대감을 겪게 된다고 한다.[67] 이렇게 은밀하게 숨겨진 여성혐오는 여성이 그들에게 기대되는 역할에 순응하게 되면 승인의 형식으로 나타난다. 여성이 성차별적인 기대치를 위반하거나 전통적으로 남성의 영역으로 간주되어 온 것을 침해하게 되면 여성혐오는 여성을 오직 허가받은 자리에 붙들어두려는 욕망으로 변하게 된다.

남성권리특권을 받아들이는 남성은 자신이 잘한 행동에 대한 보상으로서 여성과의 섹스와 동반관계를 기대하며, 거의 계약상의 조건으로 간주한다. 여성이 자신에게 적당히 복종하는 한 남성은 친절하고 존경심을 갖추어 대응해준다. 하지만 자신의 기대에 부응하지 않게 되면 적대감과 분노를 드러낸다. 만일 그가 '나이스 가이'라면 아마도 여성이 친구 사이라고 선을 그을 때 조금 불편해하는 정도에 그칠지 모른다무엇보다 그 남성이 여성으로부터 성적 관심을 받을 권리가 전혀 없다는 사실은 일단 접어두자. 만일 그가 '나이스' 하지 않다면, 상황은 더 나빠진다. '비독incels'이라는 온라인 커뮤니티 - 자신의 성 불능을, 여성적 세계관을 향한 여성혐오 탓이 아니라 여성의 천박함 탓이라고 믿는 '비자발적 독신주의자' - 에 슬쩍 들어가보라.[68]

시스 남성 대부분이, 원치 않는 남성이 자신에게 관심을 둘까봐 여성이 평생 전전긍긍한다는 것을 아는지, 또 그런 상황에 처하는 것이 어떤 기분인지를 이해하고 있는지 궁금하다. 이런 가능성을 미리 막기 위해서 스스로 방어하는 일은 여성의 공적 페르소나를 결정한다. 어떻게 옷을 입고 말하며, 주변을 챙기고, 눈은 어떻게 맞출지, 어느 정도 친절하게 굴지를 결정하는 문제는 매우 중요하다. 하지만 어떤 상황이든, 어떤 자격을 갖추었든, 또 아무리 신중하게 행동을 살피고 열심히 일하고, 섹스와 완전히 무관한 상황이라고 해도 또 그렇게 행동 한다고 해도 남성은 여전히 상대 여성이 성적으로 자신을 흥분시킨다고 느낄지 결정할 수 있다. 이제 이 상황은 당신의 문제가 된다. 이 문제를 해결하는 일은 여성, 당신에게 달렸다. 뱃속에서 뭔가 묵직하게 내려앉는 느낌이 든다. 아, 이런 일이 반복되어선 안 된다는. 남성은 그럴듯한 부정의 보호막을 쓰고서 자신을 신중하게 보호하고 있다. 상황이 악화되어 도대체 왜 그러냐고 다그치면, 이 남성은 당신을 정신 나간 여자라고 몰아댈 것이다. 그렇게 하면 사람들이 자신의 말을 믿어 주리라는 것을 잘 알고 있기 때문이다. 그는 안전하다. 그는 만남의 조건을 규정할 뿐이고, 상황을 어떻게 대처할지는 당신의 책임이다. 그는 음식 냄새를 맡는 개처럼 당신에게 킁킁댈 것이고, 그의 욕정을 감당해야 할 책임은 전적으로 당신에게 있다.

그렇지만 아마도 당신은 일말의 자부심을 느낄 수도 있다. 일종의 성취감, 다시 말해서 여성성을 성공적으로 이뤘다는 느낌말이다! 당신은 공공연하게 남자에게 매력적으로 보이는 것이 인생의 목적이라는 말을 평생 들어왔다. 남성의 승인을 갈망하도록 훈련받아 왔으니, 이제 이 자그마한 긍정 덩어리를 얻게 된다.[69] 당신이 자부심을 느끼는 것은 당연하다. 이성애가부장제에 의해, 또 그것을 위해 평생 그렇게 길러져 왔으니 말이다. 하지만 종종 혐오감을 느끼면서, 남성의 승인을 원하는 것이 얼마나 모욕적인지도 알게 된다. 아마도 이런 감정의 원환 구조는 지속적으로 반복될 것이다. 가난하거나 신체장애자이거나 흑인이나 갈색 피부를 가져서 혹은 트랜스이기 때문에 성적 매력의 사회적 기준에 맞지 않는다는 말을 듣게 되는 여성은 각자 겪게 될 경험에 따라 원환 구조가 다소 달라질 수 있다. 그래도 여전히 같은 자리로 돌아간다. 즉 당신이 공유할 수 없는 남성의 욕망을 감당해야 한다.

진짜 반전은 이 감정의 춤이 무난히 진행되도록 하는 일은 여성의 몫이라는 점이다. 그리고 여성은 그 일을 한다. 상황을 괜찮게 만드는 데 능숙하기 때문이다. 그래서 실제 자신이 뭘 하고 있는지 눈치 채지 못한다. 여성은 자신이 하는 일에 너무도 능숙하기 때문에 모든 사람들 - 특히 자신 - 이 자신이 하고 있는 그 많은 일을 잊어버리도록 만들 수 있었다. 술에 취해서 더듬거리는 손길을 피하고, 넌지시 암시하는 기분 나쁜 표현을 웃어넘기고, 아직 친구 사이인 남성들에게 고분고분하게 사과하며, 그가 전혀 희롱하지 않은 듯이 굴고, 남성이 자기 자신을 나쁘게 생각하도록 하지 않기 위해서 안간힘을 쓴다.

뭔가 잘못되었다고 누군가 알아채는 유일한 순간은 여성이 상황을 원만하게 넘기지 못하거나 그렇게 하지 않으려고 할 때이다. 내 생각에 미투 운동의 진정한 의미는 바로 이것이다. 갑자기 고양이가 가방에서 튀어나온 셈이다. 우리는 임계점에 다가가고 있다. 남성의 죄가 증가하는 현실을 더 이상 무시할 수 없게 될 것이다. 이제 수많은 여성이 자신의 이야기를 발언할 수 있게 되었다. 미투는 우리 문화의 성애화된 성차별적 지배와 종속의 관계를 있는 그대로 드러냈다.

1 캐나다 출신 작가이자 비평가, 에세이스트, 환경운동가로 대표작 『하녀이야기』가 있다(역주).

2 사회관계망의 데이트 애플리케이션(역주).

3 내가 이런 남성들의 반응을 잘 알고 있는 이유는 매 학기 학생들에게 이 질문을 던지는데, 적어도 남학생 한 명 정도는 이런 유의 농담을 던진다. 오해하지 말기를. 나도 이 대답이 재미있다고 생각한다. 하지만 동시에 무섭기도 하다.

4 Catharine MacKinnon, *Feminism Unmodified* (Cambridge, MA: Harvard University Press, 1987), 171쪽.

5 Rape, Abuse & Incest National Network, "Victims of Sexual Violence: Statistics." 2019년 11월 11일 검색. https://www.rainn.org/get-information/statistics/sexual-assault-victims.

6 Robin Morgan, *Going Too Far: The Personal Chronicle of a Feminist*(New York: Random House, 1977), 163-64쪽; Andrea Dworkin, *Pornography: Men Possessing Women* (New York: Penguine, 1989), 23쪽;Susan Griffin, "Rape: The All-American Crime," *Ramparts magazine*, 1971년 9월, 26-35쪽.

7 Susan Brownmiller, *Against Our Will: Men, Women and Rape*(New York: Simon & Schuster, 1975), 15쪽.

8 페미니즘철학, 특히 현상학과 몸 철학 연구자이다. 성폭력을 포함해서 여성이 원치 않거나 부당한 상황에서 성관계를 경험하게 되는 사례를 가리키는 "부당한 성관계"라는 개념을 제시했다(역주).

9 Ann J. Cahill, *Rethinking Rape*(Ithaca, NY: Cornell University Press, 2001).

10 William Blackstone, *Commentaries on the Laws of England* (Oxford: Clarendon Press, 1765), 430쪽.

11 노예를 사고파는 상품으로 취급하고 사유재산의 일부로 삼는 제도(역주).

12 Brownmiller, *Against Our Will*, 209쪽.

13 통계에 따르면 강간 10개의 사례당 8개 사례가 피해자가 아는 사람이 저지른 것이다. 고작 19.5%만이 낯선 사람에게서 당했다. 39%가 친분이 있는 사람이고, 33%는 현재 혹은 전 파트너, 6%는 한 사람 이상에게서 당하거나 피해자가 기억을 못하고, 2.5%는 배우자가 아닌 가족에게서 당했다. Rape, Abuse & Incest National Network, "Perpetrators of Sexual Violence: Statistics." 2019년 11월 11일 검색. http://www.

rainn.org/statistics/perpetrators-sexual-violince; National Crime Victimization Survey, 2010-2016, Department of Justice, Office of Justice Programs, Bureau of Justice Statistics, 2017.

14 명제의 결론이 부정이라고 가정했을 때 모순되는 가정이 나온다는 것을 보여주어 원래 명제가 참임을 증명하는 방법(역주).

15 Andrea Dworkin, Michael Sheldon과의 인터뷰. "I was Taught to Be Too Nice to Boys," Electronic Telegraph, 2000년 5월 27일. 2019년 11월 11일 검색. http://fact.on.ca/news/news0005/te000527.htm.

16 흥미로운 사실: 영하 40도는 섭씨와 화씨가 같아지는 지점이다! 이 사실은 편리하다. 왜냐하면 내가 이 이야기를 꺼낼 때마다 머릿속에서 온도를 계산하지 않아도 되기 때문이다. 수년간 고향을 떠나 살다 보니 온도 환산이 이젠 너무 어렵다.

17 미쉐린 타이어의 공식 마스코트로 흰색 타이어를 쌓아놓은 휴머노이드 이미지다(역주).

18 Sandra Bartky, "On Psychological Oppression," *Femininity and Domination: Studies in the Phenomenology of Oppression* (New York: Routledge, 1990), 27쪽.

19 Bartky, "On Psychological Oppression," 27쪽.

20 캐나다 출신 사회학자로, 20세기의 가장 영향력 있는 사회학자로 꼽힌다(역주).

21 Erving Goffman, *Behavior in Public Places* (New York: Free Press, 1963); Erving Goffman, *Interaction Rituals* (New York: Pantheon, 1967).

22 사회정치철학자로 젠더, 인종, 섹슈얼리티를 연구했다(역주).

23 Margaret Crouch, "Sexual Harassment in Public Places," *Social Philosophy Today* 25(2009), 137-48쪽.

24 Brownmiller, *Against Our Will*, 13-14쪽.

25 Alison Jaggar, "Sex Inequality and Bias in Sex Difference Research," *Canadian Journal of Philosophy* 17 (1987), 36쪽.

26 Cahill, *Rethinking Rape*, 23쪽.

27 Catharine MacKinnon, "Pornography, Civil Rights, and Speech," *Harvard Civil Rights-Civil Liberties Law Review* 20, 1호 (1985), 462쪽.

28 이런 종류의 언어적 공백은 마침내 최근의 '섹스광남자'라는 표현이 일상 언어에서 사용됨으로써 해결되는 듯 보인다. 만일 상대를 모욕하는 데 있어 평등이 진보라고 간주될

수 있다면, 나도 이 표현을 사용하겠다.

29 MacKinnon, *Feminism Unmodified*, 34쪽.

30 미국의 작가이며 시인. 정치이론가이며 저널리스트이다. 1960년대 초부터 급진주의 페미니즘 활동을 벌였고 국제적 여성운동의 지도자이다(역주).

31 Morgan, *Going Too Far*, 169쪽.

32 MacKinnon, *Feminism Unmodified*, 190쪽.

33 MacKinnon, *Feminism Unmodified*, 187쪽.

34 잠시 여기서 분명히 해야 할 점은 맥키넌이 포르노그래피의 해로움을 분석할 때 핵심은 포르노그래피를 만드는 데 참여한 개별 여성이 아니라, 사회 속 일반 여성이다. 맥키넌의 포르노 반대 입장에 대한 대응은 포르노그래피 산업에서 여성 배우가 남성 배우보다 상당히 많은 임금을 받기 때문에 성차별적이지 않다고 말하는 것이다. 포르노산업의 정상에 있는 여배우들의 경우 사실이다. 하지만 포르노에 참여하는 셀 수 없이 많은 여성들에게는 아무 의미 없다. 어떤 경우이든 이런 궤변은 핵심을 벗어난다. 맥키넌의 주된 관심사는 어떻게 이 산업의 생산물이 전체 사회에 영향을 미치는가이다.

35 Abby Jackson, "The Frat Barred from Yale for 5 Years Is Back — and Women Are Saying They Warn One Another to Stay Away," *Business Insider*, 2018년 1월 25일. 2019년 11월 11일 검색. https://www.businessinsider.com/yale-delta-kappa-epsilon-2018-1.

36 오스트레일리아와 영국에서 활동하는 철학자로 칸트철학에 많은 저술을 했고, 특히 포르노그래피와 대상화에 관한 분야에서 연구했다(역주).

37 Rae Langton, "Speech Acts and Unspeakable Acts," *Philosophy & Public Affairs* 22, 4호 (1993), 293-330쪽.

38 Langton, "Speech Acts," 299쪽.

39 MacKinnon, *Feminism Unmodified*, 178쪽.

40 미국 헌법에서 모든 시민이 갖고 있는 기본권으로 정해진 권리 중 하나(역주).

41 미국의 좌파활동가이자 페미니스트로 〈뉴욕급진주의여성〉의 회원이자, 슐라미스 화이어스톤과 1969년에 급진주의 페미니즘 조직인 〈레드스타킹〉을 설립했다(역주).

42 Ellen Wills, "Lust Horizons: Is the Women's Movement Pro-Sex?" *No More Nice Girls: Countercultural Essays* (Minneapolis: University of Minnesota Press, 2012[1981]), 3-14쪽.

43 Gayle Rubin, "Thinking Sex: Notes for a Radical Theory of the Politics of Sexuality," *Pleasure and Danger: Exploring Female Sexuality*, Carole Vance 편집 (Boston: Routledge, 1984), 267-319쪽.

44 성폭력, 계급투쟁, 아동폭력, 레즈비어니즘 등의 주제를 다룬 미국작가(역주).

45 Susie Bright, "The Female Sex Wars and the Myth of the Missing Middle," *Susie Bright's Journal*, 2013년 3월 13일. 2019년 11월 11일 검색. https://susiebright.blogs.com/susie_brights_journal_/2013/03/the-feminist-sex-wars-and-the-myth-of-the-missing-middle.html.

46 미국 변호사이며 보수주의 활동가로 페미니즘, 동성애 인권과 페미니즘 등을 비판했다(역주).

47 쉴라플라이는 인디애나폴리스의 포르노 반대 법령을, 포르노의 확산을 막는 바람직한 방법이라고 자신의 전국 뉴스레터에서 승인했다.

48 사회적 보수주의는 보수주의의 한 갈래로, 다원주의에 반대하고 전통적인 사회질서를 옹호하는 정치철학이다(역주).

49 Whitney Strub, *Perversion for Profit: The Politics of Pornography and the Rise of the New Right*(New York: Columbia University Press, 2011).

50 Rape, Abuse & Incest National Network, "Statistics," 2019년 11월 11일 검색. https://www.rainn.org/statistics.

51 보부아르를 위시한 페미니즘과 실존주의를 연구한 페미니즘 철학자(역주).

52 "존재하는 뭐든 포르노가 될 수 있다"는 부제가 달린 인터넷 사이트. 상상할 수 있는 모든 주제에 해당하는 인터넷 포르노그래피가 존재한다는 인터넷상의 준칙으로 주로 팬아트 형식으로 짐짓 에로틱하지 않은 소재를 성행위로 묘사한다(역주).

53 Nancy Bauer, "Pornutopia," *n+1* 5 (2007), 70쪽.

54 Bauer, "Pornutopia," 66쪽.

55 몸 일부만 극히 집중해서 성적으로 집착하는 도착증(역주).

56 미국의 만화가로 일본만화를 영어권에 각색해서 소개한다(역주).

57 Kelly Sue DeConnick, Joshua Yehl과의 인터뷰. JGN Comics, 2013년 6월 20일. 2019년 11월 11일 검색.https://www.ign.com/articles/2013/06/20/kelly-sue-deconnick-talks-captain-marvel-pretty-deadly-and-the-sexy-lamp-test.

58 페미니즘 철학자로 성적 대상화와 여성비하 관련한 문제를 연구했다(역주).

59 Linda LeMoncheck, "What's Wrong with Being a Sex Object?" *Living with Contradictions: Controversies in Feminist Social Ethics*. Alison Jaggar 편집 (Boulder: Westview Press, 1994), 199-206쪽; Linda LeMoncheck, "The Power of Sexual Stereotypes and the Sexiness of Power", *Sexual Harassment: Issues and Answers*, Linda LeMoncheck and James Sterba 편집(New York: Oxford University Press, 2001), 264-69쪽.

60 가령 Bauer, "Pornutopia"; LeMoncheck, "What's Wrong with Being a Sex Object?"; Martha Nussbaum, "Objectification," *Philosophy & Public Affairs*, 24, 4호(1995), 249-91쪽 등을 보라.

61 Bauer, "Pornutopia", 65쪽.

62 개는 밤에 자신이 카펫에 오줌을 쌌다고 해서 나쁜 짓을 했다고 밤새 내내 자신을 괴롭히지 않는다. 쥐는 치즈 덩어리 위를 뛰어다니는 쥐가 되고 싶은지 자신에게 묻지 않는다. 동물은 스스로 존재하는 대로 존재하며 그 외 다른 것이 될 수 없다. 인간은 이와 달리 어떤 생명체가 될지 결정한다. 실존주의자들은 "존재는 본질을 선행한다"고 했다. 이 말의 뜻은 나의 본질이 무엇인지를 바로 내가 정한다는 것이다. 하지만 실존주의자들은 이런 큰 문제를 결정하는 일이 얼마나 어려운지 - 또 무서운지도 - 아주 잘 알고 있었다.

63 Sandra Bartky, "Narcissism, Femininity, and Alienation," *Femininity and Domination: Studies in the Phenomenology of Oppression* (New York: Routledge, 1990), 39쪽.

64 가령 Angela Harris, "Race and Essentialism in Feminist Legal Theory," *Stanford Law Review* 42, 3호(1990), 581-616쪽; Alison Stone, *An Introduction to Feminist Philosophy* (Malden, MA: Polity, 2007).

65 Harris, "Race and Essentialism."

66 오스트레일리아 출신 철학자로 코넬대학교 교수이다. 페미니즘 철학과 도덕철학 전문이다(역주).

67 Kate Mann, *Down Girls: The Logic of Misogyny* (New York: Oxford University Press, 2018), 33쪽. 원문 강조 표기 삭제.

68 Daniel Silvermint, "Feminist Perspectives on Sexism and Oppression," *Macmillan Interdisciplinary Handbooks: Feminist Philosophy*. Carol Hay 편집 (Farmington Hills, MI: Macmillan Reference USA, Gale, Cengage Learning부설, 2017), 37-70쪽.

69 하지만 우린 정말 이걸 얻고 싶어 하지 않는가? 안 그런가 여성분들? 이는 다음의 자료에 훌륭하고 유쾌하게 담겨있다. *Crazy Ex-Girlfriend's* "Love Kernels" 스케치. Rachel Bloom, "Love Kernels," *Crazy Ex-Girlfriend*, Youtube video, 2016년 10월 24일. 2019년 11월 11일 검색. http://www.youtube.com/watch?v=bkAjUBtin_TM.

6장

실전에 임하다

Think Like a Feminist

The Philosophy Behind the Revolution

의식화 - 자신 뿐 아니라 타인도 새장에 갇혀있다는 인식에 도달하기 - 는 여성의 눈을 뜨게 해주고 나아가 세력화를 가능하게 해준다. 하지만 솔직해지자. 우리가 처한 상황은 답답하고 우울하다. 페미니스트의 토끼 굴로 한번 떨어지면 그곳에서 알게 된 것을 잊어버릴 수 없다. 이제 당신의 인생에는 희망이 없어 보인다. 페미니스트 이론가 주디스 로버[1]는 젠더를 말하는 사람들은 대부분 마치 자신이 몸담고 있는 물에 대해 말하는 물고기 같다고 했다. 뭔가 넓게 퍼져있어 타인과의 상호작용 일체를 구조화해 버려서 상황이 달라질 가능성을 찾기 어렵고 다른 가능성을 고려할 수도 없게 되었다.[2] 일단 사회적 기회가 제약을 받고 있으며, 잠재적 성희롱과 강간의 세상에 살고 있다는 사실을 깨닫기 시작하면, 가장 합리적 반응은 절망에 빠지거나 마비상태 뿐인 것 같다.

나는 세상이 잘못되어 있다고 가차 없이 알려주는 책을 읽고 머릿속을 괴롭히고 싶은 사람은 아무도 없다는 것을 아주 잘 알고 있다. 그래서 이 마지막 장에서는 새장에서 벗어나거나 아니면 최소한 새장을 흔들어볼 수 있는 현실적 방법을 제시하려 한다.

첫째, 당신의 적이 누군지 정확히 알아야 한다. 지금까지 이 책에서 충분히 밝혀졌다시피 여성의 적은 남자가 아니다. 남성 역시 가부장제 체제에서 태어나고 자라면서 양성에 관련된 관념을 주입받았다. 남성은 자신이 느끼는 불안정함을 이용하면서 자신이 누리는 암묵적인 혜택을 보장해준다고 약속해주는 성차별적인 문화를 믿고 포섭될 수 있다. 남성은 인종차별이나 계급차별의 고통을 대체하기 위한 시도에서 여성보다 더 우월하다는 생각을 주입받게 된다. 남성은 우리 문화가 남성의 특권에 대해서 제시하는 서사를 정당하게 비판할 수 없다. 하지만 대체로 남성도 여성만큼이나 가부장제의 변덕스러움에 이리저리 흔들리게 된다.

페미니즘의 진정한 적은 가부장제 사회와 제도들, 그리고 규범, 추정, 기대를 기꺼이 지원하는 남녀이다. 이런 것들은 우리의 의식 수준 이하에서 작동한다. 성차별주의는 매우 효과적으로 작동하고 편재하는 장치로서 때로는 어딘가 참나무로 만든 회의실에 앉은 늙은 백인 남성들이 꾸며낸 음모처럼 음험하게 느껴지기도 한다. 하지만 페미니스트는 성차별주의가 음모 같은 것이라고 생각하지 않는다. 솔직히 말해 만일 몇몇 **혹은 한 트럭의** 나쁜 성차별주의 사과를 솎아내어서 재교육캠프 따위에 보내버릴 수 있다면 훨씬 쉬울지 모른다. 하지만 성차별주의는 인간문명이 시작되던 시점부터 있어 왔고, 대부분 의식 수준 이하에서 작동하기 때문에 가부장제를 제거하는 일은 일군의 무리를 골라내는 것 이상을 요구한다. 우리는 장기간의 게임을 위한 전략을 짜야 한다.

이미 앞에서 우리가 할 수 있는 구체적인 일들을 얘기했다. 성별 알리기 파티를 그만두자. 아이의 성기에 집착하는 이유를 스스로에게 물어보자. 여성들은 갈색, 흑인, 백인, 시스 여성이거나 트랜스, 동성애자, 이성애자, 부자이거나 가난하고, 신체 능력이 다르다. 바디워시로 여성의 세력화를 이룰 수 있다는 환상을 제공하는 상술에 기반한 페미니즘이 성차별주의의 현존질서를 전복시킬 수 있다고 생각하지 말자. 가부장제와 협상을 벌인다는 이유로 다른 여성들을 재단하지 말고, 인간은 누구나 실수할 수 있고, 다만 우리 모두 이 상황을 어떻게든 버텨내고 있다는 사실을 받아들이자. 세상은 불공정해서 어떤 행위는 불가피하게 성차별주의를 조장하게 된다. 어떤 여성이 화를 내거나 거칠다고 해서**특히 그녀가 유색인종인 경우** 비이성적이라고 낙인찍지 말자. 그녀는 지금 현실감각을 잃어버려서 분노 이외엔 다른 도리가 없을지 모른다.

단지 기대기만 했던 시절은 끝났다. 더 이상 상냥하게 굴지 말자. 수십 년간 퇴보와 반동을 겪은 뒤 미투 운동의 몇몇 전선에서 진보의 희미한 빛이 발하고 있다. 미투 운동이 제공한 모멘트 덕분에 경험과 좌절감, 최후통첩을 서로 공유하는 정치적 행동의 새로운 가능성이 열렸다. 여성들은 이제 결합하기 시작했고, 세력화를 하고 있다.

쉽지 않을 것이다.

누구도 이런 변화가 쉬울 것이라고 생각하지 않는다.

우리가 맞서는 적의 체계적 성격을 감안한다면, 개별적 행동은 물론 바람직하고 필요한 것이지만 고작 제한적인 변화만 가져 올 것이다. 마릴린 프라이는 억압상태를 나타내는 특징은 뭔가를 하거나 하지 않아도 비난받는 상황에 처하는 것이라고 주장한다. 여성은 섹스를 원할 때는 창녀가 되고, 원하지 않을 때는 불감증이라고 불리게 될 기로에 놓이게 된다. 또 늘 웃으라는 강요를 받거나 시비 거는 표정이라는 비난을 듣게 될 상황에 처한다. 시스 여성인 듯 행세하면 사악한 속임수라고 하거나 트랜스에 개방적이면 거짓으로 꾸미고 속임수를 쓴다는 소릴 듣게 된다. 아이가 있는데도 사회적 경력을 쌓기를 원하면 이기적이라는 소리를 듣거나 가정주부가 되어 아이를 기르길 원하면 돈 못 버는 거머리라는 소리를 듣게 된다. 강한 흑인 여성이라는 정형에 맞춰서 살려면 욕구를 포기해야 하거나, 나약해 보이게 된다. 감정을 표현하면 비이성적이고 호르몬에 좌우된다고 하거나, 표현하지 않으면 냉정하고 여성적이지 않다는 소리를 듣게 된다.

이런 이중구속 - 자신이 처한 상황을 성공적으로 헤쳐 나가기 위해 할 수 있는 일이 아무것도 없는 처지 - 은 가부장제적 사회에서 여성이 처한 전형적 현실이다. 억압은 종속의 패턴으로 만들어진 지배적인 체계이다. 페미니즘을 위한 분석에 필요한 것은 새장의 철장을 전부 볼 수 있게 해주는 거시적 시점이라는 사실을 기억하자. 이 거시적 시점의 힘은 다양한 철장 사이의 상호작용과 그 존재를 인정하기를 거부하는 분석에서는 상실된다. 따라서 정형화된 이미지에도 불구하고 페미니스트들은 일반적으로 어떤 행동에 따라 개별 여성을 판단하거나 수치심을 주지 않는다. 우리는 좀 더 큰 그림에 관심을 갖는다. 하지만 그렇기 때문에 억압적인 상황에서 무엇을 해야 할지 실제적인 전략을 짜기가 어렵기도 하다. 많은 경우 여러 선택지 중에서 다분히 죽기 아니면 살기가 될 선택의 문제가 되기 때문이다.

성차별적인 억압은 또한 매우 다양한 형태를 취한다. 특히 교차성의 현실에 처할 때, 모든 상황에 맞는, 모든 상황 속의 모든 여성에게 효과가 있을, 단 하나의 해결책은 없다. 인종, 계급, 성적 지향성, 능력을 고려하면 여성의 정체성은 다양한 경험을 낳을 수 있다는 사실을 확인했다. 모든 상황의 모든 여성에게 효과 있고 또 관련이 있을 구체적인 가이드가 존재하기를 기대한다면 어리석은 생각이다.

노동운동의 역사에 대한 기본적인 지식을 갖춘 사람이라면 알 수 있듯이 성차별과 같은 대대적인 규모의 불의와 싸우려면 집단행동이 필요하기 때문에 실제적인 충고의 근거는 취약할 수 있다. 하지만 여성의 경험적 차이 때문에 페미니스트 사이의 연대는 어렵다. 여성은 흔히 살아가면서 남성과 더 공통된 경험을 갖게 된다. 인종이나 계급을 남녀가 공유하기 때문에 인종과 계급의 경계를 넘어선 여성 타자들보다 남성과 더 가까운 법이다.

1869년 존 스튜어트 밀은 이런 여성적 유대감의 결여가 우연은 아니라고 했다. 그는 가부장제가 여성들 사이를 갈라놓는다는 점에 주목했다.

> 사회적이든 자연적이든 모든 원인이 결합해서 여성이 집단적으로 남성의 권력에 대항하는 일이 일어나지 않게 만든다. 여성은 지금껏 여타 주체의 계급과는 다른 지위에 있어서 여성의 주인은 실제 봉사보다 더 많은 것을 요구한다. 남성은 여성의 복종만을 원하지 않는다. 감정도 원한다. 모든 남성은, 심하게 짐승 같은 남성들을 제외하고, 자신과 가장 가까운 여성에게서 강요된 노예가 아니라 자발적인 노예를, 단순한 노예보다는 마음에 맞는 대상을 갖고 싶어 한다. 따라서 남성은 여성의 마음을 노예화하려고 실제적인 모든 것을 투자한다.[3]

여타 피억압집단은 적어도 억압자를 증오할 수 있는 사치를 누린다. 여성은 자신의 복종상태를 인식하도록 허락되지 않는다. 대신 남성에의 종속이 여성의 본성에 새겨져 있다는 말을 듣게 된다.

> 모든 여성은 일찍부터 자신의 성격은 남성과 정반대라는 믿음을 갖도록 길러진다. 자아의지와 자기통제를 통한 관리가 아니라 복종과 타인에의 굴복을 경험한다. 모든 도덕률이 여성의 의무는 타인을 위해 사는 것이며 본성으로 타고난 감수성이라고 말한다. 자신을 완전히 포기해야 하고 오직 감정에서만 살아야 한다. 정서는 여성에게 허락된 유

> 일한 자질로, 남성과의 관계 속에서 그리고 남성과의 관계에 덧붙여 진, 파기할 수 없는 끈인 자녀에게 연결되어 있다.[4]

밀은 남성에게 일체의 충성심을 바치도록 여성이 훈육된다고 했다. 태어날 때 아버지의 성을 받으면서 이 교육이 시작된다. 여성의 자아가치는 성적으로 남성에게 매력이 있는지 없는지에 따라 결정된다고 배운다. 남편과 자녀에게 봉사할 때 필요한 기술들을 - 장난감 부엌과 아이 인형들로 - 연마한다. 자라면서 여성성이 남성성보다 문화적으로 저급하다는 설교를 듣게 된다"패션은 허영이고 저급하다. 반면 야구는 근본적으로 철학의 분과다"라고 작가 루스 휩만[5]은 빈정대었다.[6]

이런 상황을 감안할 때 아직도 여성끼리 빈번히 단합에 실패하는 것이 이상하게 보이는가? 여타 피억압집단의 구성원들도 유사한 방식으로 종속적 지위를 받아들이도록 길러진다. 언제나 주변화된 지위를 정당화하는 집단의 본성은 문제가 있다. 하지만 이때 훈육은 이들 사이의 유대감을 막지 않는다. 훈육의 목적 자체가 억압자들에게 피해자들을 연결시키는 것이 아니기 때문이다. 보부아르는 이렇게 애석해한다.

> 여성은 상호 연결된 집단으로서 얼굴을 마주하고 설 수 있는 단위로 조직될 구체적인 수단이 없다. 그들은 과거나 역사가 없고, 그들만의 종교도 없다. 그들은 프롤레타리아처럼 일과 이해관계에 기반한 연대의식이 없다. 그들은 미국의 흑인이나 게토 유대인, 생드니의 노동자

> 혹은 르노의 공장노동자들 사이에 존재하는 공동체 감각과 같은 방식으로 한 집단으로 섞이지 못 한다……. 여성은 남성을 제거하는 꿈을 꿀 수 없다. 그녀를 억압자와 묶어놓은 결속감은 어떤 것과도 비교할 수 없다. 양성의 분리는 생물학적인 사실이지 인간 역사의 사건이 아니다……. 커플은 둘로 나뉜 반이 함께 묶인 근본적인 통일성으로서, 성을 기준으로 사회가 쪼개지는 것은 불가능하다.[7]

여성은 재정적 지원과 물질적 안정, 그리고 재생산의 수단을 위해 남성이 필요하기 때문에 남성에 대항할 수 없다. 비아냥대지 않고 말하련다. 여성 대부분은 남성을 사랑하게 된다.

여성의 유대감이 어려운 상황은 여성끼리 서로를 적으로 보도록 훈련을 받기 때문이라고 보부아르는 지적했다. 또 이성애적 사랑은 여성이 타자 여성을 적대하게 만든다고 했다. 여성 간 진정한 우정이나 유대는 불가능해진다. 여타 여성이 경쟁자로만 보이기 때문이다. 보부아르는 대부분의 여성이 스스로 자신의 삶을 영위할 수 있는, 자기결정권에 담긴 실존주의적 공포를 마주하기보다는 남성이 원하는 대로 맞추면서 자신의 삶을 규정하려 한다고 했음을 기억하자. 여성은 남성의 인생 기획에 붙들려있고 그의 기획은 바로 여성 자신의 것이 된다. 여성은 남성의 정체성에 붙들려있고 이 정체성은 여성 자신의 정체성이 된다. 사랑하는 남자를 잃게 된다는 위협은 두렵다. 나 자신을 잃게 될 위협과 같기 때문이다. 따라서 여타 여성에게 향한 질투감은 불가피한 결과이다. "그녀의 전 운명은 연인이 다른 여자에게 던지는 시선에 달려있다. 자신의 전 존재를 그 남자와 동일시하기 때문이다"라고 보부아르는 주장한다. "그래서 그의 눈이 한순간이라도 타인에게 향하면 기분이 상한다. 하지만 만일 그가 그녀에게 낯선 남자를 생각하고 있지 않았냐고 묻는다면 확신에 차서 대답한다. '이건 절대 같은 상황이 아니야.' 그녀는 단연코 옳다."[8] 여성이 바람피우면 남성은 자신의 사유재산이 더럽혀지거나 절도당한 것이지만, 남성이 바람피우면 여성은 뭔가 어마어마하게 가치있는 것을 잃게 된다.

이성애 여성이 그들의 삶에서 남성과 난공불락의 줄로 연결되어 있다는 현실을 염두에 두면, 약 2500년 전 아리스토파네스의 고대 그리스 희극『리시스트라테』의 주제는 황당할 정도로 코믹해 보인다. 일군의 여성들이 여성에게 맡겨진 가사노동을 간헐적으로 거부함으로써 남성의 협조를 얻으려는 원천적 전략을 감행한다. 남성은 성적으로 좌절되고 아무도 요리하고 청소하고 아이를 돌보지 않자 비로소 신경 쓰기 시작한다. 이로쿼이족 여성들도 1600년경에 이 전략을 시도했다. 아이슬란드 여성들은 1975년에 시도했고, 콜롬비아 여성들은 1997년, 2006년, 2011년에 시도했다. 라이베리아 여성들은 2003년에, 케냐 여성들은 2009년에 시도했다. 일부 인류학자들은 이런 종류의 집단행동이 초기 인간사회를 구성하는 데 일정한 역할을 했고, 그 결과 언어, 문화, 종교를 출현시켰다고 설명한다. 그러나 이런 노력들의 장기적 효과는 미미하다. 여성은 일생 동안 남성에게 붙들린 채 사랑에 빠져있으며, 남편과 아버지에게 의존하고 남자 형제와 아들을 보호하는 일에 매달려 있어서, 정작 자신을 위해야 할 순간 호전성을 갖기 어렵다. 집단행동은 대부분의 사람들이 피켓 라인을 넘으려고 하지 않거나 선을 넘더라도 얻을 이익이 없을 때만 작동된다. 종종 너무도 많은 이유 - 실제적이고 정서적인 차원에서 - 때문에 여성들은 선 저편으로 넘어가게 된다.

이런 어려움에도 불구하고 역사적으로 여성의 집단행동 성공 사례를 찾아볼 수 있다. 참정권운동에서부터 성 평등권 개정안, 의식화운동과 강간 반대 행진, 성적 결정권 행진, 그리고 최근 여성들이 참여한 행진에 이르는 성공 사례들이 있다. 여성은 함께 모여서 가정폭력 쉼터, 강간 위기 핫라인, 여성 강연 시리즈, 여성미술과 영화와 음악 페스티벌 등을 치렀다. 또 직장용 여성 정장이나 생리용품을 모아서 형편이 안 되는 여성들에게 나눠주는 조직, 여성이 공직에 선출되도록 도와주는 조직, 여성의 재생산권 등을 보호해주는 조직 등도 만들었다. 여성 간 유대감이 어렵다고 해서 불가능하다는 의미는 아니다. 역사가 증명한다. 자매애는 여타 피지배집단들이 하는 방식으로 이성애가부장제의 세계체제를 무너뜨릴 만한 집단적 힘이 될 수 없을지 모르지만, 여전히 영향력이 있다.

한편, 개별 여성이 새장을 둘러보도록 해주는 실제적 페미니스트 전략이 있다. 매 상황에 모든 여성에게 꼭 들어맞고 효과가 있는 방법이나 조언이 있다고 기대하는 것은 바보 같은 짓임을 기억하라. 당신은 당신만의 모험을 선택해서 나아가라. 잠시 휴게소에 들러 다른 여성을 만나서 함께 갈 수도 있다.

섹스에 관해 말하는 법

우리의 강간문화에서 성폭력의 편재성은 실질적으로 모든 성적 만남의 무대 배경 세트를 제공한다. 물론 이 말이 매력적으로 들리지 않는다. 아마도 상황이 달라지길 원할지도 모르겠지만, 그렇다고 해서 상황이 해결되지는 않는다. 오히려 이런 해악을 깨닫지 못하고 부주의해서 상황을 열악하게 만들 가능성이 높다. 하지만 페미니스트들 덕에 침실 안과 밖에서 사용할 수 있는 수많은 도구들이 마련되어 있다.

동의

성폭력의 해악에 대한 페미니스트의 대응은 동의의 중요성에 집중하는 경향이 있었는데, 여기에는 그럴만한 이유가 있다. 캐나다의 대학 캠퍼스 페미니스트들은 '노 민즈 노No means No'[9]라는 슬로건을 대중화시킴으로써 1990년대 초에 시작된 성폭력의식화 캠페인에 영향을 주었다. 이 문구는 미국의 대중 의식에도 흡수되었다. '노 민즈 노'가 주류의 공적 담론에 수용되고 나서 매우 중요한 문화적 순간이 탄생했다. 특히 여성의 저항과 거부를 에로틱하게 만드는 섹스의 불문법에 관심이 집중되었고, 강간이 개인적 차원에서 정치적 영역으로 옮겨졌다. 하지만 이런 부정적 동의['싫다'는 의사표현]에 관련한 문제는 섹스를 거부하고 저항하는 책임을 오로지 여성에게만 부과하면서 여자가 싫다고 말하기 전까지는 어떤 섹스행위도 괜찮다는 메시지를 담고 있다.

부정적 동의가 문화적 관심을 받게 됨과 동시에 동의와 관련해서 좀 더 논쟁적인 개념이 등장했다. 1990년 안티옥 대학[10]은 "성폭력금지조항"에 "긍정적 동의"라는 개념을 도입했다. 이 조항은 성적 만남의 단계마다 말로 관계를 요청하고 동의를 표현하는 것을 원칙으로 한 캠퍼스 내 행동규칙이다. 긍정적 동의의 패러다임 하에서는 명확히 '아니'라고 말하지 않을 때 긍정의 의사가 있다고 추정할 수 없다. 대신 명확한 의사표시를 할 때까지 신체의 중요하고 민감한 부위의 경계 유지를 원한다고 전제된다. 섹스처럼 개인적이고 친밀한 행위에서 상대가 초대하기 전까지는 자신의 손을 가만히 두어야 한다는 점은 이상할 것 없다. 하지만 안티옥 대학의 규정은 공공연한 비난과 조롱을 불러일으켰다. 패러디가 확산되었고 그중 가장 기억에 남는 사례는 〈새터데이 나이트 라이브〉[11]에서 묘사했던 로봇같이 행동하는 두 학생이 나눈 최악의 대화일 것이다. 두 학생은 "입에 키스해도 돼?" 혹은 "네 엉덩이를 만져서 성적 교감을 높여도 돼?" 따위의 오글거리는 대화를 나누었다. 비판자들은 안디옥 대학의 규정이 섹스를 메마르고 섹시하지 않게 만들어버린 문화적·정치적 올바름의 최절정을 보여주는 것이라고 지적했다.

하지만 당시에는 소중하거나 보호받거나 혹은 비현실적으로 보였을지도 모를 대응방식이, 오늘날 미투 시대에 와서는 섹스에 대한 접근법으로서 수십 년 앞서 있던 것처럼 보인다. 안티옥 대학의 학생들은 섹스에 관해서 나누어야 할 대화가 무엇인지를 깨닫게 되었다. 이 규정은 지금도 여전히 남아있다. 이 규정의 지지자들은 형식적으로 긍정적 동의를 확고히 고수해서 열린 소통과 정직함, 존중감과 더불어 서로 상대를 심도 있게 탐색할 수 있고, 재미도 더할 수 있는 성문화를 배양한다고 주장한다. 안티옥 공동체가 제시하는 기대 수준은 타인에게 자신의 성적 욕망을 말할 수 있을 정도로 충분히 생각하는 것이다. 또 섹스는 대화를 나누어야 할 것 - 행위 이전, 행위가 진행되는 동안, 그리고 행위 이후 - 으로서 행위에 참여하는 당사자들이 실제로 그곳에서 벌어지게 될 일을 원해야 한다. 이런 규범에 따르는 생활에서는 타인의 욕망을 정찰하기보다는 자신의 욕망을 인정하게 된다. "긍정의 대답을 해야 하는 일은 정말 어렵다"고 안티옥 대학의 규정을 작성한 원저자 중 한 사람인 베타니 솔트만은 인정했다. "좋다, 라고 말하려면 매우 뻔뻔스럽게 섹스를 원해야 한다." 여성이 섹스를 열망해서는 안 되는 세상에서 "좋아요, 당신과 그걸 하고 싶어요! 내가 그걸 당신한테 하고 싶어요!"라고 말하는 것은 해방적이다. 솔트만은 지적한다. "바로 이 핵심적 내용이 철저히 오해받았다."[12]

비판자들은 성관계의 동의를 기반으로 한 모델을 도덕적 순결주의자의 경직된 영역이라고 묘사하려 들지만, 실제로 이 모델을 사용하는 사람들은 그것이 얼마나 섹시하며 해방적인지를 잘 알고 있다. 동의를 좀 더 섹시한 용어로 재구성하는 일은 여성이 자신의 섹슈얼리티를 통제할 수 있게 되는 것이므로 페미니스트적 차원에서 중요한 진전이었다. 최근 몇 년간 우리는 "열광적인 동의"라는 모델의 부상을 목격했다. 지지자들은 "노 민즈 노"에서 "예스 민즈 예스"로 전환하는 것이 "여성이 섹스를 자신의 관점에서 즐기고 수치스러워하지 않는 세상……남성이 그들의 섹스파트너를 정복이 아니라 협조자로 다루는 세상……강간이 흔치 않고, 신속하게 벌을 받는 세상"으로 향하는 길이라고 믿는다.[13] 긍정의 동의는 2014년에 캘리포니아 주법에 도입되었다. '예스 민즈 예스'는 이제 캘리포니아 주의 대학과 고등학교 캠퍼스에서 동의의 기준이 되었고, 학생오리엔테이션에서는 성폭력예방교육이 의무화되었다. 또 상담이 제공되고 심의과정을 위한 훈련이 의무화되고 있다.

긍정적이고 열광적인 동의의 규범은 오랫동안 킹크[14]와 가학적 성행위에서 사용되었다. 이런 관계에서는 확실히 행위마다 동의가 확실히 표현되어야 한다. 버닝맨[15] 같은 대안적 공동체에서도 동의의 규범이 유효하게 받아들여지기 시작했다. 버닝맨의 에로틱담론사무국은 참가자를 위한 안전과 존중의 환경을 만들기 위해 '동의 프로퍼갠더'를 사용한다. 훈련이벤트에서 참석자들에게 장애인은 동의할 수 없다던가, 침묵은 동의가 아니다, 동의는 어떤 때라도 철회될 수 있다, 하나의 행위에 대한 동의가 그 다음 행위에 대한 동의는 아니라는 등의 잘 알려진 내용들을 주지시킨다. 버닝맨의 섹스파티는 참석자들 모두가 일면식 없는, 낯선 상대에게 성관계를 요청하면서 시작된다. 이 낯선 상대는 이미 이벤트 시작 전에 어떤 제안을 받아도 거부하도록 훈련을 받은 상태이다. 참석자들은 성관계를 제안하고 거절당하는 상황을 훈련받는다. 경계세우기를 이해하고 표현하는 방식으로서 처음 보는 상대로부터 거절당하게 되면 감사

인사로 답변하게 되어 있다. 이 훈련은 대본에 따라 이뤄지는 연극이며 강제적으로 수행된다. 상대에게 쉽게 부정과 거부를 할 수 있게 되면 이후 이어질 긍정의 답변이 성적으로 더 자극적으로 느껴지게 된다. 즉 거부의 정상화를 통해서 설명이나 사과 없이 선 긋기에 대해 감사의 표시를 할 수 있을 때 새롭고 건강한 성적 만남의 토대가 제공된다는 것을 학습하게 된다. '싫다'고 말하는 것이 특별한 일이 되지 않을 때 개인의 욕망을 드러낼 수 있는 심리적 공간이 열리게 되고 자신이 진정으로 원하는 것이 무엇인지 스스로에게 정직해질 수 있다. 또 그렇게 해야 하기 때문이 아니라, 하고 싶기 때문에 행위를 하도록 보장할 수 있다.

하지만 대부분의 사람들에게 여전히 긍정적 동의는 과거 〈새터데이 나이트 라이브〉의 풍자극처럼 보인다. 어디에도 이런 의사소통이 어색하거나 과장되며 로봇 같고 법적이어야 한다고 성문화되어 있지 않다**로봇처럼 하는 대화나 관계를 선호한다면 물론 그건 당신의 자유다**. "너 괜찮아?", "이건 어때?", "이거옷 벗겨도 돼?", "이거 좋아해?", "기분 어때?", "여기 만져도 돼?", "이거 너무 심한지 말해줘, 알았지?"라는 표현들은 모두 상대에게 확인받는 방식이며, 적절한 목소리와, 눈빛을 가지고 발언한다면 성적 만남은 충분히 섹시해질 수 있다.

섹스를 하면서 상대와 이야기를 나누면 안 된다는 생각이 지속되는 이유는 대화의 주제가 너무 친밀해서 수줍거나 당황스럽기 때문이겠지만, 그보다는 집단적 침묵 탓이다. 또 내 생각에는 섹스가 잘못을 저지르는 것이고 더럽고 수치스럽다는 믿음이 우리에게 너무도 깊숙이 내재화되어 있기 때문에 종종 스스로에게조차파트너는 물론이고 무엇을 원하는지, 또 무엇을 하고 있는지 실제로 그 행위를 하고 있으면서도 인정하려고 하지 않는 것 같다. 여기에는 성별화된 역학이 존재한다. 여성은 자신이 섹스를 원한다고 인정해선 안 된다. 남성 파트너에게 자신이 뭔가 다른 것을 원한다고 말할 수 없는 것은 물론이다. 남성의 경우 여성 파트너가 뭘 원하는지 전혀 알 수 없거나 신경 쓰지 않는다.

동의를 넘어서

페미니즘이 동의에 관해 했던 일만큼이나 중요하고 필수적인 것이 있다. 철학자 퀼 쿠클라필명 레베카 쿠클라[16]는 동의나 거부의 반응이 따라오는 요청의 표준적 모델은 실제 성생활에서 전형적으로 일어나거나, 훨씬 덜 관념적으로 일어나는 방식이 아니라고 했다.[17] 성적 합의를 바라보는 좀 더 바람직한 방식은 요청보다는 초대의 패러다임이다. "혹시 나와 함께 내 호텔방으로 가지 않겠어?"는 동의가 필요한 요청이 아니라, 거절하거나 수락의 선택지가 주어진 초대이다. 초대는 여러 측면에서 요청과는 달리 권력의 역학에 민감한 복합적인 환대의 규범에 따른다. 초대는 잘못된 상황에서 제공되면 무례하거나 부적절할 수도 있다. 초대받은 사람은 환대는 받았지만, 강요받지 않는다. 신기하게도 초대가 수락되면 초대자나 초대받은 자 모두로부터 감사의 마음이 요구된다. 당신은 방에 오기로 수락한 내게 감사하고, 나는 초대해주어서 당신에게 감사한다.

성적 의사소통은 섹스를 하기로 결정하고 나서도 멈추지 않는다. 이상적 상태라면, 우리가 좋아하는 것, 우리 앞에 제공된 것과 제공되지 않은 것, 스스로 얼마나 즐기는지 여부, 무엇을 시도하고 싶은지, 파트너를 얼마나 즐기는지, 또 경로를 바꾸고 싶은지, 언제 멈추고 싶은지 등등 서로의 의사를 나눈다. 쿠클라는 윤리적인 성적 의사소통을 위해 특히 필요한 도구는 안전 표현을 사용하는 것이라고 한다. 정상적인 성적 대화에서 흔히 등장하지 않는 무작위적인 단어가령 '김치' 같은 것, 잘못 해석될 여지가 없는 명확한 표현'안전표현' 같은 것, 혹은 좀 더 뉘앙스를 갖는 약호체계'초록/노랑/빨강' 같은 것 등, 미리 논의되고 협상된 안전표현은 파트너끼리 서로 확실한 조건과 상황에서 언제 성행위가 끝나는지를 의사소통하도록 해준다. 꽤 간단한 방식이다. 안전표현이 발언되면 놀이시간은 끝난다미리 동의된 방식에 따른 것이다. 안전표현이 가학성행위공동체에서 시작되었다는 사실은 새삼스럽지 않다. 이들은 분명한 안전수칙 없이 시도하기엔 위험한 성적 욕망을 만족시킬 방법을 찾아내려고 했다. 쿠클라는 세상의 침실에 안전표현을 풀어놓아야 한다고 생각한다. 십대를 위한 성교육의 표준원칙으로 사용되도록 훈련과정에 안전표현을 넣자고 한다. 안전표현은 섹스파트너에게 분명한 방식으로, 어떤 이유나 설명을 더하지 않고도 명확하게 성행위를 멈출 수 있게 해준다. 한계를 시험해보고 싶은 이들에게 안전표현은 아주 중요하며, 특히 자신이 원하는 것이 뭔지 시도해 보려는 젊은 세대에게는 필수적이다. 안전표현은 파트너의 한계가 어디까지인지 듣고 존중하도록 보장하면서 서로의 성적 관심사를 탐색하는 방식을 제공한다.

아이들에게 말하는 법

자, 이제 성인에게 말하는 법을 배웠으니, 어린아이들을 생각해보자.

여자아이와 얘기할 때 먼저 무엇을 할 것인가? 아이가 입고 있는 드레스가 예쁘다고 칭찬한다. 머리 스타일을 칭찬한다. 오늘 네가 예뻐 보인다고 말한다. '공주님'이라고 부른다. 남자아이들에게는 어떻게 말할 것인가? 당연히 외모나 옷에 대해 말하지는 않는다. 뭘 하고 싶은지, 축구를 좋아하는지, 공룡이나 로켓 우주선 또는 곤충을 좋아하는지 물어본다. 이와 같은 행동을 여자아이에게도 해보자. 여자아이는 예쁘다는 소리를 들으면 활짝 웃는다. 우리 사회에서 자신이 듣게 될 최상의 칭찬이라고 학습되어 있기 때문이다. 그러니 이제 우리는 여자아이들을 탈학습화시켜야 한다. 여자아이에게 무슨 책을 읽고 싶으냐고 물어보라. 무슨 일을 하고 싶은지 물어보라. 외모를 제외하고, 말 그대로 모든 주제를 말하라. 처음엔 어려울 수 있다. 이런 상황을 통해 우리가 내면화한 성별화 된 기대치가 어떤 것인지 주목하라.

새장은 그 철장 하나하나를 주목하고 식별해내지 않으면 무너지지 않는다. 대화의 수사는 해롭지 않고 사소해 보인다. 하지만 일단 이런 종류의 대화에 참여하기 시작하면 여성의 성차별적 훈육 과정을 위한 기습부대로 작동하게 된다. 여자아이에게 가시적으로

남성의 눈에 즐거워 보여야 한다고 우리는 눙치지 않고 알려준다. 또한 시각적으로 즐겁게 보이는 것이, 역사적으로 시스 백인 남성의 이해관계에 따라 규정된 시스 백인 여성성의 매우 제한적 역할이라고 알려준다. 여자아이는 이런 그루밍을 통해서 자신의 가치가 남성에게 성적으로 욕망을 일으킬 수 있는 능력에 기초해 있다고 생각하게 된다. 이 모든 상황이 지금 다소 음험하며 기이해 보이지 않는다면, 당신은 여태 이 책을 집중해서 읽지 않은 셈이다.

이런 문제가 딸에게만 관련된 것은 아니라는 사실을 언급할 필요가 있다. 남자아이에게 말하는 법도 바꾸어야 한다. 그들에게 간헐적으로 외모에 대해 언급해보라. 얼마나 예쁘게 생겼는지 말해보라. 그들의 옷과 머리 스타일에 대해 칭찬하라. 스타일이 좋고 잘생긴 외모가 나쁜 게 아니라는 메시지를 전하라. 그리고 이렇게 하는 일이 얼마나 힘든지 주목하라.

수없이 많은 방식으로 우리는 남자아이에게 여자아이보다 더 엄격하게 젠더 비순응성을 정찰하고 단속한다. 여자아이는 지금까지 몇 세대를 거쳐 바지를 입어왔다. 하지만 치마를 입은 남자아이는 무조건 비정상적으로 간주되었다. 간혹 사람들이 남자아이가 공주 드레스를 입고 학교에 갈 수 있게 허락하는 진보적 사례를 보게 되기도 한다. 하지만 이런 국지적 사례는 예외이지 규칙이 아니다. 대부분 남자아이는 여자아이보다 젠더 표현과 관련된 선택지를 거의 갖고 있지 않다. 많은 부모들은 톰보이 딸에 대해 비교적 만족하고, 심지어 어떤 부모는 권장하기도 한다. 스포츠를 잘하고 의지가 강하거나 주장이 센 여자아이가 경쟁적인 사회에서 더 잘해나갈 수 있다고 믿기 때문이다. 하지만 대부분의 부모들은 남자아이의 행동이나 언어, 옷 등을 검열해서 여성적으로 보이는지 점검한다. 다른 한편 장난감제조업체는 기꺼이 전통적으로 남자아이를 위한 장난감을 여자아이용으로 만들어 왔다. 가령 '소 머치 핑크 레고'[18] 같은 것이다. 하지만 남자아이를 위한 화장품이나 공주 옷은 실상 판매대에서 먼지를 뒤집어쓰고 있다. 아동문학에서도 이런 불평등을 확인할 수 있다. 대담하고 모험적인 여자아이의 이야기는 많지만, 남자아이가 요리를 즐기고 아이를 돌보거나 패션에 관심을 갖는 책은 여전히 거의 존재하지 않는다. 여자아이가 좀 더 젠더 퍼포먼스에서 유동성을 허락받는 이유는 우리가 남성성에 더 가치를 부여하고 여성성을 비하하기 때문이다.

여성적 남자아이를 사회적으로 거부하는 것이 성차별주의와 동성애공포증 사이의 관련성을 상호 재강화 시키기 위한 것만은**일부 그런 점이 분명 있다** 아니다. 여성적 관심사에 끌리는 남자아이는 사회의 현존질서를 단단히 묶어주는 가치체계를 무너뜨리려는 위협이다. 따라서 이런 남자아이가 근심 가득한 시선을 받는 것은 전혀 이상하지 않다. 남성성은 권력과 동의어이며, 여자아이가 남성성을 취하는 것이, 가치 절하된 여성적 관심사를 선택하려는 남자아이보다 덜 충격적이고 전혀 불편하지 않다. 남자아이의 여성적 행위는 우리 사회의 가치판단이 잘못되어 있다는 사실을 가리킨다. 따라서 사회적 규범을 위협하는 남자아이의 성향을 바로 잡아주기 위해서 해야 할 일-

사회적 추방, 희롱과 폭력 - 을 기꺼이 하게 된다.

트랜스 페미니스트 작가 줄리아 새라노는 자신의 어린 시절을 이렇게 묘사한다. "난 다소 튀는 아이였는데 남자아이가 하는 활동을 할 수 있는 기회가 많았다. 또 양성적 외모와 성격을 기를 수도 있었다. 때로 다르다는 이유로 놀림을 받았고 전형적인 남성답지 않다는 취급을 받았지만, 온전히 여성적으로 행동하는 남자아이가 견뎌야 할 악의적 반응에 비교하면 내가 겪은 일은 아무것도 아니었다."[19] 새라노는 트랜스 여성이 경험하는 적대감은 트랜스 공포증보다는 여성혐오의 문제라고 주장한다. 트랜스 여성들은 "기꺼이" 태어날 때부터 주어진 남성성의 특권을 포기한 것이다.

찍벌남 다루는 법

성차별적 억압의 이중구속 탓에 공공장소에서 멋대로 행동하는 남성을 다루는 전략이 거의 전무하다. 길거리 희롱의 경우, 가령 희롱하며 소리 지르는 남성에게 대응할 만족스러운 방법이 전무하다. 그 남성을 무시한다면, 여성은 고분고분하고 겁이 많다는 정형화된 이미지를 인정하는 셈이 되고, 반응을 하면 여성의 기분을 좌지우지 할 수 있는 남성의 능력을 추인하는 꼴이 된다. 그럼에도 불구하고 내 경험 상 몇 가지 대처법이 있다. 가령 희롱하는 남성이 피해 여성에게 찬사를 보낸 것이라고 둘러댈 때 여자 친구나 여동생이 다른 남성으로부터 똑같이 희롱당하면 아마 화를 냈을 것이라고 지적해줌으로써 그가 둘러댄 핑계가 소용없음을 보여주어라. 혹은 게

이남성이 그를 희롱하면 어떤 기분이 들 것 같으냐고 물어보라. 새스카추안[20]에서 수년 전 내가 길거리 희롱남들에게 제대로 대응하지 못했던 상황을 떠올려보면 나는 벙어리장갑 말고 손가락장갑이 페미니스트 옷차림에 더 어울린다는 생각을 해본다.

하지만 남성의 나쁜 행실이 반드시 공공장소에서 멋대로 할 수 있다는 신념을 과시하기 위해서 질러대는 야유나 여타 방식의 희롱만은 아니다. 쩍벌남을 생각해보라. 사람이 북적대는 지하철이나 버스에서 한 남성이 다리를 쩍 벌리고 앉아 자신의 자리뿐 아니라 옆자리 공간을 모두 차지하고 있다. 일부 남성권리 운동가들은 쩍벌남처럼 앉는 자세를 옹호하면서 "남성이 다리를 붙이고 앉는 것은 신체적으로 고통스러워서……생물학적으로 다리를 벌리고 앉아야 한다"고 주장했다.[21] 쩍벌남을 옹호하는 또 다른 부류는 과학을 동원해서, 학문 중에서도 가장 남성적이라는 과학을 통해 이런 자세가 "남성이 내재적인 형태학에 따라 취해야 하는 적응전략"이라고 주장했다. 즉 남자의 허리에서 어깨까지 비율에 따라 무릎을 넓게 벌리고 앉아야 한다는 것이다. 마치 "고양이의 수염처럼" 벌려서 어깨의 넓이만큼 앉은 자리에 충분한 공간을 확보해야 할 것처럼 말이다.[22]

* 속보: 날개를 활짝 편 독수리처럼 앉는 자세는 여성의 몸을 한 인간에게 더 편하다. 하지만 대부분 여성들은 그렇게 앉으라고 훈련받지 않는다.[23]

어떤 이유를 갖다 댄다고 해도, 쩍벌남의 자세는 역겹다. 이 자세가 문화적인 쟁점이 되어온 이유는 내 생각에는 쩍벌남을 공개적으로 지적해서 수치심을 주는 블로그와 뉴욕시부터 마드리드를 아우르는 대도시에서 공적 교통수단에서 쩍벌 자세를 비난하는 홍보 캠페인에 이르기까지 타인에게 해를 끼치는 남성적 권리의식을 빗댄 비유 때문만은 아니다. 그저 그 정도라면 쩍벌남을 다루는 적절한 방법이 없는 것처럼 보인다. 수동적 공격의 한 방식으로 당신이 앉은 자리의 공간을 넘겨주지 않으려고 시도하라. 쩍벌남은 당신 몸이 그의 몸에 닿는 것을 유혹으로 곡해할 위험이 있다. 아니면 직접 그에게 맞서 보라. 그러면 상황이 악화되어 분노는 물론 심지어 폭력까지 불러올 위험이 있다. 남성의 신체적인 위협이 두려워서가 아니라, 여성은 평생 길러져 온 사회화 탓에 상냥하게 대하면서 문제를 일으키지 않으려고 할 것이다.

하지만 절망하지 말라. 감염병 전문가인 내 여동생이 찾아낸 전술을 알려주겠다. 어느 날 토론토의 통근 지하철에서 쩍벌남이 여동생의 자리를 반쯤 차지할 정도로 다리를 벌리고 앉아 있었다. 안쪽 자리에 앉아 있던 동생은 말 그대로 갇힌 꼴이 되고 말았다. 그의 다리가 몸에 닿자 동생은 움찔하지 않고 자신의 공간을 내어주지 않으려고 했는데, 그 남성은 동생이 수작을 거는 줄 알고 자신의 팔을 여동생의 팔에 대고 문지르기 시작했다. 그 상황에 적절히 예의를 갖춘 캐나다 식 대응이 아무것도 떠오르지 않았다. 유사한 상황에 처해본 여성이라면 잘 알겠지만 이런 종류의 남성은 여성이 대놓고 뭐라고 하면 화를 내거나 폭력을 휘두를 가능성이 있었다. 그래서 여동생은 그 자리에서 앉아서 가능하면 몸을 작게 만들었다. 분노와 두려움에 휩싸여 속을 부글부글 끓이고 있다가, 순간 기침을 하기 시작했다.[24] 그러자 남자는 혐오스러워하며 몸을 움츠렸다. 알고 보니 그는 쩍벌이 아니어도 좌석 크기에 맞춰 앉을 수 있었다. 그때 여동생은 쩍벌남 대응 해독제를 발견했음을 깨달았다. 여동생의 기침 전략은 아주 기발하고 꽤 쓸 만한 거부 방식이다. 누구나 의도를 드러내지 않고도 심한 기침을 할 수 있기 때문이다.

동맹이 되는 법(남성들을 위한 보너스!)

자 이제, 여기까지 이 책을 읽어온 남성 독자 제군. 고맙다. 여성들의 평등을 위해 당신이 개인적 차원에서 지원할 방법이 있는지 궁금할 것이다.

첫째, 말하기보다는 듣는 일에 더 충실하라. 철학자 보니 만[25]은 아주 쓸 만한 충고를 해준다. 여성이 남성보다 성차별주의가 뭔지 더 잘 알 수 있는 입장이라는 것을 인정할 필요가 있다. 여성은 실제로 성차별주의를 경험하기 때문이다.[26] 그러니 귀 기울여 잘 듣고 말을 끊지 마라. 많은 경우 남성의 목소리는 여성의 목소리보다 더 권위적으로 들린다는 점을 명심하라. 왜냐하면 남성이기 때문이다. 언제, 그리고 어떻게 당신의 권위를 전략적으로 활용할지 신중히 결정하라. 당신의 목소리를 조금 낮추면 더 많은 여성의 목소리가 들릴 것이다.

남성은 자신이 가부장제적 세계질서에 공모하고 있는 방식을 깨달아야 한다고 만은 충고한다. 당신이 여성을 한 번도 괴롭힌 적이 없다고 해도, 여성을 괴롭히거나 강간했던 남성이 당신이 누리는 것과 동일한 사회적 특권을 갖고 행동하고 있다. 여성을 괴롭히고 강간하는 남성을 악마화하기는 쉽다. 하지만 이들은 세상이 남성에게 부여한 특권과 자격을 진심으로 받아들이는 남성이고, 당신 역시 같은 세상에서 혜택을 받고 있다는 사실을 알고 있어야 한다. 만은 가해 남성의 행위를 비판할 때는 그들이 당신의 동료라는 사실을 직시 할 필요가 있다고 한다.

> 남성 중 일부를 **종종 인종적으로 약호화된** 괴물로 묘사하는 일은 남성주의 전체에 대한 일종의 대외관계캠페인에 참여하는 것과 다르지 않다는 점을 이해하면서 동맹자들은 가해자의 악마화를 피해야 한다……. 남성 가해자를 개별 괴물로 다루지 않는 대신 개인이 만들지 않은, 개인이 소유하지 않은 체계의 공동수혜자로 봐야 한다. 자신 역시 이런 특권을 행사하고 있다는 사실에 끊임없이 경계를 게을리 해선 안 된다……. 동맹자들은 빛나는 갑옷을 입은 왕자가 아니라, 문화비평가들이다.[27]

썸 타는 능력을 키워라

'여성을 성적으로 희롱하거나 폭행하지 말라'는 선명한 메시지를 담고 있다. 하지만 이것만으로는 충분하지 않다. 대부분의 이성애 남성**시스 남성이거나 트랜스**은 여성을 성적으로 희롱하거나 폭행하지 않지만, 여전히 그들이 친밀해지고 싶은 여성이 일종의 성희롱이나 폭력을 어떤 식으로든 경험했을 가능성이 충분히 있다는 사실을 인지할 필요가 있다.

이런 지식으로 무장하고서 관심 있는 여성에게 다가가는 방법은 무엇인가? 어떻게 상대 여성을 소름 돋게 하지 않으면서 당신이 그녀에게 관심 있다는 사실을 알릴 수 있을까? 썸 타기로 알려진 모호함과 뉘앙스, 돌려 말하기와 섬세한 태도 등을 고려해보라. 성문화의 문제성을 영속화하거나 그것에 참여하지 않기 위해서 썸 타기 일체를 포기해야 할 의무가 있을까? 만일 우리 모두 남성적 지배와 여성적 복종을 성애화 하는 세상에서 각자의 성별화된 역할을 내면화하고 있다면 페미니즘에 최적화된 이성애적 썸 타기는 어떻게 가능할까?

다행히도 만은 썸 타기는 가능하다고 주장한다. 둘 사이의 권력이 대략 동등한 상황을 목표로 삼고, 그 상황에서 동등하게 취약한 상태에 놓이면 된다. 만의 페미니즘에 최적화된 썸의 예는 1991년 영화 〈텔마와 루이스〉에 등장한다. 지나 데이비스가 분한 텔마는 히치하이커 제이 디배우 브래드 피트를 세상에 알린 역할를 길에서 만난다.[28] 어느 누구도 이 두 인물이 남성성이나 여성성을 파격적일 정도로 비관습적인 방식으로 묘사했다는 이유로 비난할 수 없다. 이 희롱 장면 내내 그리고 최종적인 격한 섹스 신에서 제이 디는 존중심을 보이고, 즐겁게 놀면서 참고 기다리고, "분명하게 [텔마의] 주저함이 만남의 최종적 언어가 될 가능성을 열어둔다."[29] 이 썸은 "초대이며 매력 발산이지, 강요가 아니다. 이 관계를 유지하려면 획득한 권리를 주장하는 것에 경계를 게을리하지 말아야 한다."[30] 영화에서 제이 디가 할 수 있었다면, 남성들이여, 당신도 할 수 있다.

만일 당신이 성적으로 끌리는 여성과 관계하는 법을 배우고 싶다면, 여기 몇 가지 아이디어가 있다. 우선 천천히 진행하라. 당신이 만남의 조건을 정할 자격이 있다고 행동하거나 그렇게 느끼지 말라. 여성이 원하는 것이 무엇인지를 찾아내라. 질문을 하고, 허락을 요청하라. 거부당할 가능성을 받아들여라. 우리 문화에서 여성은 당신보다 더 심각하게 취약한 처지에 놓여 있다는 사실을 이해하고 여성에게 상황의 권력을 부여하라.

기사도는 개뿔

물론 나도 잘 알고 있다. "그런데 엄마가 여자에게 기사도를 발휘하라고 가르쳤어요. 만일 그렇게 하지 않으면 엄마가 속상하실 거예요. 목소리 큰 페미니스트의 말을 듣고 엄마의 가르침을 따르지 않는다면 엄마가 용서하지 않을 거예요!" 틀렸다. 당신의 엄마가 가르친 것은 여성을 존중하는 법이었다. 이와 달리 기사도적 제스처는 일말의 실질적 목적도 없다. 기사도의 목적은 기껏해야 상징적일 뿐, 여성은 무능력하고 무기력하며 남성은 권력을 갖고 있다는 메시지를 전달할 뿐이다.

개별 기사도적 행위 - 여자를 위해 문 열어주기, 데이트 비용 내기, 거리를 걸을 때 여성의 핸드백이 소매치기당하지 않도록, 또 자동차가 지나갈 때 진흙탕을 뒤집어쓰지 않도록 차도 쪽에서 걷기

-는 도움을 주고 공손하며 존중을 표현하는 제스처가 되어야 한다. 여성은 누가 문을 열고 서서 기다려줄 필요가 없다. 여성은 남성이 데이트 비용을 내줄 필요가 없다. 만일 임금 격차 때문에 남성이 여성보다 늘 두 걸음 앞서 있지 않다면 말이다. 여성은 소매치기를 당하지 않거나 거리의 교통에서 더럽히지 않기 위해 도움이 필요하지 않다. 만일 여성의 패션이 남자의 패션처럼 실용적이거나 구매 가능한 정도의 가격대라면 말이다.

여기서 분명히 해둘 것이 있다. 나는 남성이 여성을 위해 문 열어주는 일을 그만두라고 말하려는 것이 아니다. 만일 남성이 호의를 갖고 표현하려고 한다면 정당한 이유가 있어야 한다는 말이다. 나는 캐나다인이다! 누군가에게 문을 열어줄 때는 기본적으로 인간에 대한 예의가 필요하다. 이 문구는 자유의 권리장전에 쓰여 있는 것이다. 하지만 만일 캐나다인의 예의 바름을 지켜서 문을 열어준다면, 그러니까 기꺼이 누군가 당신을 위해 문을 열어준다면, 젠더표현과 무관하게 모든 사람을 위해 문을 열어줄 의향이 있어야 한다. 누군가 그녀에게 문을 열어준다고 페미니스트가 기분 나빠한다면, 그건 그 행위 자체가 아니라 남성이 지배욕을 행사하려는 동기를 갖고 있다는 의심을 하기 때문이다. 남성은 페미니스트에게 화를 내는 대신, 그 여성에게도 똑같은 예의를 보이도록 기회를 주어야 한다.

여성은 기사도적 보호가 필요 없다. 필요한 것은 가부장제와 함께 싸워줄 남성이다. 단지 남성이라는 이유로 받아온 특권을 포기하려고 하는 남성, 공짜로 얻은 특권을 포기하는 것이 부당하다고 생각하지 않는 남성 말이다.

솔직한 현실인정

하지만 숙녀 제군, 이제 솔직해지자. 남성들이 기사도를 그만 두기를 여성들은 원하지는 않는다. 그렇지 않은가? 남자친구가 저녁을 사주고 선물 공세를 하면 좋아한다. 남자친구가 무게가 초과된 여행 가방을 들어주는 걸 좋아한다. 물론 남자친구와 나는 내가 거뜬히 그 가방을 들 수 있다는 걸 잘 알고 있다. 그렇지만 이런 행동이 로맨틱하고 달콤해서가 아니라, 성별화되었기 때문에 좋아한다. 우리 두 사람 모두 이런 낭만주의적 대본을 내면화한 채 성별화된 역할 놀이를 즐긴다.

이런 관점에서 나는 내 여성적 정체성을 즐겁게 수행한다. 화장은 재밌다. 예쁜 구두도 즐거움을 준다. 거울에 비친 내 모습을 볼 때 그날 내가 참 예쁘다고 생각하면서 환희를 느끼면 애써 그렇지 않은 척 하지 않는다. 내가 이런 미적 추구에 들이는 돈과 시간의 양에 대해 페미니스트답게 분노하면서 나르시시즘적 즐거움에 탐닉하기를 멈추었던 국면을 몇 차례 지나왔다. 영락없이 내 자존감은 떨어진다. 내 몸속의 모든 페미니스트 뼈들이 내가 얼마나 불필요할 정도로 외모에 에너지를 써버렸는지 알고 있는지는 문제되지 않았다. 나라는 사람은 외적 경박함이 없는 나 자신을 증오한다. 결국 내가 나답다고 느끼지 않는 일은 가치가 없다는 결론에 이르렀고, 나는 다시 이 경박한 것들로 돌아갔다. 내가 실제 나이보다 어려 보이는 옷을 입는 것이 '나 자신을 위해서'라는 나쁜 신념에 빠지지는 않는다. 이런 점에서 나는 꽤 잘해왔다. 따지고 보면 스스로에게 솔직해져서, 나 자신을 위해서 옷을 고른다면 요가팬츠와 털이 북슬북슬한 스웨터를 입어야 한다. 뾰족한 굽이 있는 구두와 가슴을 받쳐주는 브래지어는 나 자신을 위한 선택은 아니다. 하지만 내가 이런 것들을 선택했다고 해서 곧 내가 그렇게 해야 한다고 느끼지 않았기를 바라지 않았다는 의미는 아니다.

페미니스트 여성으로 40년 이상 살면서 내가 결정해온 것은 솔직한 양면성이라고 묘사할 수 있는 전략이다. 나는 내가 되고 싶은 사람, 나라는 사람의 근본적 욕망과 자아의식이, 내가 무너뜨리겠다고 다짐해온 성차별적 규범과 가부장제적 세계질서의 기대치와 혼합되어 있다는 사실을 인정하려고 한다. 그동안 여성이 무엇을 잘하는지에 관해서 매우 한정된 이야기를 들어왔기 때문에 이런 선택을 하게 된다는 사실을 인정하려고 한다. 출생부터 백인 여성성을 갖고 있어서 그에 따른 관습적 수행성이 여타 여성을 해롭게 한다는 것을 이해하고 있다. 인종차별, 능력주의, 계급차별과 트랜스 공포증 탓에, 나와 다른 여성들은 내가 나의 행위를 통해 추인해 온 사회적 기준에 따라서 살 수 없고, 또 이 전체 문화 속에서 내가 강화시켜 온 사회적 가치에 따라 살지 않을 것이기 때문에 대가를 지불하고 있다는 것을 잘 안다.

내 양면성의 전략은 산드라 바트키가 선택한 행위로부터 영감을 받은 것이다. 마조히즘적 성적 판타지를 지닌 여성이 자신이 몸담은 페미니즘적 정치에의 헌신과 충돌을 일으키게 되는 가설적 상황을 분석하면서 바트키는 그런 여성은 "수치심을 느껴야 한다"고 주장했다.[31] 이 여성이 반드시 수치심을 느껴야 하는 것은 아니다. 분명 손가락을 흔들면서 "당신 창피한 줄 알아"는 식의 표현으로는 아니다. 그렇다고 그녀가 수치심을 느끼지 말아야 하는 것도 아니다. "그녀의 욕망은 결국 그녀에게 아무 가치가 없다. 그녀가 가부장제적 조건의 단순하게 무기력한 희생자인지도 확실치 않다. 그녀는 자신의 소망과 판타지에 어떤 책임도 질 수 없다."[32] 이 여성이 느끼는 수치심은 당연하다. 바트키는 "수치심은 원칙과 심각하게 충돌하는 행동에 대한 반응으로서 전적으로 이해할만" 하다고 한다.[33]

사람들은 옷을 입을 때마다 **대체로** 성별화된 정체성을 수행한다. 그러나 당신의 외모가 가부장제적 문화를 위한 것인지 혹은 저항하는 것인지 의식하자. 오직 당신만이 정치적 원칙과 갈등이 있는지, 만일 갈등이 있으면 무엇을 해야 할지 결정할 수 있다. 젠더 퍼포먼스를 당신만의 것으로 만들기 위해 할 수 있는 일을 하라. "만일 나 자신을 내가 정의하지 않는다면, 나는 나에 대한 사람들의 환상 속에 부서져서 산 채로 먹힐 것이다"라고 오드르 로드는 썼다.[34] 나라얀이 묘사하듯 우리 모두 가부장제와 흥정하고 있다는 것을 기억하라.

그렇다고 최종적으로 괜찮지 않은데도 모든 것이 괜찮다고 굴지 말라. 상황이 안 좋은데도 괜찮은 척 굴지 말라. 당신이 괜찮은 척할 때 우리가 속한 이 여성혐오적 질서의 해악이 심각하지 않은 듯 보인다. 당신의 여성성 퍼포먼스가 여성성 자체를 위한 것이라며,

남성에게혹은 대상이 누구든 매력적인지 상관없이 제시될 수 있다고 주장한다면 당신은 여성성과 대상화의 심오한 연관성을 진지하게 고려하지 않은 것이다. 당신의 상태가 엉망이고 훼손당한 물건이라는 사실, 당신 마음 속 가장 깊은 곳, 정체성을 정하는 우선순위와 헌신은 당신이 파괴하려고 하는 성차별주의의 세력으로 인해 확실히 망가졌다는 사실을 인정하라. 하지만 당신은 이곳이 죽기 적당한 언덕은 아니라고 결정할지 모른다. 분석가의 소파 위에 앉아서 했던 그 모든 명상은 당신의 영혼을 붙들고 있는 가부장제의 특수한 육화를 도려내려는 노력이었겠지만, 페미니스트 에너지를 사용하는 가장 좋은 방법은 아니다. 아마도 그저 립스틱을 바른 뒤 당신이 자원봉사를 하고 있는 강간위기 핫라인에 시간 맞추어 출근하는 것이 더 나을지 모른다.

최상의 전투를 벌여라. 당신이 할 수 있는 변화를 만들어라.

1 사회학과 젠더연구 교수로 젠더의 사회적 구성을 이론화했다. 북미의 젠더연구를 학술적으로 체계화하는 데 큰 역할을 했다(역주).

2 Judith Lorber, *Paradoxes of Gender* (New Haven, CT: Yale University Press, 1994), 13쪽.

3 John Stuart Mill, "The Subjection of Women," John Stuart Mill and Harriet Taylor Mill, *Essays on Sex Equality.* Alice Rossi 편집 (Chicago: University of Chicago Press, 1970[1869]), 27쪽.

4 Mill, "The Subjection of Women," 27쪽.

5 영국 출신의 유머작가이며 문화평론가(역주).

6 Ruth Whippman, "Enough Learning in, Let's Tell Men to Lean Out," *The New York Times*, 2019년 10월 10일. 2019년 11월 11일 검색. https://www.nytimes.com/2019/10/10/opinion/sunday/feminism-lean-in.html?searchResultPosition=2.

7 Simone de Beauvoir, *The Second Sex*. H. M. Parshley (New York: Vintage, 1989[1949]), xxv.

8 de Beauvoir, *The Second Sex*, 663쪽.

9 거부의 의사를 밝히면 동의하지 않는다는 의미로 간주하는 부정적 동의를 말하며, 동의하지 않는 성관계를 강간으로 처벌할 수 있는 원칙(역주).

10 미국 오하이오주에 있는 사립 대학교(역주).

11 미국 공영방송 NBC에서 주말에 방영하는 생방송 코미디프로그램(역주)

12 Bethany Saltman, Savannah Stark와의 인터뷰. The New York Times, 2018년 4월 8일. 2019년 11월 11일 검색. https://www.nytimes.come/2018/04/08/insider/antioch-sexual-consent-form-metoo-video-html.

13 Jessica Valenti and Jaclyn Friedman, *Yes Means Yes: Visions of Female Sexual Power* (Berkeley: Seal Press, 2008), 9쪽.

14 킹크는 섹슈얼리티와 관련해서, 비관습적인 성적 행위와 실천 일체를 일컫는 표현이다. BDSM은 가학적 성향의 성적 실천을 일컫는 것으로 본디지[구속], 디시플린[훈육], 사디즘[가학증]과 마조히즘[피학증]의 첫 철자를 따서 만든 용어이다(역주).

15 미국의 네바다주 블랙록 사막에서 벌어지는 행사로 일 년에 한 번, 일주일 동안 개최된다. 일종의 실험적인 공동체 사회로, 염전에서 공동생활을 하면서 자신을 자유롭게 표

현할 수 있다. 토요일 자정에 공동체의 중심지역에 세운 '더 맨'이라고 불리는 조형물을 태우는 행사에서부터 '버닝맨'이라는 이름이 유래했다(역주).

16 미국 조지타운 대학의 철학과 교수이자 케네디윤리학연구소의 선임연구원이다(역주).

17 Rebecca Kukla, "Sex Talks," Aeon, 2019년 2월 4일. 2019년 11월 11일 검색. https://aeon.co/essays/consent-and-refusal-are-not-the-only-talking-points-in-sex. 또 Rebecca Kukla, "That's What She Said: The Language of Sexual Negotiation," *Ethics* 129 (2018), 70-97쪽도 보라.

18 아이들을 위한 블록 게임 레고 상품 중 레고 색깔이 모두 분홍색인 세트(역주).

19 Julia Serano, *Whipping Girl: A Transsexual Woman on Sexism and the Scapegoating of Femininity*, 2nd ed. (Berkeley: Seal Press, 2016), 3쪽.

20 캐나다 서부지역으로 평원과 숲이 많은 곳이다. 저자의 출신 지역이다(역주).

21 Mike Woods의 2014년 12월 28일 온라인 청원. 2019년 11월 11일 검색. https://www.thestar.come/news/gta/2014/12/28/manspreading_a_transit_controversy_with_legs.html. 도대체 남성권익운동가[MRA]는 페미니스트들이 고환의 존재를 인지할 수 없다고 생각하는 것은 아닌지. 페미니스트의 삶 전체가 남성의 고환을 공격하는 일에 바쳐지고 있는데도 말이다. 하지만 편협한 이들에게 일관성이란 도깨비로 보일 터이다.

22 Ash Bennington and Mark Skinner, "Manspreading: The Myth & The Math (Dude)," Economonitor. 2019년 11월 11일 검색. https://moneymaven.io/economonitor/us/manspreading-the-myth-the-math-dude-seXorYaLiEOvigtPToazvw/. 왜 남성들의 어깨가 스스로 그 막대한 책임감을 감당할 수 없다는 것인지는 분명치 않다.

23 어린 시절 내가 "숙녀답게 앉아"라는 소리를 얼마나 많이 들었는지는 셀 수조차 없다.

24 캐나다에서는 겨울이면 모두 감기를 달고 살았다.

25 페미니즘 철학자로 이 분야의 대표 학술 저널 〈하이파티아〉 공동편집자이다(역주).

26 Bonnie Mann, "Creepers, Flirts, Heroes, and Allies: Four Theses on Sexual Harassment," *APA Newsletter on Feminism and Philosophy* 11, 2호(2012), 24-31쪽.

27 Bonnie Mann, "Creepers, Flirts, Heroes, and Allies," 24쪽.

28 이 영화의 섹스 신이 궁금하다면 구글에서 검색해보라. 이 영화를 보지 않았다면 - 한

번도 못 봤거나 수년 동안 보지 않았다면 - 이 영화를 보라고 추천하고 싶지 않다. 이 영화는 완성도가 떨어진다. 섹시한 나쁜 남자라는 뻔한 수사로 가득하고, 결말은 여성이 가부장제적 제약을 떨쳐내고 나서 잘 지낼 수 있는지 가능한지에 대한 희망을 전하지 않는다. 하지만 텔마가 성폭력의 희생자에서 자신의 성적 결정권을 갖고 욕망을 통제하는 여성으로 변화해가는 묘사는 오늘날 미투 운동을 예시하고 있다.

29 Bonnie Mann, "Creepers, Flirts, Heroes, and Allies", 13쪽.

30 Bonnie Mann, "Creepers, Flirts, Heroes, and Allies," 27쪽.

31 Sandra Bartky, "Feminine Masochism and the Politics of Personal Transformation," *Femininity and Domination: Studies in the Phenomenology of Oppression* (New York: Routledge, 1990), 52쪽.

32 Bartky, "Feminine Masochism," 52쪽.

33 Bartky, "Feminine Masochism," 60쪽.

34 Audre Lorde, 1982년 Harvard Unversity 연설문. 2019년 11월 11일 검색.

https://www.blackpast,org/african-american-history/1982-audre-lorde-learning-60s/.

휴머니즘이라니?

"나는 페미니스트는 아니지만 말이야"라고 시작하는 말을 듣다 보면 종종 '페미니스트' 대신 '휴머니스트'라고 해야 한다는 주장을 듣게 된다. 그들의 시각에서 '페미니즘'은 아주 낡아 빠진 것으로, 여성이 자신의 몸에 월경의 피를 바르고 달을 보면서 소리를 지르면서 위카 종교의 어머니 여신[1]을 떠받드는 가모장제를 구축하려는 집단적 목표를 과중하게 안고 있는 이름이다. 이 가모장제에서 남성들은 그저 성노예로 일하거나, 아마도 몇 가지 육체노동을 제공하기 위해서만 존재한다. 인간 역사 전체가 남성의 지배로 규정되어왔다고 해도, 두 가지 잘못이 하나의 정당한 권리와 맞먹지 않는다고 꾸짖는다.

이와 달리, '휴머니즘'은 평등의 함의를 담고 있다. 평등을 반기지 않을 사람이 있을까?

이 질문에 대한 나의 대답은 이렇다. 헛소리 집어치워! 다가올 미래에 '휴머니즘' 대신 '페미니즘'이 필요한 이유는 휴머니즘이 수천 년의 역사를 무시하고, 분명 아직도 현실은 그대로인데도 이미 성 평등을 이룬 듯이 굴 위험이 있기 때문이다. 만일 페미니즘이 실제로 성 평등을 이루는 데 성공한다면, 페미니즘은 더 이상 존재 이유가 없어진다그렇다. 나는 이렇게 말했다: 페미니스트의 목표는 자신의 존재 이유를 뿌리째 뽑아버리는 것이다. 이를 다시 표현해보자. 페미니즘의 목표는 휴머니즘이다. 하지만 지금 휴머니즘을 주장한다면 실제로 세상이 바뀌어서가 아니라, 근본적으로 다른 세상에서 사는 척할 뿐이다.

대상화, 여성혐오, 남성적 시선과 젠더본질주의 강간문화, 그리고 성차별적 억압은 오래되었고, 이야기로 만들어진 역사이다. 이것을 무너뜨리는 과정은 마찬가지로 서사적이어야 하고, 따라서 참고 견뎌야 한다. 가부장제는 내가 살아있는 동안 전복될 수 없고, 내 딸이나, 내 딸의 딸의 세대에도 전복되지 않을 것이다. 길거리 희롱이나 엉덩이를 움켜쥐는 손, 설명하려 드는 남성과 성폭력은 지속될 것이다. 그렇지만 우리는 진보할 수 있고 진보할 것이다. 내 희망은 이 책『페미니즘 사용법』를 읽고 나서 당신이 처한 상황에서 좀 더 현명하게 대처하는 것이다. 나는 당신이 우리가 경험하고 있는 이중구속을 이해하고, 우리가 감당해야 할 거짓 기대감과 주변을 둘러싼 새장의 철장을 좀 더 잘 알게 되기를 소망한다. 자유를 위해 애쓰는 과정에서 당신이 다시는 철저히 혼자라고 느끼지 않았으면 좋겠다.

1 위카는 20세기 전반부에 영국에서 형성된 신흥종교로, 기독교 이전의 이교와 마법종교의 형태를 띤다. 자연주의 성향과 여성주의와 생태주의를 견지하고 있어서 모성의 여신이 중심적인 형상이다(역주).

페미니즘 사용법

발행일 1쇄 2022년 11월 30일

지은이 캐럴 해이
옮긴이 강수영
펴낸이 여국동

펴낸곳 도서출판 인간사랑
출판등록 1983. 1. 26. 제일-3호
주소 경기도 고양시 일산동구 백석로 108번길 60-5 2층
물류센타 경기도 고양시 일산동구 문원길 13-34(문봉동)
전화 031)901-8144(대표) | 031)907-2003(영업부)
팩스 031)905-5815
전자우편 igsr@naver.com
페이스북 http://www.facebook.com/igsrpub
블로그 http://blog.naver.com/igsr
인쇄 하정인쇄 **출력** 현대미디어 **종이** 세원지업사

ISBN 978-89-7418-613-5 03300

* 책값은 뒤표지에 있습니다. * 잘못된 책은 바꿔드립니다.